M[illegible]N

İNANCI, HATIRALARI VE YAYLA KÜLTÜRÜ

FİRAZ BARAN

sîtav

Sîtav Yayınları | 268

Araştırma | 52

Maxson-İnancı, Hatıraları ve Yayla Kültürü | Firaz Baran

Editör | Qahir Bateyî

Düzelti | Emin Sarı

Mizanpaj | Aysel Çetin

Kapak Tasarım | Biro Hovo

Birinci Baskı | Temmuz 2022

Bizim Büro Matbaa Dağıtım Basım Yayımcılık San. Tic. Ltd. Şti.
Sanayi 1. Cad. Sedef Sok. No: 6/1 İskitler/Ankara
Tel: 0312 229 99 28 **Fax:** 0312 229 99 29

ISBN | 978-625-7734-85-1

sîtav yayınları | Şerefiye Mah. İrfan Baştuğ Cad. Tiana İş Merkezi No: 31 Kat. 3 D. 14 İpekyolu/ VAN

Gsm: 0544 559 28 03

www.sitavyayinevi.com

e-mail: wesanensitav@hotmail.com

MAXSON

İNANCI, HATIRALARI VE YAYLA KÜLTÜRÜ

FİRAZ BARAN

sîtav

İÇİNDEKİLER

İnanç

Portreler

Sanatçılar

BU KİTAP NEYİ ANLATIYOR

Kürdistan'da köy kitapları çok azdır. Oysa köyler bakir alanlardır ve araştırma yapacak kişileri muazzam veriler beklemektedir. Her köy üzerine birkaç kitap yazılabilir, yazılmalıdır.

Bu kitapta Maxson (Maksutuşağı) köyü anlatılıyor.

Burası Maraş'ın Pazarcık ilçesine bağlı bir köydür. Etnik olarak Kürd, inanç olarak Alevi olan Maxson köyü Sinemil aşiretine mensuptur.

Kitapta köyü meydana getiren aileler, inanca ait değerler, önemli hatıralar, sanatçılar ve şifacılar yazılı hale getirildi.

Bu konuları yazmak için İsviçre ve Almanya'nın değişik şehirlerinde çok sayıda söyleşi ve görüşme gerçekleştirdim. Bilgiler, fotoğraflar derledim (Almanya ve İsviçre'de iki yüzün üzerinde Maxsonlu aile yaşıyor). Ayrıca sürekli köyle ilişkide kalarak eksik bilgileri tamamlamaya çalıştım.

Maxson köylüleri, 1900 yılına kadar, yüzlerce yıl boyunca Elbistan-Pazarcık coğrafyasında göçebe halinde yaşadılar (Pazarcık'taki diğer Sinamil aşireti köyleri gibi). Mevsim koşullarına göre farklı alanlarda konakladılar. 1900 yılından itibaren bugünkü yerlerinde yaşamaktadırlar.

Bu köy Pazarcık'a bağlı en komik köy olarak bilinir. Köylülerin hemen hepsinde şakacı yön gelişkindir. Bu konuda mutlaka bir belgesel çekilmeli ve kitap yazılmalıdır. Ama bu araştırmada gördüm ki, Maxson sadece şakalardan ibaret değil, çok derin acılar da yaşayan bir köydür.

İnanç konusunda da Maxson köyü beni şaşırttı. Neden mi? Gördüm ki, Pazarcık'taki Sinamil dadalarının (pirleri) çoğu ya Maxsî'dir ya da Maxsîlerin yeğenleridir.

Bu kitaptaki "Önemli Olaylar" ve "İnanç" bölümüne bakıldığında çok özgün bilgilerin köylerde saklı olduğu görülecektir. Amacım elimden geldiğince örnek bir köy kitabı hazırlamaktı. Takdiri okuyucu verecektir.

Maxson kitabı için araştırmalarımı 2019'da bitirdim. 2019-2020'de yazıların üzerinde çalıştım ve kitabı tamamladım. Ancak çeşitli nedenlerle yayınlayamadım. O güne değin kitaplarımı ya kendim ya da Mezopotamya Yayınevi basıyordu. Yayınevi kapatıldığı için ben de yeni arayışlara girmedim. Çünkü, hem araştırmak, hem yazmak, hem de basımıyla ilgilenmek beni yoruyordu. Öyle ki, yayınevlerine bile göndermedim. Sonra bir karar alıp Sîtav Yayınevi ve Kahir Bateyî'ye gönderdim. Hemen basmak istediler. Kendilerine bu ilgilerinden ötürü teşekkür ederim.

Araştırma sürecinde kaybettiğimiz üç kişiyi; Orıce Tule, Aşko Huse ve sevgili Serhad'ı (Hüseyin-Sakine Malgir çiftinin oğlu) saygıyla anıyorum. Üçüyle de tanışmıştım. Apê Orıc'ın, "Tu hevalê Posto ye" dediğinde yüzündeki sevinci, Matê Aş'ın telefonda konuşurken fedakarlıkları anmasını ve sevgili Serhad'ın bir melek gibi elini başıma getirişini unutmayacağım.

Yine araştırma süreci boyunca her zaman danıştığım ve bilgisiyle anlatılan konulara büyük katkı sunan kaynanam Basa Sur'a, Avrupa'daki araştırmalarımda desteklerini sürekli yanımda hissettiğim Hüseyin-Sakine Malgir çifti ve arkadaşım Hasane Qojıke'ye (Hasan Yırtlaz) teşekkür ederim.

Not: Kürtçe isimleri Kurmancî gramere göre değil, Kürtçe okuma-yazma bilmeyen Pazarcıklıların okuyabileceği tarzda yazdım. Örneğin: Oricê Tule değil Orıce Tule gibi...

Köln

Saygılarımla, Firaz Baran

YAYLA KÜLTÜRÜ

MAXSON VE YAYLA KÜLTÜRÜ

Yayla, Maxson köyü için ne ifade ediyor?
Ne ifade etmiyor ki?

Çünkü, 1970 yılına kadar Maxson köyü mayıs, haziran, temmuz, ağustos ve eylül aylarını; yani yılın neredeyse yarısını yaylada geçirirdi. Yani yayla onların ikinci evi, ikinci köyüydü. Beş ay boyunca sığındıkları ve yaşadıkları bereketli bir alandı. Neden bereketli olduğuna gelirsek...

Hayvancılık yaparak geçiniyorsunuz. Yaylada hayvanlar için yer, elektrik, su ve yem parası

ödemiyorsunuz. Hayvanlarınız zengin bir bitki örtüsü ile besleniyor. Yani fabrikada üretilen tüm yemlerden daha sağlıklı bir şekilde...

Örneğin siz modern bir çiftlik kursanız hayvanlarınız için özel yemler almak zorundasınız. Çiftlikte hayvanların barınması için bir bina yapmak zorundasınız. Oysa yaylada açık alanda hayvanları yatırabilirsiniz.

Yağmur yağarsa büyük ve yaşlı ardıç ağaçlarının yaprakları bir şemsiye görevi görecektir. Çünkü ardıç ağaçlarının yaprakları öyle içiçe geçer ki altına sığınan canlılara bir damla yağmur bile değmez. Yine yaylanın sayısız yerinde yüz, iki yüz, bazen beş yüz koyunun sığabileceği mağaralar da mevcuttur.

Geçmişte Maxson köyünde ortalama 40 ile 50 arasında koyun sürüsü olurdu. Her ailenin mutlaka davarı vardı. Ve yaylaya giderken bütün aileler birlikte harekete geçer, yol boyunca uzun kafileler oluştururlardı.

Maxsonlu aileler önce bir ay Qandîl Dağı'nda kalır, sonra daha yukarı, Engizek sıradağına giderdi.

Maxsonlular genelde nisan ayı ortasında yolculuğa başlardı. Yaylaya giderken hazırlık yapılırdı. Çuvallarla bulgur, un ve diğer yiyecek maddeleri hazırlanır, yataklar ve kıl çadırlar paketlenirdi. Tüm eşyalar atlar ve eşeklerle götürülürdü. Orıce Tulle[1], her ailenin ortalama 4 eşek ve 2 atının olduğunu, eşyaların onlarla götürüldüğünü anlatıyor. Atlara dair şu bilgileri de paylaşıyor:

"Atlar bizim hayatımızda önemli roller oynardı. Düğünlerde onlarla cirit oynardık. Bazı atlar tarlanın, bağ ve bahçenin sürülmesinde işe yarardı. Bazı atlar iyi yük taşır, bazı atlarla yol giderdik. Bu nedenle arabanın yaygınlaşmadığı zamanlarda her evin mutlaka atları olurdu. Atı olmayan aile yoktu."

Peki, tüm hazırlıklar görülünce ne yapılırdı, nereye gidilirdi? Mılayî Qoje ilk günü şöyle tarif ediyor;

"Sabah erkenden kalkar ve önce kuzuları koyunlara verirdik. Sütlerini içerlerdi. Sonra köyden çıkardık. Herkesin koyunları, kuzuları, çobanları, bekçileri ayrı ayrı hareket ederdi. Sıra halinde giderdik. Kuzuların iki, koyunların 2-3 çobanı olurdu. Art arda uzun bir kuyruk oluşurdu. Dört saat durmadan yürürdük ve Çarkazon'a ulaşırdık. Oraya ulaşınca dururduk. Herkesin davarı aynı yerde konaklardı. Bêrîciler gelip onları sağardı. Yine kuzuları da tekrar annelerine bırakırdık. O akşam Çarkazon'da kalırdık."

İlk olarak Qandîl yaylasına gidilirdi. Buraya bir haftada ulaşılıyordu. Tüm bu yayla yolunda ve Çarkazon'daki gibi dinlenme yerlerinde herkes hareket halinde olur, kimse boşta kalmazdı. Çocuklar bile çalışırdı. Koyunlar sağılırken onların başını tutmayı, sütü taşımayı, kuzuları bir araya getirmeyi çocuklar yapardı. Yine yoldayken yük taşıyan at ve eşeklerin başını da bazen onlar tutardı. Kadınlar ve genç kızlar koyunları sağmanın dışında, yemekleri de hazırlardı. Gün boyunca herkes, ama en çok da atlar ve eşekler yorulurdu.

---

1 Orice Tule köyde yaşıyordu. 80'li yaşlardaydı. Almanya'nın Friedrichshafen kentinde oğlunu ziyaret ettiği zaman (2019 Nisan ayı) görüştüm. Orice Tule 2021 yılında Hakka yürüdü.

Çünkü bütün yükü onlar taşırdı. Yorganları, kıl çadırları, çuval çuval bulgur veya unları... O nedenle dinlenme yerine ulaşıldığı zaman hemen yükleri indirilir, hayvanlar dinlenirdi. Yükleri indiği zaman onlar da ferahlar, yorgunluklarını atmak için hemen otururlardı.

Akşam dinlenme anında yemekler yenir, çaylar demlenir, yakılan ateşin etrafında oturulur ve sıcak sohbetler yapılırdı. Sonra erkenden kalkmak için erkenden yatılırdı.

Sabahleyin tekrardan tüm yataklar, eşyalar atlara ve eşeklere yüklenir, sıra ile yola koyulurdu. Bu defa da hedef Delızê Dî Kolo olurdu. Oraya kadar durulmaz, akşam orada dinlenmeye geçilirdi. Diğer

Durakları da Milayî Qoje[2] şöyle sıralıyor:

Üçüncü Durak: Barajdaki Höyük

"Sabahleyin yine kalkar ve bugün barajın altında kalmış olan höyüğün yanına giderdik. Bir akşam da orada kalırdık. O zaman baraj yoktu. Etrafı domates, kavundu. Bahçe çoktu. Akşam orada konaklıyorduk.

Dördüncü Durak: Qamıkon

"Sabah kalkar ve Qamıkon'un yanına giderdik. Akşam orada kalırdık."

Beşinci Durak: Koynê Tandûre

"Sabah kalkar ve bu sefer de Dî Bêxça ile Sarıçiçek arasındaki Koynê Tandûre'ye giderdik. Orada bir gece konaklardık."

Altıncı Durak: Kortê Qandîle

"Sabah erkenden, serinlikte hareket ederdik ve akşama kadar Qandîl Dağı'na ulaşırdık. Orada Kortê Qandîl'e gidiyorduk. Bir ay orada kalıyorduk."

---

2 Milayî Qoje ile Almanya'nın Tubingen kentinde 2019'da görüştüm. 70'li yaşlardadır.

KORTÊ QANDÎLE

1970 öncesinde Qandîl Dağı ve çevresi tümüyle ormandı. Ormansız alan neredeyse yoktu. 1970 sonrası sistemli bir şekilde Qandîl Dağı ve çevresindeki orman kesildi. Mılone Soqî, Esmepûr ve Dî Mûse çevresinde 36 bin dönüm arazi açıldı. Bu tarlalar en fazla 25 yıl düzenli işletildi. Çünkü nüfusun çoğu Avrupa'ya göç etti. Yani yüzlerce yılda meydana gelen bu koca orman devletin ve yereldeki bazı güçlerin eliyle sadece 25 yıl için yok edildi. Orman yok edilince ormanın içindeki canlı hayat da yok oldu.

1970 öncesi Qandîl'de sadece Maxsonluların konakladığı Kortê Qandîle ya da Kortê Maxson denilen yerde orman azdı.

Kortê Maxson'da her ailenin pogları ayrıydı. Kimse kimsenin poguna girmezdi. Poglar da sıralıydı.

Maxsonlular Qandîl'e ulaştıklarında herkes kendi poguna gider ve kıl çadırını açardı. Qandîl'de bir ay kalınırdı. Burada hox yoktu, kıl çadır açılıyordu.

Kıl çadırın sağlam ve dengeli olabilmesi için güçlü ağaçlar gereklidir. Eğer bir önceki yıl kullanılan ağaçlar zarar görmüşse, gençler Engizek yolundaki Qısık mevkiisine gider, orada ardıç, çınar ve kamalak ağaçlarından sıtun (Çadır direği) keser ve katırlarla getirirlerdi. Ağacın başını keser, altını düz yaparlardı.

Pogların sırtı duvar gibiydi. Çadırı açtıklarında eğik kuruluyordu. "Sıng"lar (kazık) yere çakılıyor, çadır onların üzerine seriliyordu. İplerle de sağlam bir şekilde bağlanıyordu. Rüzgar götürmesin veya sallanmasın diye... Pejîne Konon'u da onların üstüne bırakıyorlardı. O pejînlerin başına da 3-4 tane karışık şekilde küçük "sıng"lar çakıyorlardı. Ardından tekrar bağlıyorlardı. Etrafı da yağmura ve rüzgara karşı düzenleniyor, böylece yağmurda çadırın içi ıslanmıyor, soğuk havalarda rüzgar içeri işlemiyordu.

Tüm yaylalarda olduğu gibi Kortê Qandîle'de de yemeklerde kullanılan çok sayıda doğal ot bulunurdu. Bunlardan biri kengerdi. Çocuklar, "Karange Însên" denilen bu bitkinin başını henüz gençken kesip annelerine getirirdi. Buna "nêrî" diyorlardı. Karange Însên'in kökü kart, başı genç olur. "nêrî" denilen bu baş tarafı dikenlidir. Çocuklar o dikenleri temizledikten sonra "nêrî"yi yerdi. Bazen de porzınların içine koyar annelerine verirlerdi. Anneler de onları suyla kaynatır, sonra küçük küçük doğrar ve "Karange Most" denilen yemeği yapardı. Sarımsaklı yoğurda katılan kenger "nêrî"sinin üzerine tereyağı da dökülürdü.

Yayla yolunda... Atın üstündeki Mamkoyî Gûlo. Sağda en arkadaki Sultano Gûlo, atın başını tutan Alko Waqqês ve arkasındaki Fîdano Qırşe. (Fotoğraf Mamkoyî Gûlo'nun aile arşivinden alınmıştır.)

Bu yemeği en çok çocuklar severdi. Çünkü yemek sofraya geldiğinde haklı bir gurur yaşarlardı. Kendi emekleriyle bir sofra hazırlandığı için mutlu olurlardı. Bu anlamda yayladaki çocuklar için iş aslında bir oyun aracı iken aynı zamanda ev ekonomisine de bir katkı oluyordu. Örneğin her çocuğun kenger bölgesi ayrıydı. Kimse kimsenin kengerlerine karışmazdı. Her sene Qandîl'e ilk gidildiğinde çocuklar hemen en iyi yeri seçme yarışına girerdi. Bu onlara bir oyun gibi de gelirdi. Yine toplamaya giderken de koşa oynaya gider, birbiriyle şakalaşarak dönerlerdi. İşte bu oyun dünyası bile aslında akşam sofraya yiyecek olarak dönerdi. O nedenle bu yemeğin tadına doymazlardı.

Maxsonluların bir ay boyunca konakladıkları bu dağın zirvesi 1704 metredir.

Çocuklar bu dağda en çok "Rêya Davon" yani "Develerin Yolu"nu severdi. Kandolî Suçone'ye gitmek de ayrı bir keyifti. Çünkü buradaki su şelaleye dönüşüyor ve 200 metre aşağıya dökülüyordu. Yine Ovê Şînşînge'nin doğduğu yere gidip oyun oynamak da onlar için ödül anlamına geliyordu. Su burada "şîng, şîng" diye ses çıkararak yeryüzüne çıktığı için, bu suya "Ovê Şînşînge" adı verilmişti.

Maxsonluların Qandîl Dağı'nda konakladıkları Kortê Qandîle biraz düz bir alandı. Qandîl'in diğer yerleri gibi derin vadileri, büyük ve içine girmeye insanın çekineceği ormanlık alanları yoktu. Hatta dere ve mağara bile yoktu. Ama keklikler için yapılmış "Evsing"ler vardı. Örneğin bu "Evsing"leri küçük bir çocukken izleyen Karrî Bolle, büyüyüp sanatçı olduğu zaman iki kekliğin aşkını anlatan bir şarkı okumuştu. Hasdelık'ın yazıp bestelediği bu şarkıda iki kekliğin birbirine olan aşkı anlatılırken, esas olarak kekliklerin renkleri, fiziki özellikleri, tavırları, korkuları, kaygıları birbir dile getiriliyordu.

Kortê Qandîle'de herkesin bildiği ve adı Dorê Koze olan bir ardıç ağacı çok meşhurdu. Çok büyük olan bu ağacın gölgesinde 3-4 sürü yatabiliyordu. Gövdesi belki de 6 metreye ulaşıyordu ve dalları çok genişti.

Qandîl'de kaldıkları bir aylık süre zarfında çocuklar ayrıca Qısıq'a çakala toplamaya giderdi. Orada çakala ağaçları çoktu. 30-40 çocuk topluca gider, 2-3 saat onları toplar, şalvarlarının ceplerini doldurur gelirdi. O meyve misafirlere ikram edilir, çocuklara yedirilirdi.

ENGİZEK'E DOĞRU

Engizek hakkında kısa bir bilgi verirsek: 50 km'yi geçen bir uzunluğa ve bir o kadar genişliğe sahiptir. Zirve noktası 2800 metredir. Kışları çok sert geçer. Dağ ilkbaharda kucağını açar. Kar suları erir ve her yandan suların doldurduğu dereler ortaya çıkar. Geçmişte mayıs-haziran-temmuz ve ağustos aylarında Pazarcık köyleri buraya, yaylaya gelirdi. Hayvancılığı sürdüren aileler 1993 yılına kadar Engizeklere gitti. 1993'te devlet yayla yasağı getirdi. O zaman 300 bin koyunu olan Pazarcık köyleri Engizek yaylalarını bırakmak zorunda kaldı.

Mayıs ayı bitince Maxsonlular tekrardan yola düşerdi. Bu defa da hedefleri Engizek sıradağları olurdu.

Bir ay boyunca Qandîl'deki konaklamada dinlenen eşek, katır ve atlar tekrar ağır yükleri taşır, yine büyük çabalar sarf ederdi. Maxsonlular sabah yola çıkar ve akşama doğru "Merg" isimli mevkiye ulaşırdı. Burası Gökçayır köyünün sınırları içine düşüyordu. Gökçayırlılar da Maxsonluların akrabalarıydı. İnanç olarak da aynı Sînamîl Ocağı'na bağlılardı. Ayrıca Maxsî Dada ailelerinin rehberi olan Molê Hemadî Mamadî Haydke de Gökçayır'ın Bozdare mezrasında oturuyordu.

Merg mevkisi düz bir yerdi. Gökçayır'ın içinden geçip oraya ulaşılıyordu. Maxsonlular bir gece orada kalıyor, akrabaları olan Gökçayırlılar ile hasret gideriyor ve sabahleyin tekrardan yola düşüyorlardı. Yine akşam olunca bu defa da Molê Murşid'ın tarlasının olduğu yerde duruyor ve konaklıyorlardı.

Oranın yanında büyük bir kaya vardı. Kilometrelerce uzunluğundaki Maxson yayla kervanı o kayanın yanından geçerek, büyük bir çukur olan Kangalçate'ye giderdi. Bir gece de Kangalçate'de konakladıktan sonra sıra son yürüyüşe gelirdi. Son durak Qawirme. Kangalçate'de sabah olmadan uyanırlar, eşyaları yükler ve yola çıkarlardı. Zînkon'un mezarlarının yanından geçer ve Engizek Dağı'ndaki Qawırme Yaylası'na ulaşırlardı.

Orada herkesin "maxal"ı ayrıydı. Burada da "hox" yoktu. Yine "kon" yani kıl çadırlar açılıyordu. Qandîl'deki gibi her çadır açılan yerde 2-3 metre yüksekliğinde duvarlar oluyordu. Yani çadırlar eğik bir şekilde kuruluyordu ve eylül ayı ortasına kadar burada kalınırdı. Çadırların kurulduğu yerlere ailelerin isimleri verilirdi. Örneğin 1950'lerdeki isimler şöyleydi:

Maxalî Olî Cime
Maxalî Olî Hasan
Maxalî Haskî Karre
Maxalî Îwkî Hasan
Maxalî Tule
Maxalî Orıc
Maxalî Murtıza
Maxalî Qoje
Maxalî Çıme gibi...

Yaylada iken kışın köyde tüketmek için çeşitli erzaklar hazırlanırdı.

Örneğin tarhana yaylada serilir, durmalık et orada kurutulurdu. Yine çökelek, kışlık peynir ve yağ da yaylada hazırlanırdı. Bu yağ eritilir ve hîzlere doldurulurdu. Yayladan aşağıya, tekrar Maxson köyüne inerken de Sarıçiçek köyünün yanında kervanı durdururlardı. İki hafta burada kalır, meyvelerini kuruturlardı.

Sarıçiçek'te iken yine çocuklar ve gençler görevlendirilir ve Gökçayır'a gönderilirdi. Her aile bir veya iki ceviz ağacının parasını ödüyordu. Gençler de o ağaçlardan cevizleri toplayıp Sarıçiçek'teki konaklama yerine getiriyordu. Cevizler orada kurutuluyordu. Mılayî Qoje[3], kış erzağı için yapılan hazırlıkları şöyle anlatıyor;

---

3 Milayî Qoje ile Almanya'nın Tubingen kentinde 2019'da görüştüm. 70'li yaşlardadır.

"Kışlık ihtiyaçları yaylada ve Sarıçiçek'te hazırlardık. Katırları, eşekleri, atları yükle dolduruyorduk. Bazen yetmezdi. Öküzlere de yük atardık. Pekmez, mûj, postik ile çolik getirirdik. Taze yağ eritirdik. O yağı ince ekmeğin arasına koyar ve yerdik. Bizim 5-6 tane goyî cut vardı. Hatırlıyorum... Hepsine eşya yüklemişiz. O ineklerden biri biraz deli-doluydu. Artık yüke mi isyan etti, ne olduysa üzerindeki ter'i bir ağaç sapına batırdı. Ter yırtılınca cevizler aşağı düştü, dağıldı. Kim gidip cevizleri toplayacak. Biraz yüksek bir yerdi. Yolumuza devam ettik."

Mılayî Qoje ile Almanya'nın Tubingen kentindeki evinde görüştük. Bize yaylayı detaylarıyla anlattı. Mılayî Qoje sanatçı Bülent Kenan'ın babasıdır.

1950-60'larda Maxson köyü yaklaşık 50 haneydi. Hemen her evin koyunları vardı ve tüm aileler yaylaya giderdi. O dönemler en çok davarı olan aileler Molê Olî Cıme, Molê Tule, Molê Cıme, Molê Samkî Înoce, Molê Mıstkî Tose, Molê Hısênî Tose, Molê Îwkî Hasan, Molê Murşıd ve Molê Hırço'ydu. Bazı ailelerin 50 koyunu olurdu. Onlar davarı çok olan ailelerle hareket ederdi.

Az veya çok herkes birlikte hareket eder, birbirinin sorununa birlikte çözüm arardı. Çadır mı kurulacak, beraber yapılırdı. Tarhana mı serilecek, gençler taşır, kızlar sererdi. Kurban mı kesilecek, etler bir kazanda pişerdi. Yaylada; yani doğada yaşamanın bir avantajı buydu. Doğa insanlar arasında sınıflaşmayı değil dayanışmayı öne çıkartıyordu. Büyük-küçük herkes çalışıyor, yaşama ortak oluyordu.

Başka şehirlere, farklı ülkelere göç etmeyi bırakalım, onun düşüncesi bile yoktu. Herkes ölene kadar kışın köyde, yazın yaylada yaşayacağını düşünürdü. Bu nedenle de insanların birbirlerine sevgi ve hürmetleri eksilmezdi.

GELİNLERİN YÜNÜ

Süt ile üretilen ürünler yaylada satılırdı. Yaylaya tüccarlar gelir, Maxsonluların ürettiği katığı satın alıp giderdi. Böylece şehre gitme zahmetine girilmiyordu.

Geçmişte yataklar yünle yapılıyordu. Gelinlik kızların çeyiz yünü de yaylada hazırlanıyordu. Her aile kendi koyunlarının önüne oturur, onların yününü kırpardı.

Bu yün "xaror" denilen büyük şiltelere koyulurdu. Oğlu evlenecek olan aileler yünü çeyiz için kaldırırdı. Evlilik çağında oğlu olmayan aileler de yünü Maraş'a götürüp satardı. Maxson köyünden Fotko Xallo[4] bu konuda şu bilgileri paylaşıyor:

"Gelinler 50, 100, 200 kilo yün kestirir ve yataklarını onunla yapardı. Yünü kesiyor, yıkıyor, kurutuyor ve gelinlere veriyorlardı. Gelinin yününü erkek tarafı alıyor, kız tarafı yorganları hazırlıyordu. Örneğin benimki üç kat yataktı. 50 kilo yünle hazırladık."

YÜN VE KEÇİ KILI İLE YAPILAN EŞYALAR

1950 öncesi Maxsonlu kadınlar koyun ve kuzu yününü, yine keçi kılını eğirip ip haline getiriyor, sonra da topraktan elde ettikleri farklı renklere boyuyorlardı. Rengareng iplikler meydana geldikten sonra da onlarla halı yastıklar, çuvallar, "gora" denilen uzun çoraplar ve kıl çadırlar yapıyorlardı. Yünle yaptıkları eşyalar şunlardı:

---

4 Fotko Xallo Milayî Qoje'nin eşidir. 2019'da Tubingen kentinde görüştüm.

Haqîw: Heybe

Hayrê Mor: Hayrê Mor ile erkek şalvarı yapılırdı.

Kılov: Uzun, kalın ve yumuşaktır. Halı niyetine yere serilirdi. Ayrıca çoban ceketi de (kilovî şivên) de kilov'dan yapılırdı. Kilov yapan insanlara halac denir. Kilov kuzu yünüyle yapılırdı.

Kurık: Kısa çorap.

Parda: Özel olarak "ster" için yapılırdı. Yatakların konulduğu yere "ster" denilirdi. Parda, yatakların üzerini örterdi.

Polos: Kilim niyetine yere serilir. Nakışları yoktur, düz ve uzun çizgileri vardır.

Koyun yünü ile yorgan, yastık ve döşek de yapılırdı.

ÇUVAL ÇEŞİTLERİ[5]

Çole Pêşa Çın: Önü işleniyordu. Arkasına da "rıs" ile yeşil çizgiler çekiliyordu. İçine "zot" konuluyordu. Bu çuvala 8 kırat giriyordu. 1 kırat buğday 2 çelik yapıyordu. Yani bu çuvala 16 çelik buğday sığıyordu.

Çole Xoşî: Pamuk ve keçi kılını karıştırıp bu çuval yapılıyordu. Bu çuvala da "zot" giriyordu.

Çole Parıke: Pamukla yapılıyordu. Önü de işlemeliydi. Ona da "zot" konulurdu

Çole Sowe: Pamuk ve yünle yapılırdı. İşlemesi yoktu.

Ter: Ot biçmeye giderken kullanılırdı.

Cox: "Taşî", "tîrik" ve "evircog" konulurdu. Ağzı bağlanırdı. Böylece kaybolmaz ve dağınık durmazlardı.

Turıke Xoye: Tuz torbası

Turıke Bêyre: İçine "mask" ve "kodık" konulur ve bêrîye gidilirdi. Süt ona konurdu. Onu sırtlayıp getiriyorlardı.

---

5 Maxsonlu kadınlardan aldığım bilgilerle bu bölümü yazdım.

Maxson toplumu yüzlerce yıl göçebe halinde yaşadı. Elbette bu yazı ile bir bütün yayla yaşamı anlatılamaz. En azından yayla yaşamının genel çizgileri verilmeye çalışıldı. O yüzlerce yıl boyunca toplumumuzu bugüne taşıyan emektarlarımızı, ayrıca kimi zaman doğaya, kimi zaman felaketlere kurban verdiklerimizi saygıyla anıyoruz.

Son olarak Maxson köyüne ait olan Engizek Dağı'ndaki Qawırme Yaylası'nın mevkilerini sıralayalım. Mevkileri yazıp gönderen Ali Matur'a[6] (Alî Momkî Tule) teşekkür ediyoruz.

QAWIRME YAYLASI'NIN MEVKİ İSİMLERİ

Banê Holkon
Bın Doyre
Dılovi Tule
Doyçe
Hazake
İnê Qıjıkân Kavri
Kavri Çurıg
Kavri Kask
Kavri Qartêl
Kortê İne
Kortê Jurı
Kortê Pire
Kortê Qawırme
Kortê Xoyne
Kortıke Qotmeç
Koynê Heşın
Koynê Paron
Maxali Gawr
Mazale Dölkon
Mergıjıkon
Nolê Maxalon
Nolê Maxali Deda
Nolê Oyxe
Nolê Şoqe
Ortê Qoyre
Xurda

6 Ali Matur ile İsviçre'nin Basel kentinde 2019'da görüştüm. Ali Matur'un yaşamı ve eserleri için kitabın "Sanatçılar" bölümüne bakabilirsiniz.

Mergê Gır, Gökçayır (Fotoğraf: Kanber Qandîl)

Burası Gökçayır coğrafyası içinde yer alır. Gökçayır bölgesi; Zînkone Juri, Merg, Beşoylon, Hamûton ve Xirêwa isimli mezra, köy ve alanlardan oluşur. Mergê Gir da bu alanlardan bir tanesidir. Maxsonlular buradan kendi yaylalarına giderdi.

Mergê Gir'dan sonra Mergê Çuk, sonra da Kale köyü gelir. Farorların geldiği yer burada, Dugonê Kale denilen mevkidedir. Burası Kırkgöz olarak da bilinir. Çünkü orada kırk ayrı gözden su kaynar. Oradan öte Engizek'ler başlar. Herkes kendi yaylasına konar...

Fotoğrafta ardıç ağaçları görülmektedir. Ardıç, yükseği seven bir ağaç türüdür. Bu nedenle Pazarcık ovasında görülmezler. Bu ağaçları görenler artık yaylaya, yükseğe doğru geldiklerini bilirler. Coğrafya değişmiştir. Çiçekler ve onların kokusu da artık değişmiştir. Fotoğrafın sonunda görülen karlı zirve Hacibeyli Yokuşu'dur.

ÖNEMLİ OLAYLAR

KOYNÊ JÊRI VE ÖNEMİ[7]

120 Yıl Önce, Maxson/Ger Mevkisi

*Pazarcık ve Elbistan'da bugün var olan yüzlerce köy ve mezra yüzyıllarca gizlenerek yaşayan insanların torunlarıdır. Çoğu köy veya kabile devletin resmi kay*ıtlarına isimlerini yazdırmadı.

Elbistan'dan Pazarcık'a uzanan o geniş coğrafyada ardıç, meşe ve kamalak ormanlarında; Engizek, Koç, Nuqraq gibi yüksek dağlarda yaşadılar. Maxson'da bu köylerden biridir.

Maxsonlular (Pazarcık'ta Maxsîler olarak da bilinirler) 1900 senesine kadar sürekli göçebe halinde yaşadılar. Mevsim koşullarına göre yerlerini değiştirdiler. 1900 senesinde bugünkü yerlerini keşfettiler. O tarihten 1970 yılına kadar ilkbahar ve yaz mevsimini yaylada, sonbahar ve kış mevsimini bugünkü yerlerinde geçirdiler.

1970'dan sonra ailelerin çoğu yaylaya gitmeyi bıraktı. O tarihten bu yana Maxson (Maksutuşağı) köyünde yaşıyorlar. Bu yazı bugünkü köye geldikleri ilk dönemi ve nasıl burada kalıcı olduklarını anlatmaktadır.

Uzun ve yorucu bir yolculuğun sonuna gelmişlerdi. Önceden keşfettikleri bu alanda ilk kez çadırlarını açıyorlardı. "Ger" isimli mevkide durmuşlardı. Burayı ilk kez görenler çevrelerine meraklı gözlerle bakıyordu. Durdukları alanın bir tarafında siyah bir orman, bir tarafında da sazlık vardı.

Akşam olunca ateş yakıp etrafında oturdular. Hepsi yorgundu. Yanan odunların şakırdısı hepsine ninni gelip geldi. Çoğu ateşin başında, yorgunluktan uyuyakaldı. Onlarla birlikte gecenin sessizliği

---

7 Bu yazıyı 1939 doğumlu Maxson köyünden kaynanam Basa Sur ve 60'lı yaşlarda olan Fotkê Xallo ile yaptığım sohbet ardından kaleme aldım.

içinde atlar, koyunlar, kuzular ve eşekler de çömeldikleri yerde uyudular.

Onlar uyurken Kawo bir sigara sarıp yaktı. İçli içli çekiyordu. Belli ki gelecek günleri düşünüyordu. Buranın ailesi ve akrabaları için kalıcı bir yer olacağını bilmiyordu.

Sabah olduğunda herkes bu yeni yere alışmaya ve tanımaya çalışıyordu.

Mevsim sonbahardı ve havalar soğumaya başlamıştı. Çocuklar etrafta odun toplarken, kadınlar koyunları sağmaya, bazı erkekler de atlarla komşu köy Soflon'a su getirmeye gittiler. Herkes bir işin ucundan tutuyor, günlük hayatı sürdürüyorlardı.

Günler günleri kovaladı. Herkes bir aradaydı. Ne yolda, ne de yeni geldikleri yerde herhangi bir olumsuzluk yaşamamışlardı. Yalnızca bir sorun vardı. İçme suyu sorununa çözüm bulmaları gerekiyordu. Çünkü çevrede pınar veya kuyu yoktu.

Engizeklerden inerken Gökçayır'da durmuşlar, her aile kendine yetecek kadar ceviz ve kuru yemişi temin ettikten sonra yola çıkmışlar ve Dî Bêxça'ya kadar konaklayarak gelmişlerdi. Orada da yaklaşık üç hafta kalmışlardı. Bağlarda hep beraber üzümleri toplayıp onları mosarada kaynatmış ve pekmezlerini elde etmişlerdi. Özellikle çocuklar bu soğuk mevsimde yoğurda pekmez katıp yerken mutlulukları yanaklarından belli oluyordu. Gözleri gülüyor, yanakları al al oluyordu.

Maxsonlular zamanla "Ger" mevkisine alıştılar. Çadırlarını burada kurdular ama henüz kendilerine pog yapmamışlardı. Çadırları düz açmışlardı. Yaylada veya Kandil'deki gibi çadırları eğik bir şekilde kurmamışlardı. Çünkü burada ne kadar kalacaklarını bilmiyorlardı.

Sonbaharda sussuzluk yaza göre bir nebze de olsa çekiliyor. Ancak yine de suya bir çare bulmaları gerekiyordu.

Birgün Molê Murtıza'dan Aşko Salmên'in danası kayboldu. Ama akşam olunca kendi kendine geri geldi. Diğer gün yine kaybolunca Aşê, bunu Samke Înoce'nin annesiyle paylaştı. Onun ismi de Döndo

Mıstî Bıle idi. "Bizim dana yine görünmüyor. Dün de kayboldu ve akşam geldi." dedi. Onlar öyle sohbet ederken dana tekrar çıkıp geldi. Döndo Mıstî Bıle danaya dikkatlice bakınca burnunun çamurlu olduğunu fark etti. "Dananın burnu çamurlu. Bu içme suyuna gidiyor. Acaba nereye gidiyor?" diye, sordu. İki kadın sabahleyin kalkıp danayı bıraktılar. "Teşî"lerini alıp danayı takip ettiler. Dana yayıla yayıla 2-3 km gitti.

Dananın ulaştığı yer sazlıktı ve orada yabani domuzlar yaşadığı için insanlar sazlığın içine gitmeye çekiniyordu. Dana bir özün ağzında durdu. Aşko Salmên ve Döndo Mıstî Bıle orada, kamışların arasında küçük bir suyun kaynadığını ve yerin yüzeyine çıktığını gördüler. Dana kafasını kamışların arasından sokup o suyu içmeye başladı.

İki kadın gördüklerine hem şaşırdı, hem de çok sevindiler. Bu şaşkınlık ve sevinçle hemen köylülerin yanına dönüp bu güzel haberi paylaştılar. Uzaktan, "Suyu bulduk, suyu bulduk!" diye bağırdılar.

Onların sesini duyan köylüler onlara doğru gittiler. Sonra hep birlikte suyun kaynadığı yerde bir çukur açtılar. Artık su için Soflon köyüne kadar gitmeye gerek kalmayacaktı.

Su bulununca her kış mevsimini artık burada geçirmeye karar verdiler. Ve çadırlar için pog yapmaya başladılar. Bugün halen bu su vardır. Köyde bu suya "Koynê Jêrı" deniyor.

FOTATOP VE YÜREK BURKAN HİKAYESİ[8]

1919 yılında Soflon köyünde oturan Sodıxe Momme'nin bir kızı oluyor. Adını Fotatop koyuyorlar. Fotatop büyüyüp serpilince güzelliği dillere destan oluyor. Beyaz tenli ve parlak yüzlü güzel bir kız oluyor. Ve Maxson köyünden Haske Karre'nin oğlu Karro ile evleniyor. Bu evlilikten Sultan ve Husık isimli iki çocukları doğuyor.

Karro İstanbul'a askere gönderiliyor. Bir süre sonra künyesi geliyor; yani ölüyor. O dönem bugünkü gibi ulaşım imkanları olmadığı için cenazesi orada kalıyor.

Fotatop 1942 yılında, 23 yaşında iki çocukla dul kalıyor. Fotatop'u, Karro'nun amcasının oğlu, 17 yaşındaki Bollo ile evlendiriyorlar. Bollo bunu kabul etmiyor ama sonunda kaderine razı oluyor. Bollo'nun o anki ruh halini kızı Şukrana Bolle şöyle dile getiriyor:

"Babamın amcasının oğlu ölüyor. Eşini babama veriyorlar; *'Namusumuzdur. İki tane çocuğu var.' diyorlar. Babam diyordu ki, ben evden kaçtım. Kuzuların önüne gidiyordum, gelmiyordum. Kabul etmedim. Ama kaderime de razı oldum. Babamı iki olay şok ediyor. Birisi amcasının oğlunu kaybetmesi, diğeri yengesiyle evlenmek zorunda bırakılması."*

Bollo ile Fotatop'un evliliğinden iki erkek çocuk doğuyor. Önce Walo isimli bir çocuk dünyaya geliyor ancak iki yaşındayken Hakk'a yürüyor. 1945 yılında da Pazarcık'ın tanınmış ozanlarından Karrî Bolle doğuyor. 1949 yılında Fotatop yine hamile kalıyor. Ancak hamileliği sırasında ailesinin ırsî olan hastalığı kendisinde de nüksediyor. Molê Sêdıx'ın ırsi hastalığı kan pıhtılaşması... Fotatop'un vücudu şişiyor. Sonra yaşananları Şukrana Bolle şöyle anlatıyor:

"Bıcê nenemle babam Fotatop'u Antep'e götürüyorlar. Antep'e gidişleri de ilginç... O zaman araba yok. Babam, '1.5 gün Narlı'nın yanında bekledik ki bir kum kamyonu geçsin de Antep'e gidelim.' diyordu.

8 Bu yazı Orice Tule (Friedrichshafen'de görüştüm), Şukrana Bolle (İsviçre'nin Frenkendorf kasabasında görüştüm), Mustafa Filimci (Ailenin seceresi net olarak anlatan kişidir) ve Hakk'a giden Karre Bolle'nin verdiği bilgilerle hazırlandı. Karre Bolle ile 2010 yılında Willingen-Schweningen kentinde görüştüm. Karre Bolle'nin yaşamı için "Sanatçılar" bölümüne bakabilirsiniz.

Karabıyıklı yolundan gidiyorlar. Devlet hastanesine yatırıyorlar. Nenemle babam birkaç gün de orada kalıyor. Molê İske'den bir kız Bozdağların geliniymiş. Onların evi de o zaman Antep'teymiş. Atê Bıc Bozdağları tanıyormuş. 2-3 akşam orada kalıyorlar. Sonra Fotatop'u hastanede bırakıyor ve üç gün sonra köye geliyorlar."

Birkaç gün sonra Fotatop ağır rahatsızlanıyor ve Hakk'a yürüyor. Yanında kimse olmadığı için onu Kimsesizler Mezarlığı'nda toprağa sırlıyorlar! Daha sonra eşi Bollo ve kaynanası ziyaret etmek için Fotatop'un yanına gidiyor ve acı gerçeği orada öğreniyorlar. Onun üzerine soğukkanlı davranıp cenazenin yerini öğrenmek istiyorlar. Şukrana Bolle o süreci de şöyle anlatıyor;

"Babam ve nenem bir süre sonra gidiyorlar ki Fotatop ölmüş ve belediye kaldırmış. Mezar yeri de belli değil! Babam oraya, buraya soruyor. Dosyaları karıştırıyor ama bulamıyorlar. Karro abim çok merak ediyordu. Ope Husık (Fotatop'un ilk oğlu) mezarını yapmak için çok sordu. Ama tutanak yoktu ve bulamadılar. Kimsesizler Mezarlığı'na sırlamışlar. Fototap çok güzel bir kadınmış. Babam, Sultan'ın kızı Xacê ona çok benziyor, diyordu."

FOTATOP OLLIK BABA'NIN TORUNUNUN KIZI

Fotatop, Sodıxe Momme'nin kızıdır. Babası Ollık Baba'nın torunudur. Ollık Baba Sinamil Ocağı'nın tanınmış dadalarındandı. Mezarı Salmanî Pak köyündedir. Ollık Baba'nın Abbas, Mommo ve Döşo isimli üç oğlu vardı. Onlar Soflon köyünde yaşadılar. Mommo Fotatop'un dedesidir.

Bu olayda en çok acı çeken Fotatop'un çocukları Sultan ve Huso oldu. Babaları askerde, anneleri hastanede öldü ve ikisinin de ne cenazesini, ne de mezarlarını görmediler! Karrî Bolle de annesinin mezarını görememenin acısını ömrü boyunca hissetti.

Not: Fotatop'un ilk oğlu Huske Karre Hakk'a yürüdü. Kızı Sultan Elbistanlı Muşo'nun eşidir ve Narlı'da yaşamaktadır. Karrî Bolle 15 Şubat 2017 günü Hakk'a yürüdü. Karrî Bolle'nin yaşamı için kitabın Sanatçılar bölümüne bakınız.

AŞK ACISIYLA ÖLEN GENÇ

20. Yüzyılda Maxson'da yaşanan dramatik olaylardan biri de aşk acısıyla ölen Haydke Xelîl'in öyküsüdür.

Haydo 18 yaşında, iyi at süren bir delikanlı. Düğünlerde "moyînı" ile cirite giren ve boş bir ova bulduğunda "moyînı" şimşek gibi süren bir genç. Hayat dolu olan ve fiziki olarak da güçlü olan bu genç Karaçay köyünden Kılıçlı Memed'in kızına aşık oluyor. Kızla bir düğünde karşılaşan Haydo orada halaya girerek kendini kıza gösteriyor. O akşam tomurcuklanan aşk gizli gizli buluşmalarla devam ediyor.

Babasının Haydo ile evlenmesine onay vermeyeceğini bilen kız, sevdiğine kaçmayı öneriyor. Haydo bu isteği büyük bir sevinçle kabul ediyor. Kendi moyînı dışında bir at daha ayarlıyor. Çadırların uzağında, bir dut ağacının yanında sözleşiyorlar. Aile kızının "bêri"ye gittiğini düşünüyor.

İki atla orada bekleyen Haydo sevdiği kızla buluşuyor, heyecan ve korku eşliğinde hızla oradan uzaklaşıyorlar. O dönem mevsim baharın sonu ve Maxsîler yayladadır. Maxsonlu Haske Xelîl'in kardeşi olan Haydo, kızı alıp direk yaylaya, kendi ailesinin olduğu çadıra götürüyor. Kendi ailesi bu duruma rızalık vermiyor. Kızı Haydo'da ayırıyor ve tekrar ailesine götürüyorlar.

Haydo'nun tepkileri feodal toplumun ağır kurallarını yenemiyor. Ondan sonraki süreçte çok sevdiği atına hiç binmiyor. Hiçbir iş yapmıyor. Kendini dağlara, taşlara vuruyor. Bir kara sevdaya tutuluyor. Tepkisiz kalması onu içine kapanık hale getiriyor. Bir müddet sonra sessizleşiyor ve sonunda çatlayarak ölüyor!

Haydo'nun ölümünden sonra gençler aileleri eleştiriyor. Anne-babaların daha ılıman ve kazanımcı yaklaşması, kırıcı olmaması görüşü toplumda öne çıkıyor.

O dönem Haydo için yakılan ağıtlar bugün unutuldu ancak onun büyüklere öğütlediği; "Sevenlere engel olmayın." sözü geçerliliğini koruyor.

Ali Manaz (Olî Îwke) bu fotoğraf hakkında şu bilgiyi verdi: "Yaklaşık 85-90 yıllık bir fotoğraf. Mamke Olagole ile babası ve annesi. Mustafa Şahan'ın amcası, dedesi ve nenesi."

ATEŞİN ÖNEMİ

Geçmişte ateş çok önemliydi. Ateş ile suyumuzu ısıtıyor, yemeğimizi yapıyor ve soğuk havalarda ısınıyorduk.

Ateş geceleri de ışığımız oluyordu. Maxson köyünden Zînko Molê Husî Samkî Înoce[9], dedesinin zamanında ışık niyetine çamların yakıldığını söylüyor. Matê Zîn, ışığın son 70 yılda nasıl bir evrim geçirdiğini ise şöyle anlatıyor:

"Ben yetiştiğimde idare yakıyorduk. Fitili vardı. İçine gazyağı koyuyorduk, fitil yanınca oda aydınlanıyordu. Sonra lamba, ardından da lüküs çıktı. Yaklaşık 40 yıldır da köyümüzde elektrik var."

KİBRİT YOKKEN ATEŞ NASIL YAKILIYORDU?

Kibritin olmadığı dönemlerde Maxson köyünde ateş yakabilen insanlardan biri Samkî Înoce'ydi. O, kamalak ağaçlarının kökü ve gövdesinde çıkan Puşoyî Doron'u topluyor ve kurutuyor. Puşoyî Doron şekil olarak biraz mantara benzeyen, beyazımsı bir filiz. Zînko Huse'nin anlattığına göre, kuruttuğu puşoyî doron'u kesesine koyuyor ve bunu sürekli yanında taşıyor. İhtiyaç halinde de çıkarıp onunla ateş elde ediyor. Peki bunu nasıl yapıyor? Matê Zîn şöyle anlatıyor;

"Yanında her zaman bir çakmak taşı ile küçük bir dara ve bıçakları keskinleştirmek için kullanılan bir demir parçası da olurdu. İhtiyaç olduğu zaman kuruttuğu puşoyî doronu çakmak taşının üzerine indirir, o demir parçasıyla çakmak taşına vururdu. O zaman otlardan kıvılcımlar çıkardı. O kıvılcımlar hemen yanına indirilen kurutulmuş otlara değer ve ateş elde edilirdi. O ateşle odunlar yakılır ve köz ortaya çıkardı. Sonra ateşe ihtiyacı olan aileler gelir iki-üç tane közü alır, evlerine götürürlerdi. Yani yaylada ve köyde bir ateşle yedi aile kendi ateşini yakardı."

Sanırım ateşteki közün önemini başka hiçbir cümle bu kadar güzel anlatamaz.

---

9 Zînko Molê Husî Samkî Înoce ile 11 Mayıs 2019 günü İsviçre'nin Basel kentinde söyleşi yaptım.

AFÊ VURULUNCA[10]

1960 yılı kışında Maxson'da Hasan Dada ve Afko Qaraşke'nin düğünü oldu. İlk gün evin üstüne bir direk diktiler. Bir soğanı soyup direğin üzerine batırdılar. Soğandan acılar çıksın, ailenin erken acıları olmasın ve bu acılar dağılıp gitsin diye. Direğin üst tarafına da kırmızı bir bez bağladılar. O dalgalansın, görenler düğün evi olduğunu anlasınlar diye...

Sabahın erken saatlerinde davul ve zurna Hawayî Gıroyne'yi çalmaya başladı. Zurnadan çıkan melodi ve davulun verdiği ritim damat tarafını heyecanlandırırken, gelin tarafını duygulandırdı. Zaman gelinin ayrılık vaktine doğru akmaya başladı. Gün ortasına doğru misafirler damadın evinin önünü doldurdu. Akşam olunca kına yakıldı. Genç bir kadın şu şarkıyı söyledi:

ATÊ ROWA MI DOGIRA
E KI MIN BAN DERI BIGIRA
ATÊ AZÊK WA BÛK BIM
TU WA DÛ MIN MAGÎRA

BÛK DOWAYSTE LA SAR OVE
PORÎ DIRÊJ HATA NOVE
AV BÛKO KI WA BÛK BI
TÊR NAWÛ JA MOLO BOVE

ÇI DORIKAKO DAVE ŞATE
BO LÊTEXI QOL DIQATE
ONÊ ONÊ Ê PIRÊ ZORA
WAXTÊ KI KAÇIK LA MOLO BOVE VADAQATE

---

10 Bu yazı Gûlko Momke, Xaco Kurdık, Ayşe Fehimli, Hüseyin Malgir, Ali Cangür ve Ali Matur'dan alınan bilgilerle hazırlanmıştır. Yazıda yer verdiğim kına gecesi şarkısını Zînkon köyünden Sultano Molê Bılle'den derledim. Matê Sultan, ermiş Xaco Zînke'nin köylüsü ve akrabasıdır.

Kıtalar uzakdıkça hem gelin, hem annesi ağlamaya başladı. Damadın ailesi ise keyifle yeni aile üyelerini karşılıyorlardı. Kınalar yakıldı, gelin ve damadın avuçlarına sürüldü. "Ho mıstak ox, ho mıstak hına." Bu Kürd atasözünde denildiği gibi, "Bazen bir avuç içi kadar toprak, bazen de bir avuç içi kadar kına kişinin kaderidir." Biri acıyı, biri hüznü ifade ederken, ikisi yeni bir yola girildiğini gösterir.

Kına bitince herkes evlerine gitti. Afê o gece annesi Qaraşk'ın kucağında uyudu. Annesi bebeklik günlerdeki gibi kendine sardı. Saçlarını, yüzünü okşadı, kokusunu içine çekti. Qaraşk o gece uyumadı.

Sırtını duvara verirken, Afê annesinin göğsünde uyuyakaldı.

Şafak söküp, gün ışıdığında Maxson köyü görülmeye değerdi! Yaşları 18-50 arasında değişen erkekler güzel kıyafetleri eşliğinde atlarına binip cirit alanına geldiler. Bir yandan gelinin çeyizi taşınırken, diğer yandan da davul ve zurnanın sesi atları ve suvarileri çılgına çeviriyordu. Cenge girer gibi yarışa girdiler. İzleyenler keyif dolu dakikalar yaşıyordu.

Gelinin atı da hazırlandı. At, el işi süslemelerle bir gelin gibi süslendi. Afê evden dışarı çıktı. Annesi, babası ve kardeşleriyle vedalaştı. Başta Afe olmak üzere bütün kadınlar ağlıyordu. Ayrılık vakti gelip çatmıştı işte.

Afê zengisine ayağını uzatıp ata bindi. Gelenek üzerine küçük kızlar zengiye ulaşmak için birbiriyle yarıştılar. İlk olarak 7 yaşında bir kız çocuğu zengiye ulaştı. Afê çantasından ipek bir mendil ve küçük bir çaputa sarılı ziyaret toprağı hediye etti. Bu tören de bitince gelin atı harekete geçti. Önde bir erkek atın başını çekiyordu. At hareket edince Afê ve akrabaları olan kadınlar daha çok ağlamaya başladı.

O arada suvariler yarışmaya devam ediyordu. Maxson'da her evin iki-üç atı muhakkak olurdu. O gün de en güzel atlar cirit alanındaydı. Kırmızı, siyah, kır atlar... Siyah ve adeta parlayan bir at herkesin gözüne çarpıyor, onun hızı insanları coşturuyordu.

Afê atın üzerinde köyün içinde dolaştırıldı. Yedi eve götürüldü. Her evin önüne geldiğinde ev sahibi kadınlar dışarı çıkıp onu karşıladı. Üzerine şeker, mûj ve buğday attılar. Çocuklar çamura aldırmadan kendini yere atıp şeker ve mûjları almak için kapıştılar.

Gelin yeni ailesinin kapısına gelince tüm aile üyeleri büyük bir sevinçle onu karşıladılar. Afê rahat hareket etmesini engelleyen elbiselerle süslendiği için attan yavaş ve dikkatli bir şekilde indi.

Evin kapısına gelirken Hasan Dada hazır bekliyordu. Elindeki kırmızı elmayı kalabalığa doğru fırlattı. Sonra gelin ve damat içeri geçti. Elmayı tutan genç içeri girip elmayı ikiye böldü. Yarısını Afê'ye yarısını da Hasan Dada'ya verdi. Yaşlı bir kadın; "Artık bir elmanın iki yarısısınız. Xweda arkadaşınız olsun." dedi. Hasan Dada ve Afê yaşlı kadının elini öptü ve elmayı yakalayan gence el işi bir kazak ve yünlü bir çorap hediye ettiler.

Ardından damadın bir arkadaşı dama çıkıp soğanı, kırmızı bezi ve direği çıkardı, kırmalı silahıyla da bir kurşun sıktı. Bu düğünün sona erdiğinin işaretiydi.

Düğünden bir hafta sonra Qaraşk kızını ve yeni ailesini akşam yemeğine davet etti. Dolmalar hazırlandı, "klor" pişirildi. Sabah suya bırakılan tarhana yumuşayınca kaynatıldı. Misafirler akşam Qaraşk'ın evine geldiler. Afê ile annesinin kucaklaşması görülmeye değerdi. Afê ve yeni ailesi oturup yerlerini alınca yemekler indirildi. Önce yemekler yenildi, sonra iyi demlenen çaylar içildi.

Hava soğuktu ve sobadaki odunlar kütür kütür yanıyordu. Gecenin ilerleyen saatlerinde Hasan Dada ve ailesi izin isteyip kendi evlerine gittiler. Afê annesinin evinde kaldı. O gün sanki çok uzak bir yerden geliyormuş gibi annesi ve kardeşleriyle uzun uzun sohbete daldılar.

Afê'nin abisi Turist Ali de yeni evlenmişti. Bir ay önce aynı köyden Gûlko Momke ile bir düğün yapmışlardı. Herkes uyuduktan sonra Turist Ali, Gûlê ve Afê beraber oturup sohbete devam ettiler. Üçü de gözlerine uyku düşüne kadar konuştular ve sonra uyudular.

İki gün sonra Turist Ali ve eşi Gûlê Maraş'a gittiler. Orada bazı hediyeler ve lazım olan eşyaları aldıktan sonra akşama doğru tekrar köye döndüler. Aldıkları eşyalar arasında kurşun da vardı. Turist Ali av için kurşun almıştı. Devamla yaşananları Gûlko Momke şöyle anlatıyor;

"Biz eve geldik. Hepimiz oturma odasında, ocağın etrafında oturuyorduk. Küçük görümcem uykuya dalınca ben bir döşek getirdim. O zaman Turist Ali'de silahını getirdi. Denemek için kurşunları silaha taktı ve çıkardı. Kurşunları çıkarırken bir tanesini içinde unutuyor. Biz hepimiz içirideyiz. Kaynanam köşede, yanında da Afê oturuyordu. Kayınbabam o zaman komşuya gitmişti. Turist Ali kurşunları çıkardıktan emin olmak için kontrol amaçlı üç kere tetiğe basıyor. Bir sorun olmuyor. Ben döşeği getirdim. Yorganı sıter'in üzerinden indirirken "tak" diye bir ses geldi. Görümcem yüz üstü düştü ve "Wıy az mırım." dedi. Kurşun önce Turist Ali'nin parmağına değiyor, parmağını koparıyor. Sonra Afê'nin sırtından girip kalbine geliyor. Ve anında Afê yaşamını yitiriyor. Sırtı Turist Ali'ye doğruydu. Biz o anda Afê'nin öldüğünden habersiziz. Afê yere düşünce korkudan bayıldığını düşündük.

Turist Ali'nin parmağı parçalandı ve durmadan kan akıyordu. Kaynanam kucağında uyuyan küçük görüncemi hemen kucağından indirip Turist Ali'nin yanına geldi. Turist Ali; "Bir şey yok. Korkmayın. Parmağıma değdi." dedi. Çok kan akıyordu. Parmağı parçalanmıştı ve sallanıyordu. Kendisi; "Beni bırakın. Sorun yok. Afê'yi uyandırın, korkmasın." dedi.

Akşamdı ve yemekten sonraydı. Ben gittim; "Afê kalk." dedim. Afê kımıldamadı. Kaynanam ona "Balag" diyordu. Geldi ve "Balag, rowa. Matırsa. Tışt tunı/Balag, korkma. Bir şey yok." dedi.

Afê'de kan yoktu. Biz Afê'yi kaldırdık, diğer tarafa düştü. O zaman; "Wıy Afık mîre/Oy, Afê ölmüş." dedik. Turist Ali; "O ne demek! Nasıl ölmüş?" dedi. Afê ile iki arkadaş gibilerdi. Birbirlerini çok severlerdi. Halen onlar gibi birbirini seven, bütün her şeylerini paylaşan kardeş görmemişim.

Nasıl olduğunu anlamak için elbisesini çıkardık. Baktık ki kurşun sırtından girmiş. O an Afê'nin yaşamını yitirdiğini anlayınca hepimiz şok geçirdik. Turist Ali hemen silahını eline aldı, kendini vuracaktı.

Kaynanam yiğit bir kadındı. Kalktı, silahı elinden zorla aldı ve "sıter"ın arka tarafına attı. Sıter yüksekti. Ulaşamazdı.

Orıce Tule ve Afko Qaraşke...

Kaynanam; "Afê öldü. Sen de ölmemelisin." dedi. Kaynanam cesaretli bir kadındı. Biz ağlamaya başlayınca Turist Ali'nin teyzesi geldi. Bize komşuydu. Adı Gûlko Hırço'ydu. O arada Turist Ali çılgına döndü. Dışarı çıkıp deli gibi etrafında dönüyor ve büyük bir acıyla; "Xa wa mı gînın. Mı Afko ma kuşt/Yetişin bana! Ben bizim Afê'yi öldürdüm." diye, bağırıyordu. Onun çığlığını duyan herkes ona doğru koştu. Komşuları Aşo Înoce telaş ve korku içinde; "Alî çır bû/Ali ne oldu?" diye, sordu. O da acıyla; "Mata Aşê, mın Afko ma kuşt." dedi.

Afê 9 günlük gelinken öldü. Turist Ali'nin kayını Cipci Mommo Maraş'a giderek olayı savcılığa bildirdi. Maraş Savcısı o akşam köye gelip olayı inceledi. Diğer gün tekrar köye geldi ve bir rapor yazdı. Savcının ikinci gelişinde Afê'nin vücuduna otopsi yaptılar. Köylülerden bazıları dışarıda, bazıları pacanın üstünde otopsi işlemini seyretti. Hepsi büyük bir hüzün ve şaşkınlık içindeydi. Afê'nin ölümünün şokunu atlatamayan annesi otopsi yapılmasını kabullenemedi. Durmadan ağıt yakıyordu. Annesi onu görmek istiyor, millet bırakmıyordu. Parçalanmış vücudunu görmeye dayanamaz, diyorlardı. Haskî Molê Momke'yi içeriye çağırdılar. İçeri girdi ve "şujın" ile Afê'nin vücudunu dikti.

Aile büyükleri olayı; "Çocuktur, kaza yaptı." diyerek Turist Ali'nin küçük kardeşi Mısto'nun üstlenmesini istediler. Mısto'nun lakabı "Kalam"dı. Kalam kabul etti. O günün savcısı iyi bir insandı. Acının üzerini fazla deşmedi. Afê'nin ölümü köyde destan oldu. Günlerce ağıtlar yakıldı, feryad ve figan birbirine karıştı.

KALAM İLE SONA EREN GELENEK

Afê'nin kardeşi "Kalam" diğer adıyla Mıstkî Qaraşke, büyüdüğünde kendi köylüsü Sultano Gûlışe ile evleniyor. Eşi hamileyken Adana'da çalışmaya gidiyor. Bir şirkette traktör kullanıyor. Aylar geçiyor ve bir kızı dünyaya geliyor. Ama gelip kızını ziyaret edemiyor. En yakın zamanda izin alıp kızını göreceği günü bekliyor.

Bir tatil günü arkadaşlarıyla balık tutmak ve yüzmek için Berdan Baraji'na gidiyor. Biraz balık tuttuktan sonra yüzmek için suya giriyor. Ancak bir daha dönmüyor! Haber köye tez ulaşıyor. Torununun kırkı dahi henüz çıkmamışken Qaraşk'ın evinde yeniden feryad ve figanlar yükseliyor. Bu bir anne için nasıl bir kader? Önce yeni gelin olan kızını, şimdi de yeni baba olan oğlunu kaybediyor.

Kalam'ın o dönem İsviçre'de işçi olan abisi Turist Ali dalgıç götürüyor. Dalgıçlar da Kalam'ın cansız bedenini bulamıyor. Suyun altında mağaralar varmış. Dalgıçlar korkuyor ve "Cenazesi mağaranın içine girmiş olabilir." diyorlar. Sekiz gün sonra cenaze kendiliğinden su yüzüne çıkıyor. Ailesi cenazeyi köye götürüp orada sırlıyor.

Geçmişte bir erkek öldüğü zaman onun eşi kayınıyla evlendirilirdi. Bu gelenek sadece Maxson'da değil, bütün Pazarcık'ta vardı. Maxson köyünde bu gelenek Kalam'ın ölümüyle sona erdi.

Kalam ölünce, eşine "Kayını Mamado ile evlensin." diyorlar. Ancak Mamado'nun sevdiği bir kız vardır ve onunla evlenmek istiyor. O nedenle Mamado teklifi kabul etmiyor. Annesi oğlunu ikna etmek için psikolojik olarak baskı yapıyor. Ancak Mamado hem sevdiğinden vazgeçmiyor, hem de yengesiyle evlenmeyi kabullenemiyor. Ayrıca yengesi de kayınıyla evlenmeyi istemiyor.

Annesinin talebi günden güne artınca da Mamado sevdiği kızla kaçıyor. Böylece annesinin bu teklifinden vazgeçmesini sağlıyor. Qaraşk, sanki kız tarafı suçluymuş gibi gidip kızın ailesiyle kavga ediyor ve "Ben dul kalan gelinimi oğluma verecektim." diyor. Kalam'ın eşi Sıltanê Gûlışe kızı Suzan'ı büyüttü ve evlendirdi. İkisi de bugün İsviçre'de yaşıyor. Anne Qaraşk'ın acıları iki evladıyla sona ermedi. Daha sonra eşi Haske Xelîl de ameliyat masasında can verdi.

Afko Qaraşke ve Kalam'ın ölümü abileri Turist Ali'yi derinden etkiliyor. İki ölümden de kendini sorumlu tutuyor. Bu da kendisini alkole vermesine neden oluyor. "Kızkardeşim Afê benim elimden çıkan bir kaza kurşunuyla can Verdi." derken, kardeşi Kalam için de şu nedenle vicdan azabı duyuyor:

"Bana, beni de İsviçre'ye götür, orada çalışayım diyordu. Onu götürmedim. O da benim kahrıma gidip Adana'da çalıştı. Eğer buraya getirseydim öyle olmazdı."

Bazen içerken; "Az qatîle Mıstkî ma ma." diyen Turist Ali bu acısını hafifletmek için yıllarca günde iki vardiya çalışıyor ve kazandığını da akrabalarıyla paylaşıyor. Birçok insan onun için "Kendini akrabalarına feda eden insan." diye tanımlıyor.

Bu yaşanmışlıklarda görüldüğü gibi Maxson köyü sadece şakalardan ve komedyenlerden ibaret değil. Acılara rağmen yaşamı da yeniden kuran bir köydür.

Kalam ve eşi...

Hasan Dada ve Ailesi

Afkê Qaraşke'nin talihsiz bir şekilde hayata veda etmesi ardından Hasan Dada bir süre kendini toparlayamadı. Daha sonra aynı köyden Gûlo Mıstî Olagole ile evlendi.

Ayaktakiler: Hasan Dada, eşi Gûlo, kucağındaki bebek Bodensee'de motorsiklet kazasında Hakka yürüyen Hasan Dada'nın oğlu Duran; Fotko Waqqês (Hasan Dada'nın kızkardeşi), Gûlko Hasî Mıste (Hasan Dada'nın annesi).

Önde oturan: Mıstke Olagole. Öndeki iki çocuk Hasan Dada'nın çocukları Mısto ve Xacê.

(Fotoğrafı ve bilgileri veren: Mamkî Gûlo/Hasan Dada'nın oğlu).

Bu yazı Gûlko Momke, Xaco Kurdık, Ayşe Fehimli, Hüseyin Malgir, Ali Cangür ve Ali Matur'dan alınan bilgilerle hazırlanmıştır. Yazıda yer verdiğim kına gecesi şarkısını Zînkon köyünden Sultano Molê Bılle'den derledim. Matê Sultan, ermiş Xaco Zînke'nin köylüsü ve akrabasıdır.

SELE KAPILAN OLO[11]

1957 yılında bir bahar günüydü. Öğle saatlerinde Maxson ve çevresinde durmaksızın bir saat boyunca dolu yağdı. Öyle bir dolu ki, her biri bir kahve fincanı büyüklüğündeydi. Dağı-taşı sel aldı. Köyün içi ve karşısındaki dağ doluyla doldu. Köyde iki kişi keçilerini dağa götürmüştü. Biri ihtiyar Mıstke Kışe'ydi, diğeri henüz 16 yaşında olan ve arkadaşlarının "Olo" diye hitap ettiği Olke Orıc'tu.

Dolu, gence-ihtiyara bakmadan şiddetli yağmaya devam etti. Bu şiddet karşısında herkes aklındaki soruyu birbirine sordu; "Kimler hayvanlarını dağa götürdü?"

Kısa bir sürede tüm köylüler Mıstke Kışe ve Olo'nun dağda kaldığını öğrendi. Böyle havalarda bu kollektif ruh, dayanışmacı içtenlik kendiliğinde doğar, doğal bir sorumluluk ruhu yükselirdi. Olo'nun annesi babasına içinden geçen korkuyu söyledi; "Olke mı çû... Olke mı bar le ket/Benim Olo'm gitti. Benim Olo'm sele kapıldı!." Babası da şöyle yanıtladı; "Olke ta çımo la ber le kavı/Senin Olo'n niye sele kapılsın?"

Olo gelmeyince insanlar onu aramaya çıktı. Epey bir zaman bulamadılar. Sonra teyzesinin kocası Olo'yu bir çukurun içinde ve çamurun altında buldu. Hemen bağırarak, diğerlerini çağırdı; "Durmayın, gelin. Olo burada."

Olo'yu çamurun altından çıkardıklarında korkunç gerçeği gördüler. Olo canını teslim etmişti!

Bugün 69 yaşında olan Zînko Huse o zaman 7 yaşındaydı. O çocuk haliyle tanık olduğu bu acıyı unutmadı. O gün yaşananları bugün hatırlayınca duygularını şöyle dile getiriyor;

"Mıstke Kışe, Olo xa 'la ve hêle bıgıra'/Olo kendini bu tarafa tut diyor. Ama Olo onu dinlemiyor ve keçilerini kurtarmaya çalışıyor. Mıstke Kışe yaşlı olduğu için karşı tarafa geçip Olo'ya yardım edemi-

---

11 Bu yazı Xaco Kurdık, Zînko Huse ve Ali Matur'dan aldığım bilgilerle kaleme alındı

yor ve sele kapılmamak için tehlikeli bölgeden uzaklaşıyor. O arada sel gelince çamur kaldırıyor. Olo'yu vuruyor ve Olo çamurlu suyun altında kalıyor, kalkamıyor. Çocuk orada boğuluyor."

Molê Kıleş'in kır bir katırı vardı. Olo'yu getirmek için onu hazırladılar. Terin iki tarafını samanla doldurup üzerine iki yastık bağladılar. Olo'yu karın üzeri katırın üzerine indirip köye getirdiler. Olo'nun başı yastıkların kenarından aşağı sarkmış, sallanıyordu. Annesi onu öyle görünce öyle bir feryad etti ki, bütün köy başına toplandı. Herkes büyük bir acı içindeydi. Olo'yu katırdan indirdiler. Annesi kıyamıyordu onu son kez yıkamaya... Ne yaptığını bilmiyor gibiydi. Olo'yu ziyaretin yanındaki mezarların yanına doğru götürdükleri zaman, annesi tekrardan büyük bir acı ve hıçkırıklarla ağlamaya başladı. Feryad ve figan birbirine karıştı...

Annesinin feryatları yürekleri deldi. Gencecik evladını yitirmişti. Acı dayanılacak gibi değildi.

Birgün sonra hükümet geldi ve Olo'nun cansız bededini incelemek için mezardan çıkardı! Olo'nun cansız bedenini Tulo'nun evine getirip bir odaya yerleştirdiler. Askerler bekliyorlardı. O zaman küçük bir kız olan Xaco Kurdık yaşananları şöyle anlatıyor;

"Olo'nun annesi o zaman oğlunu yerleştirdikleri odanın kapısına vurarak ağıt yaktı: Opî xa lowke mı mapıs kıriye. Lo lo wî kaçıko ta ravond/Amcası oğlumu hapsetmiş. Lo lo o senin kızını mı kaçırdı?" dedi.

Onların kızı kaçmamıştı. Öyle bir suç mu işledin ki seni hapsediyorlar, diyerek acısını dile getirdi. Birgün sonra Olo'yu tekrar ziyaretin yanında sırladılar."

Evet, 1957 yılında Maxson köyü bir gencini doluya kurban verdi. Onun cansız bedeni Maxson ile Ziyareta Kulık'ın arasında bir çukurda bulundu. Olo'nun çukura düşüş anı bir ders niteliği taşıyordu. Dolu yağıp sele çevirince bir keçi sele kapılıyor. Olo onu kurtarmak için elini keçiye atıyor. O zaman selin içine düşüyor. Bulduklarında Olo'nun yumruğu sıkılı ve parmaklarının arasında da keçi kılı varmış. Binbir emekle büyüttüğü keçisinin sele kapılmasına gönlü razı olmamıştı ve onu kurtarmak için kendisini tehlikenin içine atmıştı.

BİR ANNENİN FEDAKÂRLIĞI

Cipci Mommo 1984 yılında, henüz 47 yaşındayken Hakk'a yürüdü. Onun yaşamını yitirdiği günü çoğu kişi unuttu ama evlendiği günü unutmadı.O gün, Maxson köyü bir annenin ders niteliğindeki büyük fedekârlığına sahne oldu. Çipci Mommo'nun kızkardeşi Tûmê'nin yaptığı fedekârlığa...

Tûmê genç yaşında komşu köy Kosîklon'dan birisiyle evlendirilir. Tûmê gönülsüz evlenmiştir. O nedenle birkaç kez anne babasının yanına döner. Biraz evde kalıp sakinleştikten sonra onunla konuşur, ikna eder ve geri Kosîklon'a götürürler.

Ancak bu durum hep böyle sürmeyecektir. Abisinin samimi arkadaşı Bollo da eşini kaybetmiştir ve duldur. Tûmê ile Bollo anlaşır ve kaçarlar. Dul bir erkekle evli bir kadının kaçmasını bazı insanlar hoş karşılamazken, bazıları da Tûmê'nin gönülsüzlüğünü bildiği için ses çıkarmaz. Ancak töre gereği Tûmê ile Bollo cemlere alınmaz. Çünkü Bollo, Pirler ve taliplerin huzurunda divana durmayı reddeder. O dönemin dadası Mıstke Şekır'dır. Bollo, onu ne kadar sevse de mahkeme çağrısına yanıt vermez.

Daha sonra Bollo ile Tûmê'nin çocukları doğar ancak bir sorun vardır. Kızlar yaşarken, erkek çocuklar ya doğumdan kısa süre sonra ölür ya da anne karnındayken düşük yapar.

Tûmê kardeşi Mommo'yu çok sever. Mommo büyümüş, evlilik çağı gelmiştir. Tûmê hamiledir ve hamileliğinin son günlerini yaşamaktadır ama yine de düğün hazırlıkları için sevinçle elinden gelen yardımı yapar. Ne de olsa biricik kardeşinin düğünü yapılacaktır. Heyecanlıdır.

Düğünden belli bir zaman önce Tûmê, bir erkek çocuk dünyaya getirir. Çocuk çok güzeldir. İnsanlar çocuk için "Barxa Gelmıg." tanımı yapar. Yakın akraba çevresi doğan erkek çocukla çok mutlu olur. Onun ölmemesi için dualar eksik olmaz. Tûmê Xode'ye şükranlarını sunar. Duaları kabul olmuş ve bir erkek evlat dünyaya getirmiştir.

Düğün günü Tûmê'nin babasının evine bayrak dikilir ve davul zurna çalmaya başlar. Aynı sabah Tûmê'nin oğlu hastalanır ve yaşamını yitirir! Tûmê büyük bir şaşkınlık ve acıyla hıçkırıklara boğulur. Haliyle düğüne gitmez. Eşi Bollo'yu çağırtır. Diğer insanların haberi olmadığı için düğün çalmaya devam eder.

Tûmê düğüne gitmediği için kardeşi Mommo çok üzülür; "Ablam ki, dünyada en sevdiğim insandır. Nasıl benim düğünüme gelmez." diyerek, düğüne küser ve üzüntüden köyün dışına gider.

Tûmê bunu haber alınca; "Düğün soğumasın." der ve çocuğunun ölümünü eşiyle birlikte saklar. İnsanlar anlamasın diye de, bebeği kundağa koyar ve sırtına bağlar. O şekilde düğüne gelir, halaya girer. Bir saat düğün ortamında kaldıktan sonra çocuğu götürüp eve bırakır ve tekrar düğüne gelir.

Tûmê'nın davranışı bir annenin ne kadar büyük fedekarlık gösterdiğinin, sırf kardeşi üzülmesin, düğün soğumasın diye nelere katlandığını anlatan bir olaydır.

Düğün soğumasın diye ölümü açıklanmayan bir kişi de Basko Hasan'dır. Kitabın inanç bölümünde "Korku Alan Kadınlar" başlıklı bölümde Basko Hasan'ı yazmıştık. Onun Hakk'a yürüdüğü gün Mamadolî Hırço'nun evinde düğün vardır. Olî Hasan, Îwke Hasan ve Samke Înoce onun Hakk'a gittiğini açıklamazlar. "Cemaat dağılmasın, düğün soğumasın. Cemaat kalktıktan sonra söyleriz." diyorlar.

GULÎLERİNİ KURBAN EDEN KIZKARDEŞ[12]

1940 yılı yazında Maxsonlular yine göç yollarına düşüyor. Önce Kandil'e gidiyorlar. Olkî Îwe umutla doludur. Çocukları büyümektedir. Büyük oğlu Hısên artık 17 yaşına gelmiştir ve şimdiden kendisi-

---

12 Bu yazı Hısên'in yeğeni, Abbasî Olkî Îwe'nin oğlu Avukat Sait İkizer ile konu hakkında yaptığım sohbetin ardından yazılmıştır.

nin en büyük destekçisi olmuştur. Ablası Xacê'nin ardından ailenin büyüğü olan Hısên, kardeşlerine de kol kanat germektedir. Gençtir ama sorumluluk sahibidir. Ne iş olsa yapar. Yeri gelir harman kaldırır, yeri gelir davarı dağa götürür. Bu nedenle babası Olkî Îwe ve annesi Sosık; "Oğlumuz büyüyor. Artık yükümüzü paylaşıyor. Kardeşlerine de abilik yapıyor." diyerek, mutlu olurlar.

O yıl her sene olduğu gibi Kandil yaylasında bir süre kaldıktan sonra Engizek'lere giderler. Engizeklere ulaşınca her aile kendi çadırını kurar ve günlük koşuşturma başlar. Artık üç ay burada kalacaklardır ve hazırlıkları ona göre tamamlarlar.

Hısên burada temel olarak davarı yayar. Onun dışında yayla yaşamını kardeşlerine öğretir, süt taşımada annesinin yardımına koşar.

Üstte soldan: Fatkê Salmên (Fatkê Yusıv da derler. Xacê'nin kızı), kucağında oğlu Hüseyin, yanında Zalxê ve Alê (Olkî Îwe ve Sosık'ın kızları), en sağda Fatkê Salmên'ın kocası Yusuf.

Altta: Yusuf Cangür'ün genç yaşta Hakka giden oğlu Hasan, yanındaki Xackê Olkî Îwe, ortadaki Sosık, sağında kızı Afkê Olkî Îwe ve en sağda Ollo'yu Yusuf.

(Bu fotoğraf Sait İkizer'in arşivinden alınmıştır.)

Derken, bir gün hastalanır. Ateşi yükselir ve yatağa düşer. Bir yandan annesi, bir yandan şifacılıktan anlayan köyün yaşlı kadınları ona ilaç hazırlar ama nafile... Hısên, her geçen gün gözlerinin önünde erir ve ateşi düşmek bilmez.

O dönem Hısên'in kızkardeşi Alê ve erkek kardeşi Abbas henüz 2-3 yaşlarındadır. Olkî Îwe ve Sosık onların elinden tutup Hısên'ın yatağının çevresinde dolaştırır. Ocaklara, ziyaretlere çağırırlar; "Hısên'i bırakın. Size iki çocuğumuzu verelim. Bu çocukları alın." derler. Kıl çadırın içinde, Hısên hasta yatağında ter içinde yatarken, anne ve babası can havli ve göz yaşları içinde erenlere, evliyalara çağırırlar.

Dualar, ilaçlar çare olmaz ve Hısên henüz 17 yaşındayken, yaylada, anne ve babasının gözyaşları arasında Hakk'a gider! Daha bir hafta öncesine kadar ailesinin her işine koşturan bu gencecik insan canını teslim eder ve dünyasını değiştirir.

Kızkardeşi Zalxê, abisinin başucuna gider ve başlar ağıt yakmaya. Ağıt yakar, hıçkırarak ağlar ama çocuk sayılacak yaşına rağmen vakurluğunu da elden bırakmaz. Abisinin başucunda bıçakla "gûlı"-lerini kurban eder![13]

Hısên'in Hakka gittiğini duyan bütün Maxsonlulular Olkî Îwe'nin çadırının önünde toplanır ve onlar da aile kadar üzüntü duyar. Çünkü, Hısên hem çalışkan, hem edepli, hem de çok yakışıklı bir gençtir. Kadınlar, "Nazar değdi, göze geldi." derler.

O gün Hısên'i yaylada toprağa sırlarlar.

Bazı ölümler unutulmaz. Acısı ömür boyu insanla birlikte yaşar. Hısên'in acısı ömür boyu babasıyla yaşar. Olkî Îwe, oğlunun ölümü ardından sakalına hiç bıçak vurmaz ve ölene kadar sakalını kesmez.

---

13 Gûlı (saç örgüsü) kurban etme geleneği bir Kürd geleneğidir. Evin değerlisi öldüğü zaman kızkardeşi veya annesi gûlılerını keser. Bu eyleme gûlılerini kurban etme denir.

DEVELERLE TAŞIMACILIK YAPAN AİLE

Şehirler arası yük taşımacılığı tarihten günümüze aksamadan süren bir çalışma alanıdır. Günümüzde bu iş uçak, gemi, tren, tır, kamyon ve minibüslerle yapılıyor. Geçmişte sadece gemi ve yük hayvanları bu iş için kullanılırdı. Deve ve atlarla uzun kervanlar oluşurdu.

Yayla bölümünde anlattığımız gibi traktörün çıkmadığı dönemlerde Maxson köyünde hemen her evin iki atı, dört eşeği olurdu. Bazı aileler öküzleri de terbiye eder ve uzun yolculuklarda ihtiyaç olması halinde onlara da yük taşıttırırdı.

Maxson köyünde ticari amaçlı hayvanlarla nakliyatçılık yapan tek bir aile vardı: Molê Momke. Onlar develerle şehirden şehire yük taşıyordu.

Nehir, göl veya denizin olduğu yerlerde en önemli yük taşıma aracı gemilerdi. Ama böylesi büyük veya uzun suların olmadığı alanlarda ise geçmişte develer devreye girer ve günümüzdeki kamyonların işini görürdü.

Molê Momke develerle çeltik zamanı çamurlu tarlalarda çeltik taşıyor, kışın odunları dağdan aşağıya develerin sırtında indiriyordu. Yılın belli dönemleri şehirden şehire tuz götürüyor, çay ve kumaş kervanlarına katılıyorlardı.

Onların başlıca işi nakliyatçılıktı. Bazen haftalar, bazen de aylar boyunca evin yüzünü göremiyorlardı. Üç kardeş Olke Momke, Haydke Momke ve Mıstke Momke sırt sırta verip Halep, Antep, Adıyaman, Malatya, Maraş bölgesinde çalışıyorlardı.

DEVENİN ÖLDÜRDÜĞÜ ADAM: OLKE MOMKE

Olke Momke ailede işlerin başında olan kişidir. Geç evleniyor. 1915 yılında, 34 yaşında baba oluyor. Gökçayırlı Aşko Kêvır ile olan evliliğinden bir oğlan çocuğu doğuyor. Sarışın, tombul ve şirin olan bu bebeğe Hasan adını veriyorlar. İlk çocuğu olduğu için bebeğin kulaklarını deliyor ve altın takıyorlar. Oğlunun doğduğu hafta Olke Momke evde kalıyor. Develer de bir güzel dinleniyor.

Bebek altı günlükken Olke Momke develeri yemlemek için onları Kortkê Narmık isimli mevkiye doğru götürüyor. Küspe denilen kepeği topaç yaparak develere yediriyor.

Bu arada sadece kendi develerine değil, orada bulunan Molê Îske'nin devesine de yem vermek istiyor.

Onların devesi de "gangîr" yani deli-dolu bir devedir. Olke Momke bu deveye yaklaşıp kepeği önüne bıraktığı an deve ona saldırıyor. Aralarında boğuşma başlıyor. Ancak deve çok sinirlidir ve Olke Momke'nin başını ağzına koyuyor. Boynunu dişleyerek (!) onu birkaç metre öteye fırlatıyor...

Ağır yaralanan Olke Momke olayı görenler tarafından kendi çadırına getiriliyor. Ancak tedaviye cevap vermiyor ve akşam yeni doğan oğlunun ve aile üyelerinin ağlama sesleri arasında dünyasını değiştiriyor.

AŞKO KÊVIR ÖLÜNCE

Olke Momke'nin ölümü üzerine eşi Aşko Kêvır önce dona kalıyor, sonra bir yeni doğan çocuğuna, bir cansız yatan eşine bakıyor ve öyle bir ağıt yakıyor ki yeri-göğü inletiyor.

Maxson ve çevresindeki köylerde bu olay bir şok etkisi yaratıyor. O dönem herkes 15-20 yaşında evlenirken; Olke Momke'nin geç evlenmesi ve oğlunun doğumundan 6 gün sonra can vermesi herkesi derinden üzüyor.

Aşko Kêvır zamanla kendini toparlayacağına, sıkıntısını atamıyor. Eşinin erken ölümünü kabullenemiyor ve büyük bir sarsıntı geçiriyor. Eşinin ölümünün 40. Günü Aşko Kêvır de çözüm bulamadığı acılarıyla hayata gözlerini yumuyor.

Yeni doğan bebek Hasane Olkî Momke henüz 46 günlüktür! O küçücük bedeniyle hem annesiz, hem babasız kalıyor.

46 günlükken öksüz ve yetim kalan Hasane Olkî Momke'yi amcası "Hırço" lakaplı Mıstke Momke büyütüyor. Ancak bebek nüfusa

"ölü" diye kaydediliyor. Hasane Olkî Momke çocukken amcası Hırço'nun kuzularını güdüyor, genç bir yaşa gelince de koyunlarına çobanlık yapıyor. Daha sonra da köyün naxırına gidiyor. Bılûr çalmasını ve taşlardan kerboran tesbihleri yapmasını öğreniyor. Taşlarla yaptığı gülleler ise

köydeki çocuklar arasında kapışılıyor. Ve kendisinde öykü anlatabilme yeteneğini açığa çıkarıyor.

Annesiz ve babasız büyüyen Hasane Momke büyüyüp serpilince Soflon köyünde Aşo Bage ile evleniyor. Aşo Bage küçükken menengiç hastalığına yakalandığı için sağır oluyor. Uzun boyu ve halı dokumasıyla yörede nam salıyor. Bu evlilikten beş çocukları oluyor: Mıstık, Olık, Aşê, Basê ve Ali.

Hasane Momke gündüzleri çobanlık yapıyor. Köyün en fakirleri arasında gözüküyor ama akşam hayvanları köye getirdikten sonra evine girdiğinde kendisini dünyanın en mutlu ve zengin insanı olarak görüyor. Çocuklarını çevresine topluyor ve onlara "Zînê Zêdan"ı, "Papûk kuşu ile kenger"in öyküsünü ve diğer masalları anlatıyor. Elektriğin olmadığı dönemlerde bazen evde mum da olmuyor. Ama karanlık gecelerde onun anlattığı hikayeler çocukları büyülü yolculuklara çıkarıyor ve hayal güçlerini zenginleştiriyor. Böylece bu öyküler birer ışık huzmesi olarak çocuklarının kalbinde parlıyor. Ve çocukların heyecanlı dinlemeleri, sorular sormaları onun en mutlu olduğu anlar oluyor.

Hasane Momke'yi büyüten amcası Mıstke Momke'ye neden "Hırço" denildiğine gelirsek...

Bütün Pazarcık ve Elbistan'da olduğu gibi Maxson köyünde de her insan lakabıyla tanınıyor. Mıstke Momke'nin lakabı da "Hırço"ydu. Birgün Gonîg köyünde güreş şampiyonası yapılıyor. Mıstke Momke de yarışa katılıyor. Karşısına gelen herkesi yere yığıyor. Ağa, sonunda kendi agidini gönderiyor. Onu da yenince ağa şöyle diyor; "Î mınê hırçona/Ayı gibi." O günden sonra kendisine "Hırço" diye hitap ediliyor ve ismi öyle kalıyor.

Başka bir söylentiye göre ise bu ismini bir ayı ile yaptığı mücadeleden sonra alıyor. Anlatılana göre bir ayıyla karşılaşıyor. Onunla boğuşuyor ve ayıyı deviriyor. O nedenle kendisine Hırço deniyor.

Hırço'nun bir diğer özelliği de "korku alma" ritüelini bilmesidir. Kürdçe, "Tırs Gırtın" dediğimiz korku kaldırma olayını zamanında Maxson köyünde Hırço'da yapıyor. Korkan çocuklar Hırço'nun yanına getiriliyor. Aynı zamanda Hırço o dönem okuma-yazma bilen az sayıdaki Maxsonludan biridir. Aramî alfabesiyle Osmanlıca ve Arapça okuyabiliyor.

Maxson köyünde Molê Momke develerini 20. Yüzyılın ortasında satıyor. Ama Pazarcık köylerinde develer 1989 yılına kadar varlıklarını sürdürüyordu. En son develeri Gundî Mamiş (Memişkahya) ve Çawırme (Kurtdere) satıyor. Bu iki köyümüz develerle Molê Momke gibi sadece nakliyatçılık yapmıyordu. Çoğunlukla kendi yüklerini taşımak için develeri kullanıyorlardı.

Geçmişte bir deve öldüğü zaman sahibi ağıt yakardı. Çünkü develer masrafsız hayvanlardı. Örneğin siz bir koyunu kışın ahırda beslemek ve ona yer vermek zorundasınız. Ama bir deve öyle değildi. Sahipleri develeri köyün dağına bırakıyor, onlar kendilerine barınacak yer, yiyecek ot ve içecek su buluyordu.

Geçmişte dağlarda hırsızlık olayları da olmadığı için ne zaman ihtiyacı olursa sahibi gidip deveyi getiriyor ve yükünü taşıttırıyordu. Bu nedenle bir iş kapısı gibi de görülüyordu. Çünkü arabalar çıksa da halen dağlardan aşağıya, çamurlu tarlalardan yollara eşya taşımak için deveye ihtiyaç duyuluyordu. Bu nedenle harçlığı azalan bir aile devesiyle hemen bir işe koşabiliyordu. Örneğin Gundî Mamış ve Çawırme köyünde bazı aileler Adana'ya gidiyor ve iki ay çeltik tarlalarında çalışıyordu.

Yayla yoluna gelince... Bu iki köyün develeri ayrı bir yer tutuyordu. Çünkü develerin boyunları el işi örmelerle süsleniyor, zangılların-tonglarının çıkardıkları ses kilometrelerce öteden duyuluyordu. Bu da Engizeklere giden yayla yoluna ayrı bir renk katıyordu.

YILLAR SONRA GELEN KAVUŞMA: MOLÊ XURDA

Enteresan bir öykü, ilginç tesadüfler ve yüz yaşından fazla yaşayan şifacı bir kadın... Hemkî Komke'nin kızı Alê Kökseçen ailesinin hikayesini bu kitap için yazdı.

Babası Kollarında Ölünce

"Ben Alê Kökseçen. Maxson köyünde Hemke Komke'nin kızıyım. Bizim aile Hemke Xurda'nın torunlarıdır. 19. Yüzyılın sonlarına doğru Hemke Xurda Aşê Kurdik ile evleniyor. Bu evlilikten dört çocuk doğuyor:

Komo, Kıleş, Mısto ve Aşê.

Aşê'nin doğumunda annesi Aşo Kurdık ölüyor. Bunun üzerine Hemke Xurda, Aşo Kurdık'ın kızkardeşiyle; yani kendi baldızıyla evlendiriliyor. 'Üvey annelik yapmaz. Çocukların teyzesidir.' diyorlar.

Ama öyle olmuyor. Kadın çocukları sevmiyor. Yeni doğan Aşê'de kısa süre sonra ölüyor. Aşê ölünce Komo kızıyor. Ailesini ve köyü terk edip Hatay'a gidiyor. O zaman 15-16 yaşlarındadır.

İlkbaharda köylüler yaylaya gitmeye hazırlanırken, babası Komo'yu getirmek için Hatay'a gidiyor. 'Çocuk yazın orada yapamaz. Sıcaktan, sivrisineklerden ölür. Gidip getireyim.' diyor. Hemke Xurda gidiyor ve Komo'yu Hatay'da buluyor. Onu ikna ediyor ve beraber köye kadar geliyorlar. Köye ulaşmadan bir mevki var. Qastal dediğimiz bu mevkide bizim tarlamız ve çok güzel bir çeşmemiz de var. Hemke Xurda çeşmenin başına geldikleri zaman; 'Sare mınî têşı/ Başım ağrıyor.' diyor ve kafasını oğlu Komo'nun dizine koyuyor ve orada can veriyor.

Komo gençtir. Dağ başındadır. Ne yapacağını bilmiyor. Tek başınadır ve babası ölüyor. Oradan köye de taşıyamaz. Uzaktır. Oturup babasının başında ağlıyor. O sırada oradan bir kervan geçiyor. Bakıyorlar ki genç bir oğlan ağlıyor. Kazma-kürek çıkarıyor, kefenliyor ve Hemke Xurda'yı orada toprağa veriyorlar. Mezarı daha orada, oradaki dağın eteğindedir.

Komo babasının elbesilerini alıyor ve köye geliyor. Olanı biteni anlatıyor ve kardeşleri Kıleş ile Mısto'yu alıp Hatay'a dönüyor. Komo ve kardeşleri Hatay'a yerleşiyor. Çalışıyor ve iyi kötü kendi düzenlerini kuruyorlar. Zînkon köyünden bir aile de Hatay'a yerleşmiştir. Komo bu ailenin kızı Gûlê ile evleniyor.

İlerleyen yıllarda kardeşi Mısto Kosîklon köyünde evleniyor ve oraya yerleşiyor. Mısto, tanınmış rap sanatçısı KC Rebell'in dedesidir.

Kıleş de büyüyünce Adana'da Sünni ve Türk bir kadınla evleniyor ve oraya yerleşiyor. Onun ailesi de halen Adana'da yaşıyor.

Komo Hatay'ın bir köyünde Arap Alevilerinin içinde yaşamaya devam ediyor. Komo ve Gûlê'nin dört çocuğu oluyor: Hemo, Aşê, Hamo ve Fotê. Dikkat edilirse Komo ölen annesi ve kızkardeşini unutmuyor ve bir kızına Aşê adını veriyor. Ben Komo'nun oğlu Hemo'nun kızıyım. Babamın kimlikteki adı Ahmet Kökseçen.

Komo, Kıleş ve Mısto evlenip farklı yerlere yerleşiyorlar ama köyle de irtibatlarını koparmıyorlar. Komo da arada sırada Maxson'a gelerek köylülerini ve dayılarını ziyaret ediyor.

Babam 20 yaşındayken Türkler Hatay'daki evlerini yakıyor. Dedem Komo, 'Köyüme döneceğim' diyor. Orayı terk ediyor ve bizim köye, yani Maxson'a geliyorlar. Akrabaları onları sahipleniyor. Onlara bir ev yapıyorlar. Böylece köye yerleşiyorlar. Babam tahminen 1935 doğumludur. 20 yaşında geldiğine göre, demek ki bu olay 1955'te yaşanıyor.

Köye geldiklerinde babam tek kelime Kürdçe bilmiyormuş. Ev yaptıkları vakit birisi; 'Hara bıvır wîna' diyor. Babam da 'bıvır'ın ne olduğunu bilmiyor. Diyor ki; 'Ben oradan oraya gidinceye kadar unutmamak için bıvır bıvır bıvır diye tekrarladım.' Ulaşınca 'bıvır' diyor. Bakıyor ki balta! Gülüyor ve 'Tamam bildiğim bir şey' diyor. Yani dilde zorlanmasıyla ilgili böyle bir sürü hikaye var.

Bir süre sonra dedem Komo ölüyor. Dedem ölünce Kıleş amcamla ilişkiler kopuyor ama Mısto amcamla gelip gidiyorlar. Ben de hatırlıyorum... Mısto Amcam her geldiğinde biz çocuklara şeker dağıtıyordu. O nedenle biz ona 'Opî Şakır' diyorduk. Adının 'Mısto' olduğunu büyüyünce öğrendim."

Aileyi Bir Kadın Buluşturuyor

"Kıleş amca ve ailesiyle ilişkiler yoktu. 1991 veya 1992 olacak. O zaman ben köydeydim. Kıleş amcanın büyük kızı Seher abla İstanbul'da oturuyor. Eşi işadamı. Bunlar Antep'te bir iş görüşmesine geliyor.

İşin ilginç tarafı Kıleş amcam, çocukları nerede doğmuş olursa olsun hepsinin nüfus cüzdanında doğum hanesine 'Maksutuşağı' yazdırıyor. Seher abla Antep'e gelince köyü soruyor. Yakın olduğunu öğrenince eşiyle beraber köye geliyorlar. Bizim köyün ortasında bir kahve var. Bir mercedesten şık ve makyajlı bir kadın iniyor. Seher abla o zaman 50 yaşlarındaydı. Hamo amcam da o an oradaymış. Seher abla aileden sadece babamın ismini hatırlıyormuş. 'Ahmet Kökseçen'i tanıyan var mı?' diyor.

Babamın adı Hemo ama kimlikte Ahmet. Amcam kalkıyor ve 'He, ben tanıyorum. Ben kardeşiyim. Ne yapacaksınız?' deyince Seher abla onun boynuna sarılıyor ve ağlıyor. Amcamı öpüyor. Amcam şok geçiriyor; 'Kimdir bu kadın ki beni öpüyor?" diye, düşünüyor. Seher abla; 'Sen benim öz amcamın oğlusun.' diyor.

Yıllar sonra kuzenler tekrar buluşuyor! Amcam Seher abla ile bizim eve geldi. Hatırlıyorum. Babamla oturdular, birbirine sarıldılar ve ağladılar.

Aynı sene yazın tüm aile bir araya geldi. Kıleş ve Mustafa amcamın çocukları ve torunları ile bizimkiler buluştu. 50-60 aile olmuştuk. İlginç bir tesadüfü de anlatayım...

Kıleş amcanın bir oğlu tıp fakültesini bitiriyor ve doktor oluyor. Zamanla profesörlüğe kadar yükseliyor ve Adana'da bir hastanede çalışıyor. Babam kalp krizi geçirdiğinde Adana'ya kaldırıyorlar ve orada ameliyata alıyorlar. İsme bakıyorlar ki Ahmet Kökseçen. Hemen profesöre haber veriyorlar. Gelip bakıyor ki amcası! Ameliyatı bizzat kendisi yapıyor. Böyle enteresan bir tesadüf de yaşadık.

Kıleş amcamın eşini hatırlıyorum. İsmi Meryem'di. Kara çarşaf giyiyordu. Ama çocukları Alevi gibi yaşıyor ve hepsi Alevilerle evlendi. Bir de amcam evlenip Türklerin içine girince ismini 'Ökkeş' diye değiştiriyorlar. Türkler 'Kıleş' demiyor 'Ökkeş' diyor. Ama esas ismi 'Kıleş'tir."

Şifacı Nenem

"Dedem Komo ben doğmadan ölüyor. Ama nenemi hatırlıyorum. Adı Gûlê. Köyde dedemin adıyla yani Gûlko Komke olarak çağrılıyordu.

Nenem kısa boylu, esmer ve zayıf bir kadındı. 100 yıldan fazla yaşadı. Bu kadar uzun yaşamasını bilge bir kadın ve şifacı olmasına bağlıyorum.

Nenem çok becerikli bir kadındı. Hem bir şifacı, hem köyün ebesiydi. Anadili dışında Arapça ve Türkçe de biliyordu. Bu iki dili Hatay'da öğrenmişti.

Babam çok güzel okuma-yazma biliyordu. Yazısı da çok güzeldi. Onun yaşındakilerin çoğunun okuma-yazması yoktu. Hatay'dayken onların köyünün yanında tren yolu yapılıyor. Orada bir kişi malzeme bekçisi olarak çalışıyor. Babam o zaman 7 yaşındaymış. Nenem gidip adamla konuşuyor. 'Sen benim çocuğuma okuma-yazma öğret. Ben de sana yemek vereceğim.' diyor. O zaman o köyde okul yokmuş. Çocuklar gidip oynarken ya da tarlada çalışırken benim babam o adamın yanına gidip okuma-yazma öğreniyor.

Nenemin annesini de kısaca anlatmak istiyorum. Çok zeki ve hisleri güçlü bir kadınmış. Adı Basê'ymiş. Nenemin kardeşi 'Damîrçone bar davî golle' dediğimiz köyde oturuyordu. O askerdeyken Basê nenem kalkıyor ve 'Bir kurban kesin.' diyor. Kesiyorlar. Bir hafta sonra yine 'Bir kurban daha kesin' diyor. 'Niye kurban kesiyoruz?' diyorlar. 'Benim oğlum dardaydı, kurtuldu.' diyor. Nenem anlatıyordu.

'Abim askerden geldiğinde biz sorduk. Birisi ona saldırmış, kavga etmişler. Bir hafta cezalıymış. Bir hafta sonra cezası bitmiş.' Gün ve saatine kadar hissetmiş Basê nenem.

Basê nenem öldüğü günü de bilmiş. Öldüğü gün banyosunu yapıyor.

En sevdiği yemeği yaptırıyor ve yiyiyor. En sevdiklerini de görüyor. Sonra, 'Ben bütün görevlerimi yerine getirdim.' diyor ve kafasını koyup Hakk'a gidiyor.

Gûlê nenem Kürdçe çok güzel destanlar, masallar anlatıyordu. Mesela hiç unutmuyorum, Şahmaran hikayesini anlatıyordu. Aynı zamanda köyün ebesiydi. Doğumlara katılıyordu. Hatta komşu köylerden de gelip götürüyorlardı. Ayrıca nenem sarılık; yani Hepatit B'yi kesiyordu. Kürtçe, 'Zarık da bırî' deriz. Zarık kaldırarak çok insan kurtardı.

Bolîg'e de tükürüğünü sürüyordu ve gidiyordu. Mesela Çûko dayımın kızı Yeliz anlatıyor. Kendisi 6-7 yaşlarındayken alnının ortasında bir bolîg çıkıyor. Annesi, 'Matê Gûl'un yanına git. Tükürsün, gider.' diyor. Yeliz geliyor. Nenem tükürüğünü alnına sürüyor ve birkaç gün içinde o bolîg gidiyor.

Taa nerelerden geliyorlardı, nenem tükürüğünü sürüyordu, gidiyordu. Ama ilginç bir şeydir... Fatoş ablamın elindeki bolîg'e tükürüğünü sürdü, gitmedi. Nenem, 'Sen bana inanmadığın için gitmiyor.' dedi. Keramet bende değil, onun inancında demek istedi. Aslında nenem orada derin bir felsefik ve psikolojik değerlendirme yapmıştı. 'Sen inanmazsan benim tükürüğüm sana kâr etmez.' demek, istiyor.

Gûlê nenem 1993-94'te öldü. Öldüğünde 100 yaşını geçmişti. Bu kadar çok yaşamasını şifacı olmasına bağlıyorum. Mesela 12 gün oruç tutar, sadece akşamları bir tane kuru üzüm yer ve su içerdi. Sonra 24 saat boyunca bir şey yemez ve içmezdi. Çok inançlı bir kadındı.

Çocukla çocuk, yaşlıyla yaşlı melek gibi bir kadındı. Ben köydeyken amcam gilde kalıyordu. Gözleri görmüyordu artık. Onu getirdim, bir yıl ben ona baktım. Hafızası iyiydi. Seyid Rıza ve Şêx Seid'i anlatıyordu. 'Atatürk gelmiş, idam etmiş. Seyid Rıza'ya kivrelik teklif etmiş.' diyordu. Ama biz bilmiyorduk. Sonra tarihi okuyunca nenemin bir tarihi bize anlattığını fark ettim. Bizim çok sonraları kitaplardan, kasetlerden öğrendiğimiz Dewreşê Evdî'nin hikayesini şiir olarak anlatıyordu.

Ailede Fatma halam nenemin şifacı özelliklerini aldı. Halam

doğumlara katılıyordu. Kileş amcamın en büyük oğlunun ismi Kamo, yani dedesinin adıdır. Ama kimlikte Kemal yazılı. Yani aile hatıraları isimlerde ve özelliklerde sürüyor."

1944: TARİHİ AN[14]

40 yıl olmuştu. Maxsonlular her yıl ilkbaharın son dönemlerinde yaylaya çıkıyor, sonbaharda köyün bugünkü yerine dönüyorlardı. Halen çadırlarda yaşıyorlardı. Artık hox veya toprak ev yapmayı düşünüyorlardı. Bu konudaki konuşmaları belli bir olgunluğa gelmişti. 1940 yılına gelindiğinde her aile kendine bir yer seçti ve ev yapmak için temel eşmeye başladı. Onların çadırlarını açtığı yere yakın bir yerde Kısakürek ailesinin çiftliği vardı. Onlar toprak ev yapmanın, göçebeliği ikinci plana düşüreceğini, yerleşik hayatı hızlandıracağını biliyordu ve alanda ikinci bir güç istemiyorlardı.

Kısakürek Ailesi, Maxsonluların oturduğu alanın çevresindeki arazileri tapusuz bir şekilde işliyordu. 1944 yılında bu arazilere çeltik ekmek istediler. Kanuna göre, çeltik ekilen bir alanın yakınında yerleşim yeri olmamalıydı. Çeltik ekilen yer ile yerleşim arasında en az beş kilometre mesafe olması gerekiyordu. Kısakürek Ailesi, hemen Maxsonluların oturduğu alanın 50 metre ilerisine, yani burnunun dibine çeltik ekerek, onları buradan sürmeyi hedefledi.

Çeltiği ektiler ve daha sonra da gidip Pazarcık'ta Maxsonluları Savcılığa şikayet ettiler. 'Maxsonlular bizim arazimizi işgal etmişler. Çeltik ekiyoruz. Onlar çeltiğin yanına yerleşiyor.' dediler. Şikayet edilen kişiler şunlardı: Mırtıza'nın eşi Xacko Olkî Îwe, Hırço, Samke Înoce, Ayle Mandıke, Orıc, Çuke Oltope, Xalîle Made ve Olke Zaynıke.

Şikayet edilen aileler korktu ve 'Hükümet bizi asar, bizi hapse atar.' diyerek göç etmek istediler. Aileler huzursuz olmuştu. Hepsinde bir gelecek endişesi belirdi. Bu hengame içinde Molê Mıstke Obbês Çıgîl'e, Molê Murşıd Soflon köylerine gittiler. Ayrıca Molê Hırço Emiroğlu'na, Molê Çure ve Molê Çalle Doxonon köyüne, Haydke Xalle de Taterlî köylerine göç ettiler. Diğer aileler de Hükümet baskısı görmemek için her biri bir yere gitmeye hazırlanıyordu.

---

14 O döneme ait bilgileri kaynanam Basa Sur ve Posto (Mustafa Matur) anlattı.

Gitmek için hazırlık yapanlardan biri de Haske Karre idi. Evini yükledi. İnekleri arabanın önüne bağlayıp çoluk çocuk yola çıktılar. 'Gonîg (Bozlar) köyüne gideceğim.' diyordu. Îwke Îwkî Hasan'ın şimdiki evinin yanında o zamanlar kalamlar vardı. Oradaki yola geldikleri zaman Olî Hasan onların yolunu kesti. İnekleri durdurdu.

Haske Karre'nin atı kişneyerek ön ayaklarını hafiften havaya kaldırdı ve durdu. Haske Karre ne olduğunu anlamadan, ineklerin bağlı olduğu arabadaki eşyaları yerde buldu. Olî Hasan tüm yükleri yıkıyor, Haske Karre şaşkınlıkla onu seyrediyordu. Olî Hasan Haske Karre'yi attan indirip, biraz duygusal yarı kızgınlıkla; 'Sen Bozlar'da ne yapacaksın? Sen nereye gidiyorsun?' dedi.

Daha sonra Haske Karre'yi yanına alarak köylülerin hepsini bir araya getirdi ve şöyle dedi: 'Gelin Pazarcık'a gidelim. Hakkımızı arayalım.' O, göç edilmesini istemiyordu. Hepsi Pazarcık'a gitme konusunda anlaştılar ama akıllarında bir kuşku vardı 'Acaba hapse mi gireriz?' hatta 'Acaba bizi idam mı ederler!' diye düşünenler de oldu.

Uzun sözün kısası Olî Hasan, Alî Mandıke, Samke Înoce, Hırço ve Orıc Pazarcık'a doğru yola çıktılar. Giderken yolda Kirni köyüne uğradılar. Orada Alko Înoce oturuyordu. O yiğit, bilgili, yürekli ve tesiri olan bir kadındı. Eşi İsmaîle Qıre hayattaydı ama her işte son kararı o verirdi. Alko Înoce'den de bir öneri almak istediler. Alko Înoce, Maxson heyetine biraz kızdı, biraz da cesaret verdi; 'Siz neyden korkuyorsunuz? Niye hakkınızı aramıyorsunuz? Siz uzun yıllardır orada oturuyorsunuz. Muhtarlık mührünüz var. Sizin oturduğunuz yerlere çeltik ekemezler. Bu, kanuna aykırı. Korkmayın, gidin Pazarcık'a ve siz onları hükümete şikayet edin. Kendi hakkınızı arayın!' dedi.

Alko Înoce'nin konuşması Maxsonluların kafasındaki kuşkuları sona erdirdi. İnançlı ve kararlı bir şekilde Pazarcık'a gittiler ve yasal haklarını aldılar. Mahkeme 1945 yılındaki duruşmada kararını açıkladı; 'Köyün muhtarlık mührü var. İnsanlar orada ev yapmış. Bu alan onlara aittir. Oraya çeltik ekilemez. Ayrıca Antep Caddesi İstikamet Tepesi'nden berisi Maksutuşağı köyüne aittir.'

Bu kararın ardından Kısaküreklliler çeltik ekemedi ve Antep Yolu'ndan berisini köye vermek zorunda kaldılar. Bu olaydan sonra köyden ayrılan ailelerin çoğu tekrar eski yerlerine döndü. Molê Çure dönmedi. Onlar Doxonon köyünden, Teron köyüne yerleşti. (Kitabın İnanç bölümünde Êmînê Çure başlığına bkz.)

MAXSON'LU KADINLARIN GÜNLÜK YAŞAMI

Yaşı 70'in üzerinde olan Maxsonlu birçok anne ile söyleşi yaptım. Onlara değişik konularda sorular sordum. Bu sorulardan biri de günlük yaşamda yaptıkları işlerle ilgiliydi... 1990 öncesi günlük koşuşturmalarını anlattılar.

Anlatımları analarımızın yüzlerce yıl boyunca nasıl yaşadıklarını da göstermektedir. Sorulara verilen cevapları birleştirdim ve ortaya bu anlatımlar çıktı...

Maxsonlu kadınlar günlük olarak hangi işleri yapardı?

"Günlük işlerimiz mevsime göre değişirdi. Örneğin kışın bir günümüz şöyle geçerdi;

Sabah kalkar yatakları toplardık. O zamanlar herkesin odası ve yatağı sabit bir yerde değildi. Bir göz evimiz olurdu ve hepimiz aynı odada yatardık. Sonra koyun, keçi ve ineklerin altını temizler; yemini, suyunu verirdik. Onları sağar ve eve gelirdik. Bu defa da çocukların kahvaltısını verirdik.

Kahvaltıdan sonra hava güzelse ve evde kalmamışsa oduna giderdik. Odun kadınların işiydi. Erkekler sadece kütükler çıkarılacaksa giderlerdi. Kadınlar odunları dara ile çöp gibi kırıyor, üstüste koyup deste yapıyor, ipe sarıyor ve sırtlayıp getiriyorlardı. Eskiden orman çoktu. Narlı'dan gelen yolun tarafına 'Ormanî Raş' diyorlardı. O kadar çoktu. Hepsini söktüler ve tarla yaptılar. Mesela Ormanî Raş'ta 'Kalame Sîndîgone' çoktu. Ama yaşlı ağaçlar orada yoktu. Yaşlı ağaçlar Ziyaretê Totkon'da vardı.

Odun işi bitince bu defa kuyuya gidip içme suyunu getiriyorduk ve yemeği hazırlıyorduk. Sonra yine davarı yemlemeye gidiyorduk. Davar sabah ve akşam, günde iki kez sağılırdı. Ayrıca gün içinde ayranı yaymak, yoğurdu-peyniri-çökeleği yapmak, taze yağ çıkarmak da kadınların işiydi.

Nonî sêle'yi (ince ekmek) yapardık. Misafirlerin hizmetini görürdük.

Tawn yapardık. Bir boş dakikamız yoktu. Çocuklar da vardı. Onların yemeğidir, hizmetidir...

Elbiseleri elle yıkardık. Elbiseleri bir çarşafa koyardık. Nerede bir su varsa oraya gider, sabunla yıkardık. Elbise yıkamak zordu. Ortalama 3 saatimizi alıyordu. Yorganları da haftada bir yıkardık. Yorganlar zordu. Bugünkü gibi kolay değildi. Dikmek için birgün akşama kadar o dört köşeyi dolaşıyorduk.

Geçmişte muşamba veya pet bezler yoktu. Çocuklar için 'kêşık' denilen mevkide beyaz toprak getirirdik. Onu 'bêjık' ile elerdik. Bulgur gibi olurdu. Sonra o elenen toprağı ısıtır çocukların altına koyardık. Nasıl ısıtırdık? Elenen toprağı bir tabağın içine koyardık. Onu sobanın yanına ya da iki közün üstüne indirir öyle ısıtırdık. Çocuklar altını ıslattığında hep o toprak zaptederdi."

Kadınların yaptığı işleri saydık. Erkekler hangi işleri yapardı?

"Erkekler, öküzlerle tarla sürmeye giderdi. Davarı yayarlardı. Haziran ayında biz yaylada kalır, erkekler aşağı gider, ekini biçerlerdi. Buğday ve arpanın biderini ve qalm'ını yaparlardı. Qalm ile buğday ve arpa sapın içinden çıkıyordu. Sonra onu dirgen ile havaya serpersin ve temiz ürün elde edersin. Ardından yine yaylaya gelirler, bir ay boyunca da deste deste ot toplar ve kuruturlardı. O kurutulan otları da köye dönerken kendimizle götürürdük. Kışın onları hayvanlara yedirirdik."

Geçmişte Hakka giden canlar nerede yıkanıyordu?

"Bîrê Sawe'de yıkanıyordu. Bider yapmak için kullanılan bir qalm oradaydı. Dört taş indiriyorlardı; ikisi aşağı, ikisi yukarı. Qalm'ı o taşların üstüne indiriyor ve cenazeleri onun üzerinde yıkıyorlardı. Tahtası düzdür. Sonra 1990'ların başında gençler bir araya geldi ve cenazeleri yıkamak için bir yer yaptılar. Önceki yıl da 'Îwkî Hasan ve Olî Hasan' gilin adıyla bir morg yapıldı."

Ne zaman yayladan dönüyordunuz?

"Ağustos ayının sonunda topluca Engizek Yaylası'ndan iniyorduk. 10 gün Gökçayır'da, 10 gün Kortê Bêxça'da kalırdık. Kortê Bêxça'ya geldiğimiz zaman üzümü de yapardık. Dî Bêxça, Nosıron ve Dî Şakoke'de bağlarımız vardı. O bağlardan muj (kuru üzüm) ve diğer ihtiyaçlarımızı karşılardık. Bizim köyün bağları çoktu ama bize uzaktı."

Eski zamanlarda gelinler hangi elbiseyi giyer, başlarına ne bağlardı?

"Eskiden gelinler altta kırmızı 'darpa' ve 'famila'; üstüne de telli fistanlar giyerdi. Baş ise kına gecesi ayrı, gelin giderken ayrı bağlanırdı. Gelin giderken başa 'kofî' yapılır ve 'filîg' takılırdı. Kına gecesinde ise gelinin başı 'şewon' ile kapatılırdı."

Yorum

Annelerimizin anlatımlarını yaşı 40 ve üstü olan insanlarımız birebir yaşadı. İnsan yeniden gözünün önüne getirince... Hiç boş vakitleri kalmadığı görülüyor.

Şair Bejan Matur 1968 yılında Maksutuşağı köyünde doğdu.

Şiirleri Farsça, Çince ve İngilizce başta olmak üzere yirminin üzerinde dile çevrildi.

Şiirde kendine özgü bir dil yaratan Bejan Matur, edebiyat dünyasında "Öncesi olmayan şair" olarak kabul ediliyor.

Bu kitap için görüştüğümüz kuzeni Duran Matur şöyle diyor:

"Bejan'ın birçok şiirinde köyümüzün mevkilerini, ailemizi, yaylamızı, evimizi görebiliyorum. Köyü çok seviyor ve onun imge dünyasında köyün izlerini görmek bizi mutlu ediyor. Köye bağlı ve çok seven birisidir. Fırsat buldukça köyü ziyaret eder. Bejan gibi önemli bir şairin ailemizden çıkması bizi hem mutlu ediyor, hem de gururlandırıyor."

Maxson köyüne yukarıdan bakış...

KÖYÜN MEVKİLERİ[15]

Pazarcık, Elbistan ve Kürecik'te araştırma yaparken gördüm ki köylüler dağa-taşa isim veriyor. Çoğu ismin de bir hikayesi var. Aslında bu hikayeler o köylerin tarihini içinde barındırıyor.

Saydığım bu yörelerde dağlar, tepeler, dereler, kuyular, pınarlar, kayalar, ziyaretler, keklikleri avlama yerleri hep bir isimle anılıyor. Şehirlerde cadde isimleri belediye meclisinin siyasi iradesiyle belirlenirken, köylerde mevki isimleri çoğunlukla yaşanmış bir hikaye ile örtüşmek zorundadır.

2009 yılından bu yana zamanımın çoğunu iki konuya ayırdım. Biri bölgemizdeki ziyaret ve ocaklar, diğeri de köy ve yaylalarımızdaki mevki isimleri...

Şu ana kadar Dêrsim, Pazarcık ve Elbistan'da 600 ziyareti ve ocak ailesini tanıttım. Bu üç yöredeki bütün köyleri bitirdiğimde ziyaret, ocak, derviş, ermiş sayısının 5 bini geçeceğini tahmin ediyorum.

Mevki isimlerine gelince... Elbistan ve Pazarcık köylerinde ve yaylalarda şu ana kadar toplam 12 bin Kürtçe mevki ismi derledim.

---

15 Maxson köyünün mevki isimlerini 2010 yılında derlemiş ve Pazarcık gazetesinde yayınlamıştım. O zaman eşim Yıldız Filimci bana bilgi vermişti. Bu kitap çalışması nedeniyle kaynanam Basa Sur, Orıce Tule (Oruç Matur), Hasan Yırtlaz ve Ali Matur'un verdiği bilgilerle de tamamladım

Örneğin sadece Mılone Soqî ve Mılone Ugute köylerinde iki yüz mevki ismi kaydettik. Bunlardan bir örnek vermek istiyorum. Mılone Ugute köyünde Nolê Mînos (Okul Kürtçesi ile Newala Mînos) var. Bu dereye neden Nolê Mînos deniliyor?

1920'lerin başında bir grup çete Mılone Ugute köyüne baskın düzenler ve Ermeni olan Mînos'un evini ablukaya alır. Mînos'u, eşini, kızını ve oğlunu yakalayıp bir derenin kenarında katlederler. O günden sonra köylüler bu dereye Nolê Mînos diyorlar. Bu isim halen kullanılmaktadır.

Diğer bir örneği de Nosıron köyünden verelim. Kayaları ile ünlü bu köyde bir mevkinin üç ismi var. Bazıları Bınî Molon, bazıları Bınî Zınêr, bazıları da Yoxzê Jêrı diyor. Bir gün eşkiyalar köyü basıyor ve hayvanlara el koyuyorlar. Köylüler onları Bınî Zınêr'e yönlendiriyor. Vakit akşamdır. Eşkıyalar oradaki yalçın kayalıkları tanımadıkları için köylüler tuzak kuruyor ve eşkıyaları yakalıyorlar.

Mevki isimleri bize yöremize dair önemli bilgiler sunmaktadır. Mevki araştırmam bittiği zaman Elbistan ve Pazarcık köylerinde 50 bin mevki ismine ulaşacağımı tahmin ediyorum. Şimdi Maxson köyünün mevkilerini yazabiliriz. Adan Zye Maxson köyündeki mevki isimleri şöyle:

Avzemık

Bawrarî Xayne

Birê Toşe

Bîrê Sawe

Çolê Jêri

Dîragî Olî Waqqês: Bir elektrik direğidir. 1959 doğumlu olan Olî Waqqês 13-14 yaşlarında cesur bir çocuktur. Korkmadan direğe çıkar, ancak elektrik çarpar ve onu yere atar. Eve gelmeyince Olî'yi aramaya çıkarlar. Onu cansız bir şekilde, vücudunda elektrik izleriyle direğin yanında görürler. Olî canını teslim etmiştir. Hem ailesi, hem köylüler büyük bir üzüntü yaşar. Olî'nin canını teslim ettiği yere köylüler bugün de Dîragî Olî Waqqês diyorlar.

Diyori Qawırme

Ger: Maxson ile Pulyane Jurı köyleri arasındadır. Köyün yaşlılarından aldığım bilgilere göre, Maxsonlular bu alana geldikleri vakit çadırlarını burada da kuruyorlar.

Înê Hırço: Dîyorî Qawırme mevkisinin içindedir. Çok derin bir çukurdur. Maxson köyünden olan Hırço öküzle orada tarlayı sürüyor. Birden orası çöküyor. Bu nedenle köylüler buraya Înê Hırço diyorlar.

Kortkê Narmık: Toprağı gıl, yani kildir. Köyün yaşlı kadınları şu bilgiyi verdiler; "Geçmişte bez yerine bu toprağı kullandık. Nasıl yapıyorduk? Toprağı eliyor ve ateşte biraz ısıtıyorduk. Bu toprağı bebeklerin altına koyuyorduk. Çocuk gece tuvaletini yaptığı zaman kokuyu önlüyordu. Kış aylarında da çocuğu sıcak tutuyordu. Yine altını kirlettiğinde çocuk rahatsız olmuyordu."

Kavrî Aslên

Kavrî Top: Köyde iki kayaya Kavrî Top deniyor. Birisi Hısene Kome Ziyareti'nin yakınlarındadır. Bu kayanın içinde bir soqî taşı da var. Soqî taşlarının içinde geçmişte buğday veya mısır dövülürdü. Diğer Kavrî Top ise köyün tepesinin sırtına düşmektedir.

Kırıkî Çolı: Tepelik bir yer. Kara çalıları çok olurdu.

Kortkê Heşın

Kortıkê Orıc

Kortê Totkon

Kûrfî Dore: Kûrf 'ı çoktur. Kurf ile süpürge yapılır, ineklerin altı temizlenirdi. Bu alan aynı zamanda 1939 öncesi Maxson köyünun mezarlığıydı.

Koynê Kûrfî Dore: Eski mezarlığın bitişiğindeki bir çeşme.

Koynê Qastale: Narlı'ya giderken yolun sağ tarafında. Yoncanın içinde, sulak bir yerdir.

Koynê Mırtıza

Koynê Hacî Orıc

Koynê Jêrı

Koynê Molon

Koynê Tope

Koynê Habo

Koynê Orge

Kunê Ûtke: Orada yün yıkanırdı.

Modonî Olî Sêdıq: Burası bir maden alanıydı. Olî Sêdıq orada krom çıkarıyordu. Önünde bir göl de oluştu. Bu göle Golê Olî Sêdıq deniyor.

Nolo Sêzık: Küçük bir sudur. Köyün arka tarafına düşüyor. Köye yaklaşık 3 km mesafededir. Modonî Olî Sêdiq Nolê Sêzık'ın içindedir.

Nolê Çolı

Nolê Warî Xalle

Naqawê Ziyarete

Ocaxî Êş (Değirmen Ocağı)

Ormonî Raş: Narlı'ya giderken köyün sağ tarafında, Koynê Qastale'nin yanındadır.

Pozî Qêş

Pozî Kıroce

Pozî Sıncıke

Tırbê Kuşton: Afrin'li iki kaçakçının mezarı buradadır. Bunlar kumaş getiriyor. Yerelde kendileriyle birlikte çalışan kişilere bu kumaşları ulaştırıyorlar. Kumaşları yereldeki ortakları satıyor. Satış bitene kadar kaçakçılar mağarada saklanıp bekliyorlar. Kaçakçılar yine kumaş getirmiş ve ortaklarını mağarada bekledikleri bir gün ihbar oluyor ve askeriye onların etrafını sarıyor. Askerler iki kaçakçıyı öldürüyor, birini tutuklayıp hapsediyor. Köylüler kaçakçıların öldürüldüğünü görünce cenazelerini toprağa veriyor. Bu nedenle bu mezarlara Tırbê Kuşton deniyor.

Qastal

Wargeh

Wargê Kovıron

Yorme

Zîyaretê Totkon

Ziyaretê Hısêne Kome: Kitabın inanç bölmünde tanıtımı yapıldı.

Ziyaratê Totkon: Kitabın inanç bölümünde tanıtımı yapıldı.

Köyde tarlaların olduğu alanlar da isimlendirilmiştir. Bu alanlar şöyle tarif ediliyor: **Tarle Çolle, Tarle Kapıre, Tarle Kûrtkî Orıc, Tarle Qorşe, Tarle Orge, Tarle Dîwêr (Dîworî Qawırme), Tarle Qastale, Tarle Yorme, Tarle Qûme, Tarle Kûrfî Dore, Tarle Bane ve Tarle Tope.**

KÖY VAKFI ve HİZMETLERİ

Pazarcık'ta çok sayıda köyün derneği ve vakfı var. Bu kurumlar köy evleri yapıyor, kültürel etkinlikler ve sosyal sorumluluk görevlerini yerine getiriyorlar.

Maxson köyünün vakfı üzerine konuşmak için Hüseyin Malgir ile 11 Nisan 2019'da İsviçre'nin Liestal kentindeki evinde görüştük. O, başından itibaren köy vakfının çalışmalarında yer alıyor. Kendim de şahid oldum.

Engelli bir evladı olmasına rağmen, hem haftanın beş günü çalışıyor hem işyerinde sendika temsilciliği yapıyor hem de köy vakfının işlerini aksatmadan yapmaya, eksik kaldığı zamanlarda da yetiştirmeye çalışıyordu.

Köy vakfı için aynı duyarlılığı Friedrichshafen'de Hasan Gördük, Basel'de Duran Matur, Stuttgart'ta Ali Filimci ve Hüseyin Mendeş ile Vilingen-Schweningen'de Elif Cangül'ün gösterdiğine de tanık oldum.

Hüseyin Malgir'in anlattığına göre, 2002 yılında köy için bir araya geliniyor ve toplantılar yapılıyor. İki yıl süren görüşmeler sonunda

2004 yılında Maksutuşağı Sosyal ve Kültür Dayanışma Vakfı kuruluyor. Tüm köy halkı vakfın kuruluşunu sevinçle karşılıyor ve zamanla yaklaşık 200 aile vakfa üye oluyor.

Ardından vakıfta görev alan-almayan herkes elbirliğiyle köydeki eksikleri tespit etmeye ve gidermeye başlıyor. Bunun sonucu olarak köyde şu hizmetler yapılıyor:

* Öncelikle köye bir cemevi yapılıyor. Yapılan bina cemlerin yapılmasında, taziyelerde ve diğer sosyal etkinliklerde kullanılıyor.

* Daha sonra Hısene Kome Ziyareti çevresi yeniden düzenleniyor. Su ve elektrik götürülüyor. Oturma yerleri yapılıyor ve gerekli yerlere parke taşları döşeniyor.

* Mezarlığın çevresi yeniden düzenleniyor ve sur çekiliyor.

* Bir dönem Maraş Büyükşehir Belediyesi çöplerini Maxson köyünün çevresine dökme kararı alıyor. Köye yakın bir alana Maraş Atık Deposu yapılmak isteniyor. O zaman vakıf yöneticileri ve üyeleri köyde yaşayan ailelerle birlikte hukuki mücadeleye başlıyor. Maxson köyünün öncülüğünde çevre köyler Soflon, Pulyane Jurı, Teron ve Olîbagon da bu çevre mücadelesine katılıyor.

Bir yandan yasal süreç takip edilirken, diğer yandan demokratik eylemler yapılıyor ve bu projenin önüne geçiliyor. Hukuki mücadelenin giderlerini karşılamak için de Maksutuşağı Sosyal ve Kültür Dayanışma Vakfı Avrupa'da iki gece yapıyor. Gecelere sadece Maxsonlular değil, çevreye duyarlı Pazarcıklılar da katılarak desteklerini sunuyor ve elde edilen gelir köye aktarılıyor.

Bu temel hizmetlerin dışında ise şu çalışma ve etkinlikler gerçekleştiriliyor:

* Maksutuşağı Köyü Telefon Rehberi hazırlanıyor. Böylece insanlar birbirine hemen ulaşabiliyor.

* 12 sene boyunca altı ve oniki sayfadan oluşan takvimler basılıyor.

* Almanya ve İsviçre'de 7 kez dayanışma gecesi yapılıyor. Ayrıca piknikler yapılıyor. Dayanışma geceleri ve pikniklerde köylülerin çoğu bir araya geliyor. Köyün birlik ve beraberliği güçleniyor.

Vakfın başkanlarından Hasan Gördük şöyle diyor; "*Köyün birlik ve beraberliğini sağlamada vakfın etkinlikleri ciddi bir önem arz ediyor. Onun için tüm arkadaşlar olarak zamandan, maddi-manevi fedekarlıktan hiç gocunmadık. İki aileyi bile yanyana getirsek kesinlikle başarıdır. Mesela artık Stuttgart, Bodensee ve İsviçre'de neredeyse kendi başına hareket edecek düzeye geldik. İyi dostluklar geliştiriyoruz.*"

Hüseyin Mendeş ise örgütlü olmanın bir toplum için önemli olduğunu vurguluyor; "*Bir kurum olduğumuz için plan, proje yapıyor ve hayata geçmesi için uğraşıyoruz. Bunun sonuçlarını da alıyoruz. Örneğin vakfı kurmasaydık köydeki cemevini hangi çalışmayla yapacaktık? Yine köyün çevresi ağaçlandırıldı. Nerdeyse gür bir ormana dönüştü. Yani vakıf çalışmalarında ekolojiyi de hep ön planda düşünüyoruz.*

Ayrıca son kongremizde köydeki heyetimizi değiştirdik. Şimdi köydeki heyetimiz tümüyle kadın üyelerden oluşuyor. Bu bizim için bir şans. Çünkü kadınlar planan çalışmalara bizden daha ciddi önem verip üzerinde duruyorlar."

MUHTARLIK NASIL BAŞLADI?

Bu yazının amacı muhtarlık kurumunu anlatmak veya övmek değildir. Maxson'un nasıl resmiyet kazandığını anlatmak için yazılmıştır.

Maxson köyünden arkadaşım Posto (Mustafa Matur); "Kayınbabam Hasan Filimci köyün tarihini en iyi bilenlerden biridir" demişti. Gerçekten de muğlak kalan konularda bazen kendisine başvurduk. Her konuştuğumuzda farklı bilgiler öğrendik. Örneğin Bayra Qıran kabilesinin aile ağacını onun sohbetiyle netleştirdik. Yine birgün İsviçre'de oğlu Doro'nun (Tahir Filimci) evinde köyün aile ağacı üzerinde çalışırken aradık. O zaman da muhtarlık meselesini sorduk. Şu bilgileri verdi;

"*Devlet, 1800'lü yılların sonlarında Maksutuşağı'na muhtarlık mührü veriyor. Soflon, Mıçon, Esmepur, Dî Bêxça ve İncirli'yi Maksutuşağı muhtarlığına bağlıyorlar. İlk muhtar da "Kawo" oluyor. Molê*

Kawe dediğimiz ailenin atasıdır. Kawo 42-43 sene muhtarlık yapıyor. Sonra Olke Îwe, Hırço, Mıstke Obbês, Çuke Oltope, Kıleş, Mam Totık, Momıke Tule, Îwke Îwkî Hasan, Walî Kıke, Tollo (Mustafa Filimci), Mamade Olakare, Bolke Kıleş, Mıstke Îske muhtarlık yaptılar. Şimdi de Mıstke Molê Obbosî Olkî Îwe muhtardır."

Ne tesadüftür ki ilk muhtarlığın verildiği tarihler Osmanlı devletinin bölge halkını göçebelikten yerleşik hayata geçiş için zorladığı dönemlerdir. Bu nedenle özellikle de Çoyî Gawır (Gavur Dağı)'da büyük savaşlar yaşanır. Avşar aşireti ve Kozanoğulları devletin iki tümen askerine karşı mücadele eder. Çünkü onlar dağda kalmak isterken, devlet ovaya yerleşmelerini dayatır. Ünlü Dadaloğlu işte o zaman şiirlerini söyler.

O dönem yaşananlar Dadaloğlu'nun şiirlerinde, Kilikya'da yakılan ağıtlarda görülür. Bu konudaki önemli kaynaklardan birisi Bekir Sami Bayazıt'ın "1865-1866 Kürt Dağı, Cebel'i Bereket Kozanoğulları İsyanı ve Güneydeki Aşiretlerin İskânları" isimli kitabıdır. 1989 senesinde Antakya'da yayınlanan kitabın kapağında Dadaloğlu'nun şu şiirine yer verilir:

Gördüm Anavarza bir duvar taşlı
Aşiret iskânda binalar başlı
Altı Arap atlı, böğrü kılıçlı
Eli kuşlu boy beylerim nic'oldu

Nerde aşiretler edepli, uslu
Oda çadırımız pek muhabbetli
Üst yanı Bozdoğan, altı Ceritli
Kaplan postlu kır atlılar nic'oldu

Bu konudaki diğer önemli bir kaynak ise bölgemizin bağrından çıkan bir yazar, **Mehmet Bayrak**'ın **"İçtoroslar'da Alevi-Kürt Aşiretler"** isimli kitabıdır. Kitapta, Osmanlı Devleti'nin Kürdistan'daki aşiretleri yerleşik hayata geçirmek istemesinin nedenleri ve sonuçları çok geniş kaynakçalar ve önemli analizlerle dile getiriliyor.

Posto (Mustafa Matur), Maksutuşağı köy muhtarlarını ve hangi senelerde muhtarlık yaptıklarını bu çalışma için araştırdı. Şöyle anlatıyor:

1892: Kawo muhtar oluyor. 40 yıl yapıyor.

1932-1937: Olkî Îwe 5 yıl yapıyor.

1937-1942: Hırço muhtarlık yapıyor.

1942-1953: Mıstke Obbês 9 yıl muhtarlık yapıyor.

1953-1957: Çuke Oltope muhtar oluyor.

1957-1960: Kıleş üç yıl muhtarlık yapıyor. 27 Mayıs 1960'ta askeri darbe olunca, Hükümete yakın görülmediği için görevden alınıyor.

1960-1963: Köyün öğretmeni Düzceli **Orhan Gümüş** kayyum muhtar olarak atanıyor.

1963-1973: Mam Totık

1973-1977: Momke Tule muhtarlık yapıyorlar.

1977-1984: Îwke Îwkî Hasan 7 yıl muhtarlık yapıyor. O tarihlerde 12 Eylül 1980'de askeri darbe olduğu için görev süresi uzatılıyor.

1984-1989: Walî Kıke,

1989-1994: Tollo (Mustafa Filimci) muhtarlık yapıyor.

Köyün diğer muhtarları ise şunlar:

1994-2004: Mamade Olakare (Mehmet İkizer).

2004-2009: Bolke Kıleş (Bollo Keleşer).

2009-2019: Mıstke Îske (Mustafa Manaz).

2019: Mustafa İkizer seçildi. Halen devam ediyor."

AĞBABA

Ağbaba, Dêrsim'de çok tanınan bir ermiştir. Özellikle Hozat, Ovacık, Çemişgezek ve Perteg ilçelerinin halkı onu tanır. Mezarı Perteg'e bağlı Kurmeş köyündedir ve ziyaretçileri eksik olmaz.

Ağbaba, aslen Hozat'ın Bargini köyündendir. Bu köy Ağuçand Ocağı'nın ana merkezlerinden biridir. Bu köyde talipler tarafından çok önemsenen Ağuçand'ın oğlu Seyid Mençeki'nin türbesi bulunmaktadır.

Ağbaba baba tarafından Seyid Mençeki'nin soyundandır. Annesine gelince... Annesi de Maxson köyünden olan Aşko Înoce'dir. Acaba Ağbaba'nın babası ile Aşko Înoce nasıl tanıştı? Basa Sur[16] şöyle anlatıyor:

*"Aşko Înoce Pazarcık'*ın Kirni köyünde *evleniyor. Kocası ölüyor ve dul kalıyor. O sıralarda Dêrsim'den bir derviş geliyor. Onun adı Ağbaba idi. O, Aşko Înoce'nin evine giriyor. O zaman bir oğlu oluyor. Çocuğa Aziz*

adını veriyorlar. Aziz henüz bir çocuk iken Aşko Înoce Hakk'a gidiyor. Ağbaba oğlu Aziz'i alıp Dêrsim'e dönüyor. Ağbaba'nın bir tarafı saftı. Oğlu Aziz de safmış. Toplum zamanla oğluna da Ağbaba adıyla hitap ediyor. Eşim Çukî Olî Hasan Zînko Înoce'nin oğluydu. Yani Aziz Baba ile teyze çocuklarıydı. Duyduğuma göre Ağbaba ile *oğlu Aziz'in mezarı yanyana ve türbe yapılıyor."*

Basa Sur'un dediği gibi baba ve oğul yanyana yatıyor. Kurmeş köyündeki türbede onların dışında iki mezar daha var. Birisi, Miktad Dede'nin oğlu Dado'nun; diğeri de Garip Dede'nin mezarıdır. Dado ve Garip Dede Ağuçand Ocağı'ndandır.

80 yaşlarında olan Hemide Güler Bargini köyünün Xıdır Damı mezrasındandır. Hemide teyze, Ağbaba'yı (Aziz) ve babasını yakın-

16 1939 doğumlu olan Basa Sur Maxson köyündendir ve kaynanamdır. Bu bilgileri bu kitap için bize anlattı.

dan tanıyor. Almanya'nın Aachen kentinde yaşayan Hemide teyze[17], şu anısını Anlatıyor;

"Ben 7 yaşındaydım. Birgün beyaz bir atın üzerinde Büyük Ağbaba ve oğlu Aziz bizim eve geldiler. Eşinin Pazarcık'ta Hakk'a yürüdüğünü söylüyorlardı. Büyük Ağbaba'nın adı İsmail'di. Oğlu Aziz'e de Ağbaba diyoruz. İkisi de dumanlı yani ermiş oldukları için bu isimle anılıyorlar."

Hemide Teyze, Büyük Ağbaba'nın ailesi hakkında da şu bilgileri paylaşıyor;

"Xidî Genc Ağa'nın üç evladı oldu. İsmail, Memed ve Perîxan. Onlar Bargini'de oturuyorlardı ve Seyid Mençeki'nin torunlarıdır. İsmail amca zamanla ermiş oldu ve kendisine Ağbaba dendi. Çocuğu olmayan insanlar yanına gelmeye başladı. Ben kendim de şahit oldum. Çocuktum. Birgün Kurmeş köyünden annemin yaşında Mado isimli bir kadın geldi. Ailesi ile birlikte Perteg'in Zevê köyünde olan Sultan Xıdır Türbesi[18]' ne gidiyorlardı. Bir adam geldi ve *'Ağbaba, bu kadının çocuğu olmuyor. Ziyarete gidiyoruz ama sen de bir pençe at.' dedi. Ağbaba üç defa sırtına pençe attı. Yani eliyle üç defa sırtına vurdu. Sonra Mado'nun üç evladı oldu. Biri İsmail'dir. Ağbaba'nın ismidir. Biri Zerican'dır, Ağbaba'nın kardeşi Memed'in eşinin ismidir. Biri de Kenan."*

Basa Sur'un kızı, Yıldız Filimci[19] Almanya'nın Köln kentinde yaşıyor. 1997 yılında Almanya'ya gelen Filimci, yaşadığı ilginç bir tesadüfü şöyle anlatıyor:

---

17 Hemide Güler ile 30 Haziran 2020 günü görüştüm.

18 Sultan Xıdır Türbesi, çocuğu olmayan ve düşük yapan kadınların gittiği bir ziyarettir. Burada Sultan Xıdır'ın türbesi bulunmaktadır. Türbeye gidenler lokmasını köyde seçtikleri bir aileye veriyor. Aile lokmayı pişirip dağıtıyor. Daha sonra oradaki kaya parçasına taş yapıştırılıyor. Taş yapıştığı zaman dileğinin kabul olacağına inanılıyor. Ayrıca giden ziyaretçiler gelenek üzerine bir süre türbede uyuyor. Sultan Xıdır Türbesi'nin öyküsünü Leyla Ateş isimli bir anneden dinledim. Kendisi Almanya'nın Hanau kentinde yaşıyor. Türbeye gittikten sonra evladı oluyor ve yaşıyor

19 Yıldız Filimci eşimdir.

*"Almanya'ya geldiğim ilk yıllardı. Ağbaba'nın (Aziz) ölüm ilanı Özgür Politika gazetesinde çıktı. Aziz Baba'nın yeğeni olan İsmail Uğraş (Pazarcık'*ın Kirni köyünden) bu ilanı görüyor. İsmail Abi Aşko Înoce'*nin torunudur. İlanı ablama gösteriyor. Ablam Ağbaba'nın*

fotoğrafını görünce şaşırıyor. Çünkü, Ağbaba babama çok benziyor. Sonra ben de o ilanı gördüm ve şaşırdım. O tarihe kadar Ağbaba diye bir insanın olduğunu ve babamızın bir teyzesinin oğlunun Dêrsim'e gittiğini bilmiyorduk. Akrabalık derecesini İsmail Abi bize anlattı."

Geçtiğimiz yıllarda Hemide Güler'in eşi Hakka gitti. Oğlu Pir Mahmut Güler ile tanışıyoruz. Mahmut Güler de Seyid Mençeki'nin soyundandır ve Aachen kentinde yaşıyor. Ben çalıştığım için evlerine başsağlığına gidemedim. Eşim gitti ve duvarda asılı olan fotoğraf onun dikkatini çekiyor ve şaşırıyor. Çünkü fotoğraftaki kişi Ağbaba'dır. Ağbaba'nın Mahmut Güler ile akraba olduğunu ve aynı soydan geldiğini o zaman öğreniyor. Kendisi de "Babamla Ağbaba teyze çocuklarıdır." deyince bu defa da Pir Mahmut şaşırıyor.

Mahmut Güler[20], Büyük Ağbaba'ya yetişmiyor. O, Aziz'i yani oğul Ağbaba'yı görüyor. Güler, oğul Ağbaba'yı şöyle anlatıyor:

*"Ağbaba evlenmedi. Ermiş bir insandı. Hozat, Ovacık, Çemişgezek ve Perteg'te çocuğu olmayanlar onun yanına gelirdi. Yine kızı olup oğlu olmayanlar da onu ziyaret ederdi. Oğlu olmayanlar onun yanına gider, çocuk dünyaya geldikten sonra da ona kirve olurlardı. Ağbaba bizim bölgede sayısız insanın kirvesi olmuştur. Benim de önce üç kızım oldu. 1990 yılında izne gittim. Eşim o zaman Almanya'daydı. Kurmeşli bir arkadaş*ım var. Onun adı da Mahmut. O *Avusturya'da yaşıyor. O da izne gelmişti. Onun da oğlu yoktu. Ağbaba'yı arıyor. Elazığ'da Hozat Garajı var, Ağbaba'yı orada buluyor. Kendi derdini anlatıyor. Ağbaba ona bir kağıt çiziyor. Mahmut beni de söylüyor. 'Mahmud'un da oğlu yok.' diyor. 'Tamam' diyor. Bizim için de bir kağıda karalıyor ve üçgen şeklinde katlıyor. Üç kızdan sonra bizim bir oğlumuz oldu. Oğlumuz*

20 Mahmut Güler ile 29 Haziran 2020 günü görüştüm. Ses kaydı yanımızdadır.

1991 doğumludur. Adı İnanç'tır. Ağbaba manevi dünyada yaşıyordu. Birgün bizim köylü kadınlar onu derede çimdiriyor. Çırılçıplak soyuyorlar. Hiç utanma, çekinme yaşamıyor. Çünkü maddi dünyayla ilişkisi yoktu. Bizim orada Zevrek köyü var. O köyden birisi kamyonla saman getirmeye gidiyor. Dönüşte yorgunluktan dalıyor. Ağbaba gözünün önüne geliyor ve köylü birden uyanıp fren yapıyor. Yani Ağbaba onu uyandırıyor. O anlatıyordu. 'Yoksa uçuruma yuvarlanacaktım. Ağbaba beni kurtardı' diyordu. Ağbaba'nın elbiselerini, ayakkabılarını, sazını, saatini insanlar alırdı. Fotur şapka takardı. 1.65 cm boyundaydı."

Türbenin yanında mum yakılan yer. Artık kutsal mekanlarda çıradan çok mum yakılıyor. Önemli olan niyettir ama bezden çıra hazırlama ve uyandırma kültürü inancımızda azalıyor.

ERZİNCAN'DAKİ MAKSUTUŞAĞI KÖYÜ

Erzincan/Kemah'a bağlı Maksutuşağı isimli bir köy var. Acaba Pazarcık'a bağlı Maksutuşağı köyü ile bir bağı olabilir mi?

Bazı arkadaşların merakı üzerine bu köyden Ali Varlı ile görüştük. 60 yaşında olan ve 1984-1992 arasında köyde muhtarlık yapan Varlı, Kırgan aşiretinden olduklarını, Kurmancî konuştuklarını, inanç olarak da Derwêş Cemal Ocağı Pirlerine bağlı olduklarını söyledi. Yani bir isim benzerliğinden söz ediyoruz. Çünkü Pazarcık Maksutuşağı (Maxson) köyü Sinamil aşiretinden ve inanç olarak da Sinamil Ocağı'na bağlıdır.

Köyün isminin de bir hikayesi var. Varlı'nın anlattığına göre, bilinmeyen eski bir tarihte üç kardeş Hozat'a bağlı Derwêş Cemal köyünde yaşıyorlar. Bunlar göç kararı alıyor. Ovacık'ın arka yüzüne, Fırat'ın kenarına, Munzur Baba'nın dağının arka sırtına yerleşiyorlar.

Hüseyin, Gülabi ve Maksut isimli kardeşler birbirine 4-5 km mesafede üç ayrı mekana yerleşiyorlar. Zamanla bu mekanlar üç farklı köy oluyor.

Gülabi'nin çocukları BIRASTÎK köyünü oluşturuyor.
Hüseyin'den ŞORAN köyü meydana geliyor.
Maksud'un torunlarının köyüne de MAKSUTUŞAĞI deniyor.

Görüştüğümüz Varlı, Maksud'un torunlarından ve Maksutuşağı köyündendir. Varlı, üç köyün bu öyküyü bildiğini, halen kuzen ilişkisi içinde olduklarını anlatıyor. Ayrıca, Erzincan/Maksutuşağı köyü nüfusu için de şu bilgiyi veriyor: "Bizim köyün hemen hepsi Maksut'un çocuklarıdır. Yalnızca dede olan iki aile dışarıdan, Dêrsim'den geliyor. Bir de Zengingil soyadlı bir ailemiz köye yerleşiyor. Atalarımız onları kendilerine kardeş yapıyorlar."

ELBİSTAN MAXSÎ KÖYÜNDEN ALAATTİN ÖZCAN[21] ANLATIYOR ÇOCUKLUĞUMDA HATIRLADIĞIM GELENEKLER

Elbistan ve Pazarcık'ta Maxson isimli iki köy vardır. İkisinin aynı kökten geldiği söylenir. Elbistan'daki köyün resmi adı Sunat. Paris'e 40 km mesafede olan Melun kentinde çok sayıda Sunatlı aile yaşıyor. Orada Alaattin Özcan ile görüştüm. Özcan çocukluğunda köyünde gördüğü gelenekleri şöyle anlattı:

"Çocukların saçını kestikleri zaman atmazlardı. Sênclerin içine koyarlardı. Bazı çocukların saçı 2 yaşına kadar kesilmez ve gûlî yapılırdı. Sonra o gûlîler kesilir ve duvara asılırdı. Tırnakları gece kesmezlerdi.

Mısta Qır amcam şöyle derdi: 'Öldüğümüzde bunların hepsini tek tek senden istiyorlar. Senin bedeninin parçasıdır.' Özellikle gece içeriye giren kelebek veya arı gibi hayvanları kesinlikle öldürmezlerdi. 'Günahtır. Birinin ruhunu taşıyor' derlerdi.

Ateşin üzerine su dökmezlerdi. Gece üzerine kül veya toprak dökerlerdi. Biz çocuklar su dökersek 'Wer mekin. Hûne êvarî xwe de mizkin/Öyle yapmayın, gece altınıza işersiniz.' derlerdi.

Yeni mezarların üzerinde ateş yakılırdı. En son babam hakka yürüdüğünde köye götürdük. Babamı toprağa sırladığımız gün akşam olunca gidip ateş yaktık. Ruhu arındırarak gönderme ritüeli gibidir. Bazı insanlar 'Kurt gelip eşmesin diye ateş yakılıyor.' diyor. Oysa 3-5 km yakınımızda Sünni Türk köyleri var. Onlarda ateş yakma kültürü yok. Ateş yakmak inançla ilgili bir gelenektir. Mezar taşını yerleştirme, sırlama şekli de inançla ilgilidir. Örneğin babamın başı güneşin doğduğu yere bakıyor.

Biraz bizim köyü anlatayım. Sunat köyü Nurhak Dağı'nın eteklerindedir. Elbistan'a 30-35 km mesafededir. Yolları bugün bile taştır.

Elbistan'daki Söğüt ırmağı bizim Nurhak Dağı'nda çıkar. Tapkıran, Qaşan, Qarahasanan, Kantarma, Sevdilli'den iner. Sonra ovadaki Türk köylerinden geçer. Demircilik, Ambarcık ve Çiçek üzeri

21 Alaattin Özcan ile 3 Ocak 2019 günü Fransa'nın Melun kentinde görüştüm.

Elbistan'a ulaşır. Orada Ceyhan ile birleşir ve Adana'ya kadar gider. Yatağı büyüktür ama tarım için kullanıldığı için suyu bazen eksiliyor.

Çocuk ziyareti olan Olîgol Ziyareti de bizim köye yaya 6 saat mesafe dedir. Nurhak Dağı'nın zirvesindedir. Oraya ulaşmak için dik yerlerden çıkman gerekir. Ve enteresan olanı altı saat yürüyorsun ve tek bir ağaç görüyorsun. O da Şoq Yaylası'ndadır. Bu ağacın etrafında mezar var. Oranın ziyaretvari bir havası var.

Ayak arasına Kürdçe 'şoq' deniyor. Şoq Yaylası'nın iki tarafı dağ. Olîgol'a giderken orası üçgen gibi daralır. Oradan Olîgol Ziyareti'ne gidilir.

Olîgol'da Ağustos ayında bile kar vardır. Olîgol'da küçük bir göl de var. Ağustos ayında göl kurur ama kar erimez. Orada buzullaşmıştır. Buzullaşan kar her zaman vardır. Bizim köyden baktığımızda bile kar görünür.

Bizim köyden sonrası Nurhak Dağı'dır. Nurhak Dağı'nı geçince dağın bir yüzü Nurhak ilçe merkezine, bir yüzü Şamsıkan köylerine, bir yüzü de Doğanşehir'e bakar.

Dağın etrafı ağırlıklı olarak Kürd yerleşim alanlarından oluşur. Nurhak ilçe merkezi de Türk Alevi'dir. Bir de biz Nurhak Dağı'na 'Çiyayê Olîgole' derdik. Şimdi Nurhak Dağı deniliyor. Mesela annem dua ederken 'Çoyî Olîgol, kask û sor û zar.' derdi. Büyüklerimiz zaten doğaya bir güç kaynağı olarak bakardı. Örneğin annem 'Hîva Ronî/ Aydınlık Ay' diye çağırıp istediğini söylerdi."

Kardeşlerim Ocak İsimleri Aldı

"Bizim ailede ben hariç, kardeşlerim ocak isimleri aldı. Mesela abilerim Tacım ve Ali Ekber Kantarma'daki dadalarımızın isimleridir. Şems ablam ve Gönül yine Kantarma dadalarının çocuklarının ismidir. Şems mesela farsça güneş demektir.

Benim adım da Alaattin. Elbistanlı muhacirlerden bir aile ile kivre oluyoruz. Ben doğunca kivremiz, 'Bizim oğlumuz asker. Onun adını verin.' diyor. Bizimkiler kırmıyorlar ve ismimi Alaattin koyuyorlar. Bizimkiler belki o ismi ilk defa orada duymuşlardır. Ama benden önce çocuklara ocak ismi verdikleri için ve kivreye kıymet verme duygusundan dolayı ismimi Alaattin koyuyorlar."

İNANÇ

ZIYARETA HISÊNE KOME

Maxson köyünün mezarlığı 1939 yılına kadar Kurfî Dore isimli mevkideydi. Burası Pulyane Juri ile Maxson köyü arasındaydı.

1939 yılında Dada Hisêne Kome Hakk'a gidiyor ve başka bir yerde sırlanıyor. Ondan sonra köyde Hakk'a gidenler de Hisêne Kome'nin yakınında sırlanıyorlar. Böylece köyün mezarlığı değişiyor.

Peki Hısêne Kome neden Kurfî Dore'de değil de şimdiki yerde sırlandı? Bu sorunun yanıtını Gûlko Molê Momke[22] verdi. İsviçre'nin Liestal kentinde görüştüğümüz Mato Gûl annesinin bir rüyasını ve sonra yaşananları şöyle anlattı:

*"Annem Zînko Molê Sultano Lolle'dir. Bir rüya görüyor. Rüyasında bir çift barû dalı görüyor. Orada Kakî Hısên ile birlikte oturuyorlarmış. Kakî Hısên, 'Burası benim yerim' diyor. Annem uyanınca rüyada gördüğü yere gidip bakıyor ki gerçekten de henüz küçük olan bir çift fidan var. Etrafını temizliyor ve küçük taşlar indiriyor. Köye dönünce Kakî Hısên'in evine gidiyor ve rüyasını evdeki kadınlara anlatıyor. Hisene Kome de annemi çağırıyor ve 'Zînko mınê, ka mırım mın bana wedare. Pazî mın bana wedare/Zînêciğim, ben ölürsem beni oraya gö*türün. Koyunlarımı oraya götürün.' *Dadalar kendi talipleri için 'Pazî mın' ifadesini kullanırdı.*

Hısêne Kome Hakka gidince orada sırlıyorlar. O fidanın etrafını eşiyorlar ve korumaya alıyorlar. Şimdi büyük bir ağaç oldu ve halen çifttir."

---

22 *Gûlko Molê Momke ile* İsviçre'*nin Liestal kentinde, oğlu Hüseyin Malgir'in evinde görüştük. Gûlê teyze aynı zamanda Maxson köyünden* İsviçre'*ye gelen ilk gelindir.*

Ziyareta Hısêne Kome
(Foto: Sultan Manay)

Ziyaret fotoğraftaki çift başlı olan barû ağacıdır. Maxson köyünün vakfı köyün mezarlığının çevresini düzenledi, surunu yaptı. Ziyarete elektrik ve su götürdü. Ayrıca orada bir mutfak yapıldı, önüne parke taşları döşendi, oturma ve yemek yeme yerleri hazırlandı. Köylüler her yıl Mayıs ayında lokmalarıyla topluca Ziyarete giderler. Yine özel ve bayram günlerinde de Ziyarete gider ve orada yatan geçmişleri için dua ederler.

ZERIK VE ÇOCUKLARI

Orıce Tule ve eşi Xaco Kurdık 2019 başlarında Almanya'da yaşayan çocukları Posto ve gelinleri Fidan'ı ziyarete geldiler. Ben de Bodensee'ye giderek kendilerini ziyaret ettim ve köyün geçmişi üzerine sohbet ettik.

Orıce Tule23 ile köyün eski mezarlığı ve Ziyareta Hısêne Kome üzerine de konuştuk. Eski mezarlık hakkında şu bilgiyi verdi;

"Geçmişte göçebe halindeydik. Kim nerede Hakk'a giderse orada sırlanıyordu. 'Köye götürelim, filan yerde sırlayalım' gibi tartışmalar olmazdı.Sonra bizim köylüler bugünkü yere yerleşince Kurfî Dore dediğimiz mevkiye mezarlık yapıyorlar. Ama orada sadece bizim köylüler yoktu. Örneğin Pulyane Jêrı'den Îwke Momme'nin mezarı da oradaydı. Nefs kötü bir şey... O mezarlık bozulup tarla yapılınca Îwke Momme'nin mezarı da kayboldu. Îwke Momme'nin çocukları babasının mezarını görmeye geldiler ki mezar yok. Bulamadılar."

Şimdiki mezarlık ziyaret ve Hısêne Kome'nin mezarının çevresinden oluşuyor. Opî Orıc köydeki bu ziyaret ile Keferdiz yakınlarındaki ziyareta Hokaşiye arasındaki bağı şu örnekle şöyle dile getirdi:

"Ziyareta Hısêne Kome'den Ziyaratê Hokaşiye görünüyor. Annemin nenesinin çocuğu olmuyormuş. Adı Basê'ydi, ama ona Zerık diyorlardı. Hep atlarla Hokaşiye'ye gidiyormuş. Birisi, 'Pîrê sen nereden ziyareti görürsen lokmanı orada dağıt, kabul olur.' demiş. Ondan sonra Ziyareta Hısênî Kome'nin yanında lokmasını dağıtıp Hokaşiye*'ye çağırıyormuş. Tabi o zaman orası henüz bir ziyaret değilmiş. Zerık nenemin çocukları oluyor. Önce Hokaşe Mandıke doğuyor. Sonra Mamıke Mandıke ve Walî Zere doğuyor. Annem Molê Înoce'den Aşo Înoce'dir. Samkî Înoce'nin kızıdır."*

---

23 Orıce Tule ile Almanya'nın Friedrichshafen kentinde, Hasan Gördük'ün evinde görüştük.

Babası Kirni, annesi Maxson köyünden olan Zeynep Uğraş[24] ise ninesiyle görüşüp bu konuda şu bilgiyi aktarıyor; "*Piro Zerık'ın çocukları olmuyor.* Hokaşiye Ziyareti*'nde kendisine bir çubuk veriyorlar'Bu çubuğu yüksek bir yere dik ve ondan dilek dile. Buraya kadar gelmene gerek yok.' diyorlar. O da köye gelince onu tepeye dikiyor. Onu suluyor ve dileğini diliyor. Zamanla yeşeriyor ve çocukları da oluyor. Hatta ilk evladına ziyaretin adını veriyor. Ona Hokaş diyor... Piro Zerık'de köy yayladayken Hakka gidiyor ve kendisini Vali Dîwana ziyaretinin yanında sırlıyorlar. Hısêne Kome de ölmeden önce 'Beni Zerê'nin ağacının altında sırlayın.' diyor. Böylece o tepe hem ziyaret, hem de mezarlık haline geliyor.*"

HISÊNE KOME'NİN HAYATI

Hisêne Kome Ziyareti'nin öyküsünü anlattık. Şimdi de Hisêne Kome'nin kendi yaşam öyküsünden bazı kesitleri aktaralım.

Bunu öğrenmek için İsviçre'nin Basel kentine gidiyoruz. Buradan Prateln kasabasına geçip torunu ve onun adını taşıyan Hısêne Murşid ile buluşuyoruz. Hısêne Murşid 1954 Maxson doğumlu. Silsilesini geriye doğru şöyle sıralıyor;

"Ben Hisên.
Babam Murşid.
Dedem Hisêne Mamade.
Sonra Mamadî Ale,
Alê Mamadî Olî Dada ve
Mistî Gir geliyor."

Hısêne Murşid, Dî Bêxça köyündeki Molê Şekir ile kendi ailesinin kuzen olduğunu söylüyor ve bu bağı şöyle açıklıyor; "Mistke Şekir, Hisêne Şekir'ın oğlu, Şakir'ın da torunu. Şakir da Alê Mamadî Olî Dada'nın oğludur."

---

24 Zeynep Uğraş ile telefon üzeri görüştüm. Uğraş Kirni köyünde yaşamaktadır.

Yani Sînamîl Ocağı'nın iki önemli dada ailesi olan Molê Şekir ve Molê Kome, Alê isimli bir annenin çocukları oluyor... Bu önemli bir yanıt oluşturuyor.

Ben Ollik Baba ile bu iki ailenin bağını da merak ediyorum. Kakî Hisên annesini örnek veriyor; "Annem Basê Sêdix, Hisênî Sêdix'ın kızkardeşi" diyor. Hemen silsile aklıma geliyor: Baso Sêdix, Sodixe Momme ve Mome Olke. Sohbet sürdürçe Hisêne Murşid'ten şunu öğreniyorum: Ollik Baba'nın bir kızının adı Aşo Olle. Aşo Olle Maxson ziyaretine adını veren Hisêne Kome'nin annesidir.

Böylece önümdeki harita daha çok netlik kazanıyor. O an Kakî Hisên farkında değil ama o ana kadar yaptığım bütün röportajlar gözümün önüne geliyor ve kendi içimde şöyle diyorum; "Pazarcık'taki Sînamîl Dadaları çoğunlukla Maxsî'dir! Çopır Dada'nın ailesi dışında hepsi birbirine birinci dereceden akrabadır."

Bu cümleyi kurabilmek için Paris'te Molê Şekir'ın üyeleriyle bir hafta görüşmüş, İsviçre ve Almanya'da çok sayıda dada ailesi ve taliplerle röportajlar yapmıştım. Ve sonunda bu sonuç kafamda netleşiyor. Aynı kökten gelen veya birinci dereceden akraba olan Sînamîl Dada ailelerini kafamda büyük harflerle sıralıyorum: MOLÊ ŞEKIR, MOLÊ KOME (Molê Çure-Molê Çalle), MOLÊ OLLE (Ollık Baba) ve HISÊNE MAMADÎ OLÎ DADA. Bu ailelerden çıkan dadalar 19 ve 20. yüzyılda Pazarcık'ta ve yaylada yaşayan Sînamîl taliplerinin hizmetini görüyor.

(Tilkiler'in dadası Çopir Baba, oğlu Îrbomî Biçuk ve günümüzde de torunu İbrahim Ethem Eyisan Sînamîl dadasıdır ama onlar 20. yüzyılın ortalarında Pazarcık'a yerleşti ve Kantarma/Kızıl Kandil kökenlidir.)

Babası Mamadî Ale

Ollık Baba'nın kızı Aşo Olle Maxson köyünden Komo Dada'nın kardeşi Mamadî Ale ile evleniyor. İki çocukları oluyor. Onlara

Hisên ve Aşê ismini veriyorlar. Birinci Dünya Savaşı başlayınca devlet geliyor ve Mamado'yu zorla askere götürüyor. Mamado savaşa gidiyor ve bir daha dönmüyor. Onun üzerine Komo çocukları himayesine alıyor ve onlara babası gibi gerekli olan hizmeti veriyor.

Hisêne Murşid'ın anlattığına göre, Komo'nun kızları var ama erkek çocuğu yok. Hisên de yetiştikçe kişiliği ile örnek bir genç oluyor. Derken birgün Komo çocuklarını yanına çağırıp şöyle diyor; "Hepimiz Hisên'e hizmet edeceğiz." Ardından inanç veya yaşamda bütün bildiklerini, görgüsünü Hisên ile paylaşıyor. Onu eğitiyor ve bir inanç önderi konumuna getiriyor.

Bu emeği verdiği için çocuklar babalarının değil, onları büyüten amcası Komo'nun adıyla anılıyor. Onun için halk arasında Hisêne Mamade değil Hisêne Kome deniyor. Hisêne Kome yetiştikten sonra Sofîlon köyünden olan dayısının kızı Fotko Momme ile evleniyor.

Hısêne Kome'nin Ölen Çocukları

Hisêne Kome sadece talipleri arasına gidip cem bağlayan bir Dada değil, aynı zamanda evinde sürekli misafir ağırlıyan biridir. Talipler hastalandığında ona başvuruyor. Özellikle de çocuğu ağır hasta olan aileler onun yanına geliyor. Hasta çocuğu Dada'nın çadırının yanına indirip şöyle diyorlar; "Kakî Hisên, zorî mi bifiltîna/ Kakî Hisên, çocuğumu kurtar." Onun üzerine Hisêne Kome'de saatlerce inandığı değerleri çağırıp şöyle yalvarıyor; "Wî biboxşîna, î mi ba/Onu bırak, benimkini al." Ve kaç defa böyle olduysa birkaç gün içinde Hisêne Kome'nin bir çocuğu ölüyor. Hisêne Murşid; "Nenem 21 doğum yapıyor. Çoğu ölüyor" diyor.

Bu söz bana Çuro Dada'yı hatırlatıyor. Çuro Dada da ağrısı veya romatizması olan insanları öfeliyor ama her öfelediği insandan sonra hasta veya halsiz düşüyor, sonra sırtında, kol veya bacaklarında yaralar oluşuyordu.

Hısêne Kome'nin mezarı (Foto: Sultan Manay)

Rüyada anlatılan iki fidan büyüdü, kocaman bir ağaç oldu. Hısêne Kome'nin mezarı hemen bu ağacın yanındadır.

Ağaç ve Hısêne Kome'nin mezarı köyün bir ziyareti haline geldi. Adı Ziyareta Hısêne Kome. Her yıl insanlar lokmalarıyla Hısêne Kome'nin mezarını ve ağacı ziyaret eder.

Kızı Tûmê Kaçıyor Hısene Kome Köyü Terk Ediyor

Hisêne Kome'nin hayatını en çok etkileyen konulardan biri kızı Tûmê'nin tercihi oluyor. Ölen onca çocuğundan sonra hayatta kalan nazlı kızının...

Kızının gerçek adı Xacê, lakabı ise Tûmê. Ve bugün Maxson ve çevresindeki köylerde olan bütün Tûmê'ler onun ismini taşıyor.

Tûmê, Olîbagon köyünde Go (Bugün onun ailesi Molê Gê olarak tanınıyor) ile nişanlanıyor ama gönülsüzdür. Go'yu sevmiyor ama karşı da çıkmıyor.

O dönem Elbistan'ın Çutlıg (Çiftlik) köyünden Sodıxe Tosın, Pazarcık'a, Emiroğlu köyüne geliyor. Kendisi ev ustasıdır. Emiroğlu köyünden Ali Ağa'ya bir konak yapmak için kolları sıvıyor ve inşaatı başlatıyor. Onun da eşi o sene Hakk'a yürüyor. İki çocuğunu ailesinin yanında bırakarak Emiroğlu'na çalışmaya geliyor.

Sodıxe Tosın bugün soyadı Usta olan aileden. İşinin ehli olan bu adam çok güzel bina yapması ve "mimar gibi adam" tanımıyla biliniyor.

İnşaat devam ederken Maxson köyüne Dadalar geliyor. Sodıxe Tosın bunu duyuyor ve "Gündüz çalışırım. Akşam Maxson köyüne giderim. Dadaların sohbetini dinlerim, cemlere katılırım." diyor. Öyle de yapıyor.

Gündüz çalışıyor, gece gidip cemlere katılıyor. Bu geliş-gidişlerde Tûmê ile tanışıyor ve zamanla birbirlerine olan duyguları değişiyor. Ardından birgün ansızın kaçıyorlar! Bundan sonra yaşananları Hısêne Murşıd[25] şöyle dile getiriyor;

"Dedem sabah kalkıyor, elini alnına veriyor ve şöyle diyor; 'Az kı, az Hısêne Kome ma. Azî tarım xalke ro da bêm kı 'Dêle xa hokonkî tarbıya kın. Mo reko xa noskın.' Vo çıya? Ê kı kaçıkê mı oyne sarî mı. Avdarno mın ro towana. Az la vır nosakınım./Ben ki Hisêne Kome'yim. Ben gidip insanlara, 'Çocuklarınızı terbiye edin. Yolunu tanısınlar' diyorum. Kızım başıma neler getirdi? Buralar artık bana

---

25 Hısêne Murşid ile İsviçre'nin Basel kenti yakınlarındaki Prateln kasabasında görüştüm.

tövbelidir. Burada duramam.' Dedem kuşanıyor. Sazını ve tarık çubuğunu da yanına alıyor. O dönem yörede iki kişide tarık çubuğu var. Biri dedem Hısêne Kome'de, birisi de Gücük İsmail'de. Alî Seyîd bizim dadamız, Gücük İsmail de mürşidimiz. Dedem kuşanıyor ve kısrağına biniyor. Tek başına köyden çıkıyor ve yönünü İslahiye'ye veriyor. Pazarcık'tan oraya yerleşen Molê Olî Oqış'ın evine gidiyor."

Hısêne Kome gidiyor. Onlar Dada'yı büyük bir özlemle karşılıyorlar. Ailenin büyükleri "Seni Xode gönderdi." diyor. Çünkü Dadalar senelerce onları ziyaret etmiyor. Onlar da yolu-erkanı unutmakla yüz yüze kalıyorlar. Hatta bazı aileler Müslümanlaşıp, namaz kılmaya başlıyor. Diyorlar ki, "Ne iyi oldu da geldin. Biz inancımızı unutmuştuk." Hisêne Kome üç ay orada kalıyor. Onları bir araya getiriyor, birbirine müsahip yapıyor, kurbanlarını kesiyor. Onlar da "Dada geldin. Yanımızda kal, gitme!" diyorlar.

Birgün; "Beni Kızıldere köyüne götürün." diyor. Bir süre de orada kalıyor.

O dönem Alî Seyîd'in babası İstanbul'da yaşıyor. Hısêne Kome; "Gideyim, Dadamı ziyaret edeyim." diyor. Adana'da trenle İstanbul'a gidiyor. Adres veya telefon yok! Ama sora sora Dadasını buluyor. Bir sene orada kalıyor ve Türkçe öğreniyor. Torunu Hısêne Murşid o dönemi şöyle anlatıyor:

"Sayde Karr bize anlatıyordu; 'Deden İstanbul'a geldiği zaman ben 10-11 yaşlarındaydım. Kendisini iyi hatırlıyorum.' Saydo Dada 1925 doğumluydu. Demek ki dedem 1936'da İstanbul'a gidiyor.

Bir sene İstanbul'da kaldıktan sonra Ali Seyid dedeme şöyle diyor; 'Sen onların inanç önderisin. Sen Hısêne Kome'sin. Talip pirsiz olmaz.' Dedemi ikna ediyor ve bir sene sonra dedemi alıp getiriyor.

Dedem köye gelince babam 14-15 yaşlarındaymış. Çubukla babamın başına vuruyor: 'Ben gelmezdim. Bu beni getirdi.' diyor."

Tûmê'yi merak ediyorum... Acaba Tûmê'ye ne oldu? Kakî Hısên şöyle diyor; "Çutlig köyüne gidiyor. Hısên ve Donê isimli iki çocuğu oluyor. Biz Engizeklerde Kortê Încecîge'ye gittiğimizde Donê'nin oğlu Îrbom'ı tanıdım. Donê teyze de halen yaşıyor."

Murşıd 1954'te Dadalığı Bırakıyor

Hısêne Kome'den sonra ailede Dadalık yapan olmadı. Oğlu Murşıd Dadalık yapmak istemiyor. Mıstke Şekır bir dönem onu ikna ediyor, eğitiyor ve Dada olması için kendisiyle cemlere götürüyor. Birkaç yıl bunu yapıyor. Murşıd istemeye istemeye gidiyor. 1954'te yine taliplerin arasında, cem yaparken aldığı güzel bir haberi bahane edip Mıstke Şekır'ın yanından ayrılıyor. Onun ardından da Dadalığı bırakıyor. Yani bir daha taliplerin arasına gitmiyor. Hısêne Murşıd bu olayı da şöyle anlatıyor;

"Mıstke Şekır şöyle düşünüyor: 'Kake Hısên yok. Biz bir köküz. Bu kadar talibimiz var. Hısên'in oğlu Murşıd ile yolumuz devam etsin.' Babam istemiyor ama Mıstke Şekır kendisine biraz zor kullanıyor. Kurbanların zamanında Zînkon'dan Gonîg'e kadar babamı kendisiyle beraber götürüyor. 1954'te 12'ci ayda ben doğuyorum. Babama haber gidiyor; 'Senin bir oğlun oldu' diye. Babam bunu bahane ediyor ve Mıstke Şekir'ın elinden kurtulup geliyor. Yani yazın doğsaydım bahane uyduramazdı."

Murşıd...

Hısêne Kome'nin oğlu, Hısêne Murşıd'ın babası.

Çevresi çok istemesine rağmen kendisi dadalık yapmadı. Dadalık geleneği Mıstke Şekır, Çuro Dada ve Çallo Dada tarafından sürdürüldü.

Soldan sağa: Mahmut Filimci ve Hısêne Murşıd.
Pratteln Kasabası/İsviçre, 10 Mayıs 2019.

Hısêne Murşıd İsviçre'nin Basel kentinde yaşıyor. O, Hısêne Kome'nin torunudur. 20. yüzyılın başında Sînamîl Ocağı'nın önemli dadalarından biri olan Hısêne Kome'yi tanımak için kendisiyle görüştük ve sohbet ettik. Sohbetimize Maxsiyan köyünden olan yakın arkadaşı ve bacanağı Mahmut Filimci de eşlik ederek bilgilerini bizimle paylaştı.

ZIYARETA TOTKON

Maxson köyünde iki ziyaret vardır. Hısêne Kome Ziyareti'ni anlattık. Diğer ziyaret Totkon Ziyareti'dir. Burası Narlı ile Maxson köyü arasında yer alan bir tepenin üzerindedir. Ziyaretin kendisi 7 barû ağacıdır.

Bu ağaçların dalları kırılmaz, kırılıp yere düşen dallar alınıp götürülmez. Onlar ziyarete aittir. Bin yıl da geçse dokunulmaz.

Birgün başka bir memleketten ameleler köye geliyor. Çadırlarını kuruyor ve çalışmaya başlıyorlar. İşten dönünce ateş yakmak için ziyaretin dallarını götürüyorlar. Dalları yakar yakmaz ateş çadıra bulaşıyor ve çadır yanıyor. Sonra köylüler; "Ziyaretin dalları alınmaz" diyorlar. Bunun üzerine ameleler kalan dalları götürüp ziyaretin toprağına bırakıyorlar.[26]

26 Ziyaret odunlarının yakılması sonucu yaşanan olaylar hakkında kaynanam Basa Surdan bilgi aldım.

90'lı yılların başında da köyün nahırcılığını Türk bir aile yapıyor. Nahırcının ismi İsa'dır. İsa ziyarete gidiyor ve oradan odun getiriyor. Bu odunları yakıyorlar. İsa'nın o zaman 8-9 yaşında olan bir kızı var. Adı Fatoş. Kız yemeğin üzerine oturuyor ve aniden yemeği görmüyor. Yani kör oluyor. Doktorlara-hocalara götürüyorlar, çare bulmuyorlar.

Bir hoca; "Ulu bir ağaç ve yanında da bir yılan görülüyor" diyor. Bu yılan da ziyaretin yılanıdır. İnancımızda zehirsiz-siyah yılanlar kutsaldır. Öldürülmez. Onlar evin berekeketidir, ziyaretin bekçisidir. Dêrsim'de bu yılanlara "Marê Jare" yani "Ziyaret Yılanı" denir. Zehirsiz-siyah yılanların neden kutsandığına gelirsek... Çünkü zehirsiz-siyah yılanlar zehirli yılanları, zehirli börtü-böceği yiyerek besleniyor. Yani doğayı bizim için filtreliyorlar. Bizi koruyorlar. Bu konuda bir yanlış anlama olmaması için tekrar belirtelim... İnancımızda kobra yılanlar kutsanmıyor. Zehirsiz, siyah yılanlar kutsanıyor.

Peki Fatoş'a ne oldu? İnancımıza göre o yaşta bir çocuk "masumpak"tır. Bu "masumpak"ın gözleri açıldı mı? Ulu ağaç ve yılan gören hocanın sözü üzerine aile ziyaretten getirdikleri odunları hatırlıyor. Hemen eve gelip kalan odunları tekrar götürüp ziyarete bırakıyorlar. Ardından bir dana kesiyor ve etini dağıtıyorlar. Bunun üzerine kız iyileşiyor ve gözleri açılıyor. 1991-1992'de yaşandığı için bütün köy halkı bu olayı halen biliyor ve hatırlıyor.

Bugün Pulyane Jurı köyünde oturan Îgîdon kabilesi 20. yüzyılın başlarında çadırlarını Totkon Ziyareti'nin yanında açıyor. Aynı dönemler Maxsonlular da Naqawe, Diyarî Qawirme ve Orgê Kovıron mevkilerinde çadır açıyorlar. Îgîdon kabilesinin bazı üyeleri Hakk'a gidince Totkon Ziyareti'nin yanında sırlıyorlar. Mezarlar halen oradadır.

Ziyarette kutsanan bir mezar da vardır. Bu Îwke Kulık'ın mezarıdır. Îwke Kulık harabati bir kişidir.

Tahminlere göre 1860 yılında doğan Îwke Kule Elbistanlıdır. Evleniyor ve çocukları oluyor. Bazen Pazarcık'a gelip halkın arasında dolaşıyor ve inancı anlatıyor. Ara sıra da Îgîdon kabilesinin yanına gidiyor. Yine onları ziyaret ettiği bir gün rahatsızlanıyor ve Hakk'a yürüyor. Kendisini Totkon Ziyareti'nin yanında sırlıyorlar.

Geçtiğimiz yıllara kadar burası sadece ziyaret ağaçlarından ve bazı mezarlardan oluşan bir alandı. Bugün Îwke Kulık'ın mezarının üzerine bir türbe yapıldı. Ayrıca bir kuyu vuruldu ve oraya su taşındı. Bu hizmeti İngiltere'de yaşayan bir Elbistanlı ile Îwke Kulık'ın torunu yapıyor. Bu kitap çalışması için ikisine ulaştım. Gördükleri rüya üzerine bu hizmeti gördüklerini anlattılar.

ÊMÎNÊ ÇURE[27] ANLATIYOR

Êmînê Çure 1940 yılında Maxson köyünde doğuyor. Çuro Dada ile Elıfo Zöre'nin kızıdır. Babası Dadalık yapan bir Maxsî'dir. Annesi de Uryan Xızır Ocağı'ndandır ve Dawûdon köyünde oturan Îsmaîle Komo Dada'nın kızıdır. Bu ocağın bir kolu da Afşin'in Kaşanlı köyündeki Molê Zor Dada'dır. Uryan Xızır Ocağı'nın Pazarcık'taki talipleri de Kılıçlı köyleridir.

Êmînê Çure 7 yaşına geldiğinde ailesi Maxson'dan Doxonon'a, oradan da Teron köyüne göç ediyor ve orada kalıyor.

15 yaşına geldiğinde Dî Urim köyünde oturan Haydarî Molê Mıstafî Haydar ile evleniyor. Haydarî Mıstafa da bir Maxsî'dir. Haydarî Mamad Dada'nın torunudur. Haydarî Mamad Dada ise Dî Bêxça köyünde yaşamış olan Şakırî Mamad Dada'nın kardeşidir.

Matê Êmîne bugün İsviçre'nin Zürich kentinde yaşıyor. Kendisiyle görüşmek için oraya gittim. Yeğeni Emine Enhas beni kendisiyle tanıştırdı ve oğlunun evinde çok güzel bir sohbet gerçekleştirdik.

---

27 Êmînê Çure ile 2019 yılında İsviçre'nin Zürich kentinde görüştüm. 1940 Maxson köyü doğumlu olan Êmînê Çure artık çok az kişinin bildiği otantik bilgiler paylaştı. Kendi ailesini ve bireysel tecrübesini anlatırken aslında Elbistan ve Pazarcık'taki Kürt Alevilerin inancına ilişkin önemli ayrıntılar paylaşmış oldu. Kendisine teşekkür ediyorum.

Çallo Ve Çuro'nun Anlamı

Önce babası Çuro ve amcası Çallo'yu sordum. İsimlerinin anlamını şöyle açıkladı;

"Babam ve Çallo amcam ikizdi. Onlar Zîno Kome'nin çocuklarıdır. Amcamın adı Olî. Çalışkan olduğu için ona Çallo demişler. Yani kırk kişi gibi çalışır anlamında. Babam da tembeldi. Vurdum duymazdı. Odunları gelmiş mi, gelmemiş mi? Evde ne var, ne yok? Düşünmezdi. Babamın adı Hısên'di. Çalışmayı sevmediği için Maxsonlılar babama Çuro demişler."

Çallo ismi birçok öyküye konu oluyor. Bunlardan birisi Ceyhan'ın Kızıldere köyünde yaşanıyor. Kızıldere, Elbistan ve Pazarcık'tan göç eden ailelerin oluşturduğu bir köydür. Dada-Talip ilişkisi göçle birlikte sona ermiyor. Çallo Dada birgün Kızıldere'ye, taliplerini ziyarete gidiyor. Emine Teyze'nin anlattığına göre, Çallo Dada Kızıldere'ye ulaşmadan köylüleri tarlada görüyor. O da atından inip akşama kadar onlarla beraber çalışıyor. O arada birisi de köye gidip; "Çal Dada î te/Kırk Dada geliyor." diye haber veriyor. İnsanlar da "Kırk Dada beraber geliyor" şeklinde anlıyor. Hazırlık yapıyorlar ama akşam bakıyorlar ki tek bir adam geliyor.

Davî Guran Da Gırt

Çuro ve Çallo kardeşler Dadalık yaptılar. Çuro aynı zamanda "zakir" olarak da cemlerde görev aldı. Ama en önemli özelliği "kurdun ağızını bağlaması" ve "yılan asumu" yapmasıydı.

Kurdun ağzını bağlamak nedir? Kürdçe bu işleme "Davî Guran Da Gırt" denir. Nasıl ve neden bağlandığına gelince...

Diyelim ki sizin 100 tane koyununuz var. Davarı dağa götürdünüz. Dönüşte baktınız ki üç tanesi eksik... O zaman kurdun ağzını bağlayan kişinin yanına gidiyorsunuz. Geçmişte hemen her köyde bir kadın veya erkek bu işlemi yapardı.

Nasıl yapıyordu? Kapanan bir bıçağı açıp kapatarak bir dua okurdu. Veya iki bıçağı çapraz bir şekilde üstüste indirerek, bir koyunun başının üzerinde dua okuyordu. İnanışa göre dağda kalan hayvanı kurdun yiyip yemediğini o kişi anlıyordu ve sonucu söylüyordu. Bir veya iki gün içinde söylediği sonuç ortaya çıkıyordu.

İşte Çuro Dada kurdun ağzını bağlayan insanlardandı. Emine Teyze bu konuda şöyle diyor; "Yaylada, Teron'da eğer bir davar dağda kaldıysa babamın yanına gelirlerdi. 'Davî gur gıreda/Kurdun ağzını bağla.' derlerdi. Babamın bir bıçağı vardı. Dört tarafını tutar ve çevirirdi. O hayvan 4 gün, 5 gün de kalsa sağlam eve gelirdi. O zaman dağlarda, Engizeklerdeki yaylada kurt kaynıyordu."

Çuro Dada aynı zamanda yılanlar için de "asum" yapıyor. Enteresandır... Oğlu Mıstî Çure'nin sadece Dadalık veya zakirlik yaptığını düşünürdüm. Oysa o da babası gibi yılanlar için "asum" yapar, yılanlardan korkmadan evlerden çıkaran bir özelliğe sahipmiş.

Çuro'nun Çocukları

Büyükten küçüğe Çuro Dada ile Elifo Zöre'nin çocukları şunlardır: Mısto, Tumê, Emine, Zöre, Zaynaw, Ali, Mamadolî, Hısên ve Fotê. Bunlardan Mısto önce de yazdığımız gibi Dadalık ve Zakirlik yaptı. Mıstî Çure olarak bilinir.

Fotê ve Tumê henüz aile Maxson köyündeyken Hakk'a gidiyorlar. Emine Teyze'nin anlattığına göre Hısên ile Fotê ikizdir. Fotê ölüyor, Hisên kalıyor. (Bu arada belirtelim. Teron köyündeki Mamî Zılfe'nin eşi Fotê de Maxsonlı ve Çallo Dada'nın kızıdır.) Tumê'nin adı da Xacê'ydi, Tumê diye hitap ediliyor. O, hikayesini önce anlattığımız Hısêne Kome'nin kızı Tumê'nin ismidir.

Doxonon Ve Teron'a Göç

Çuro Dada ve ailesi önce Doxonon köyüne göç ediyor. Orada kısa bir süre kaldıktan sonra Teron köyüne yerleşiyor. Êmînê Çure iki köye gidiş günlerini şöyle anlatıyor;

"Ben 7 yaşındaydım. Biz Maxson'dan ayrıldık. Kardeşimi sırtıma bağladılar. Dawudon'a ulaştık. Bir kadın çeşmenin yanında çamaşır yıkıyordu. Çocuğu sırtımdan aldı, teştin içine koydu ve yıkadı. Geri sırtıma bağladı. Çocuk ondan sonra hastalandı ve yedi gün işemedi.

Doxonon'a yerleştik ve bir sene orada kaldık. Sonra Teron'a yerleştik. Teronlular, babama "Her tarafın Dadası var. Bizim Dadamız yok. İllahi bizim köye taşınç" dediler. Biz geldik. Bize bir ev yaptılar. O eve yerleştik ve orada kaldık."

İki Evladı Aynı Gün Hakk'a Gidince

Doxonon'da oldukları sene Çuro Dada'nın iki kızı daha Hakk'a gidiyor. Bunlar Zöre ve Zaynaw. Üstelik ikisi de aynı gün canını teslim ediyor. Bu olay aile için çok üzücü oluyor.

Zöre anneannesinin, Zaynaw da halasının adıdır. Emine Teyze'nin anlattığına göre ikisi de bir adak şeklinden ötürü Hakk'a gidiyor. Bunun nasıl olduğunu şöyle açıklıyor;

"Cemale Komo Dada isimli bir dayım var. Daha doğrusu annemin amcasının oğlu. Ama beraber büyüdükleri için kardeş gibilerdi ve biz ona "dayı" diyorduk. O dayım hastalanıyor. Maraş'a götürüyorlar. Orada hastanede yatıyor. Annem o dayıma çok üzülüyor ve birgün sabaha karşı üç defa üstüste acıyla inliyor ve Xoda'yı çağırıyor; "Kardeşime bir şey olmasın. Hangi nazlım varsa onun yerine al." diyor. Bu iki kız hastalanıyor. İkisinin de ateşi yükseliyor. Annem küçük kız Zaynaw'ın beşiğini kapının ağzına indiriyor. İtikatine göre almaya gelecekler. Sadece Zaynaw'ı götürsünler. Zöre'yi severdi. Anam uzun boylu, güzel bir kadındı. Zöre de anneme benziyordu. Annemin nazlısıydı ve o zaman 7 yaşındaydı.

Mesela ben 8-9 yaşındaydım. Ama Zöre benden daha uzundu."

Tüm bunlar yaşanırken Emine Teyze köyde değildir. Malatya'da Maxsî Dadaların mürşidi olan Ali Seyid'in evindedir. Oraya evlatlık veriliyor. Geçmişte çocukları ocaklara adak verme kültürü vardı. Çocuk orada büyüyor ve ocağa hizmet ediyordu. Ali Seyid'in o dönem İstanbul'da da bir evi var. Malatya'daki köyde hazırlık yapıp birkaç güne kadar İstanbul'a gitmeyi düşünüyorlar. Devamında yaşananları Emine Teyze şöyle anlatıyor; "Zöre akşam ölüyor. Onu yıkıyorlar ve götürüp sırlıyorlar. Sonra geliyorlar ki beşikteki Zaynaw da ölmüş. Bu sefer Zaynaw'ı yıkayıp sırlıyorlar. Aynı gün iki acı... Bizim yaşananlardan haberimiz yoktu. Atlara bindik, İstanbul'a gitmek için tren yoluna gidiyorduk. Bizimkiler göçün yanına geldiler. Yaşananları anlattılar ve beni tekrar geri istediler. Ali Seyid'in çocukları; 'İstanbul'a gelsin. Okula gitsin.' dediler. Annem de çapar olduğu için Ali Seyid ona "Çapar" diyordu. Ali Seyid; 'Çapar'ın yarası tazedir. Kızı indirin.' dedi. Beni attan indirdiler ve annemin yanına geldim."

Çallo Dada'nın Mezarı (Foto: Sultan Manay)

Fotoğrafta 1957 yılında Hakka giden Çallo Dada'nın mezarı görülüyor. Çalışkanlığı ile tanınan bir Dada'dır. Esas adı Olî'dir. Çal onun lakabıdır ve 40 kişi gibi çalışır anlamında kullanılır. Çallo Dada Çuro Dada ile ikiz kardeştir. O, Maxsiyan köyünde yaşadı ve orada Hakka yürüdü. Mezarı Maxsiyan köyündedir. Çuro Dada ise önce Doxonon, ardından Teron köyüne yerleşti ve orada Hakka yürüdü. Mezarı Teron köyündedir.

Ana-baba yüreği... Çuro Dada önce de iki kızını kaybetmişti. İki kız evladını da Doxonon'da, aynı gün kaybedince kızı Emine'ye olan sevgisi artıyor. Her zaman, "Dört oğlum var. Dört oğlum bir tarafta, kızım bir tarafta. Onun terazisi daha ağırdır." diyor. Öyle nazlıymış ki gözünde... Atıyla bir yere gider örneğin... Yolda, "Acaba ben Emine-mi öptüm mü, öpmedim mi?" dermiş. Geri döner, "Kurban olayım ben senden hatır istedim mi?" diye sorarmış. Kızına bir kez daha sarılır, öyle yola çıkarmış.

Evlenene Kadar Hizmetini Yaptı

Kurt ağzını bağlamak ve asum yapmak dışında Çuro Dada'nın bir özelliği de insanları öfelemesiydi. Romatizması veya ağrıları olan insanlar Çuro Dada'nın yanına gelir, o da sırtlarını, kollarını öfelerdi. Emine teyze biraz büyüyünce artık o öfeliyor. Evlendiği güne kadar da Teron köyünde insanlar onun yanına geliyor. Öfelerken ne yaptığını, hangi duayı okuduğunu şöyle anlatıyor;

"Bütün Teron'un kadınlarını hep ben öfelerdim. Romatizması olan, bir yeri ağrıyan kadınlar bana gelirdi. Akşama kadar kadınları öfeliyordum. O zaman gençtik. Okumuşluğumuz yoktu, itikatimiz vardı. Öfelediğimiz zaman 'DASTE MI DASTE BOV Û BOPÎRE MIN A' diyordum."

Emine teyze burada babasına dair enteresan bir bilgi daha paylaşıyor. Buna göre, Çuro Dada'nın sırtı yara izleriyle doluymuş. Yine yarıklar ve çıbanlar çıkarmış. Bunun nedenini şöyle açıklıyor;

"Babamın sırtını görenler 'Çuro Dada sırtın sanki savaştan çıkmış' derlerdi. Babam romatizması olanları öfelediği için, onların rahatsızları kendisine geçiyordu."

Bu söz üzerine donup kalıyorum. Çünkü değişik ocak ailelerini araştırdım. Hepsinin kendine özgü özellikleri bulunuyor. Ama böylesini ilk defa duyuyordum. Kendinden verme, yani şifa arayan talibin derdine çare olma isteği fedekarlıkla sonuçlanıyor. Bu, Çuro Dada'da sırtında yaralarla kendini gösterirken, Hısêne Kome'de çocuklarının ölümüyle sonuçlanıyor. Êmînê Çure'ye annesini de soruyoruz... Annesini de şöyle anlatıyor;

"Annem de dobra bir kadındı. Yalanı, fesadı, haksızlığı sevmezdi. Dervişler, Dadalar için canını verirdi. Eli boldu. Cimriliği bilmezdi. Ne güzel ki biz de ona benzemişiz. Babam, annem ve Mustafa abimin mezarları Teron köyünde ve yanyanadır."

Dastaxuşk Kültürü Nedir?

Emine teyze 15 yaşında Dî Urim köyünde oturan Haydarî Mıstafê ile evleniyor. Kısa süre içinde önce annesinin Dastaxuşk'unu, ardından kendi Dastaxuşk'unu kaybediyor.

Dastaxuşk kültürü günümüzde yok. "Dast" el, "Xwuşk" kızkardeş demektir. Dastaxwuşk müsahip, kivre ve kankardeş gibi birbirine çok bağlı, birbirini çok seven iki genç kız arasında olurdu. Ve ölene kadar Dastaxwuşk olarak kalırlardı. Dini değil, toplumsal bir olguydu. Örneğin erkekler müsahip tutar. Müsahip çocukları birbiriyle evlenemez. Dini bir kuraldır. Kardeş gibi olurlar. Ama Dastaxuşk çocuklarında öyle bir yasak yoktu. Çocuklar kuzen gibi olurlar.

Emine teyze evlendikten kısa bir süre sonra Olîbagon'da oturan annesinin Dastaxuşk'u, yani kendisinin manevi teyzesi Aşko Galle Hakka gidiyor. Yas yerine gidiyor. Küçük bir kızı sandığın üzerinde oturmuş ağlarken görmesi onu çok etkiliyor ve o da çok ağlıyor.

Emine teyze'nin "Dastaxuşk"u da o sene Hakka yürüyor. Teron köyünden olan "Dastaxuşk"un adı Xacê Îwkî Hadke'ymiş. Emine teyze manevi kızkardeşini ve neden genç yaşta Hakk'a gittiğini şöyle anlatıyor;

"Sevmediği ve istemediği halde amcasının oğluyla sözlendirdiler. O da sıkıntı aldı, verem oldu ve öldü. Benim yanıma geldiler. 'Xacê ölmek üzere' dediler. Üç-dört gündür çok hastalanmış. Yanına gittim.

'Xacê, az Emîne ma. Mo rêya ta vakırı bı. Mıroze ta la ve dunye nawû. Mo mırozî ta la we dunye rınd bıwı. Gûla gûla. Rêya ta vakırı bı/Xacê, ben Emine'yim. Yolun açık olsun. Dileklerin bu dünyada kabul olmadı, diğer dünyada kabul olsun.' dedim. Elimi gözlerinin üstüne verdim. O dakika Hakk'a gitti.

Biz daha 15-16 yaşındaydık. O nişanlıydı, ben evlenmiştim."

Emine teyze, Dastaxuşk'un Alevilik için çok önemli bir olgu olduğunu söyleyerek; "Birbirine hainlik olmaz, birbirine dedikodusu olmaz. Sürekli onun arkasında durursun. Ona sevgiyle bakarsın. Müsahip gibi" diyor. Ve Dastaxuşk'u Hakk'a gittiği gün yaşadıklarını şöyle anlatıyor;

"Xacê Hakk'a gittiği zaman ne yaptım? Ağlamaktan başka elimden ne gelirdi... Onunla konuştum. 'Nonî xwa la mı halol ka" dedim. O da bana öyle söyledi. Birbirimizin elbiselerini giyerdik. Ben sırlama erkanına katıldım. Anası da çok ağladı. Anası da kendi evladının kaza kurşunuyla Hakka gitti. Sawo Toşe diyorlardı."

Çuro Dada Hakk'a Gideceğini Bildi

Ne zaman Hakk'a gideceğini bilen Derviş veya Dadaları Sivas, Dêrsim, Erzincan veya Malatya üzerine araştırma yaparken çok gördüm. Pazarcık'ta da bu Maxsî Dada'larında kendini gösteriyor. Örneğin Ollik Baba ve yakınları yayladan göçü kaldırıp Pazarcık Ovası'na geliyorlar. Delız'ın yanında durup dinleniyorlar. Sofîlon köyündeki Sodıxî Momme ve Huskî Obbês'in dedesi olan Ollık Baba orada şöyle diyor; "Benim beş dakikam kaldı." Millet feryad ediyor ve "Dada sen niye öyle diyorsun! Sapasağlam adamsın." diyorlar. O da; "Telaş yapmayın. Zamanım kalmadı. Vasiyetimi yapayım." diyor ve devamla sözlerini şöyle bağlıyor; "Ben canımı teslim ettiğimde devem kalkacak. Yürüyecek. Bir yerde durup size bakacak ve çömelecek. Beni onun çömeldiği yerde sırlayın."

Ve beş dakika dolunca Ollık Baba Hakk'a gidiyor. Deve Salmanî Pok'a doğru gidiyor. Bir yerde duruyor, dönüyor ve onu izleyen millete bakarak yere çömeliyor. Sonra insanlar Ollık Baba'yı orada sırlıyorlar. Mezarı halen aynı yerde, Salmanî Pok'tadır.

Hakk'a gideceği günü bilenlerden biri de Çuro Dada'dır. Küçük oğlu Ali Olîbagon köyünden bir kızla kaçıyor. Mılone Ugute köyünde Walî Sayde'nin evine gidiyorlar. Yöremizin sevilen ozanlarından Hasanî Qarayılên'in annesinin babası olan Walî Sayde bir XIRA-

BATÎ idi. Maddi dünyadan çok, manevi alemde yaşayan bir insandı. Ermiş ve Dadalara olan bağlılığı ve hizmeti ile tanınıyordu.

Çuro Dada ve ailesi kızın ailesiyle konuşuyor ve barışıyorlar. Ardından gelinini Mılone Ugute köyünden getiriyorlar. Bir yemek hazırlıyor ve gelinin ailesini davet ediyorlar. Devamla yaşananları Emine teyze şöyle anlatıyor; "Kışa giriyorduk. Pamuğun üçüncü kırımını toplayacaktık. Babama Kako diye hitap ediyorduk. Rahatsızdı, yatıyordu; 'Kako biz köye gideceğiz. Pamuk var, onu toplayacağız.' dedim.

'Ana kurban git de benim beş günüm kaldı. Kulağın benim üstümde olsun.' dedi. Sapasağlam adam. Öyle deyince ağladım. Ben de babamı çok seviyordum. Ben ağlayınca Mısto abimle annem babama kızdı;

'Sanki sen perişan bir hastasın. Beş günüm kaldı diyorsun. Öyle söylersen tabiki Emine ağlar.' dediler.

Sonra babamdan izin isteyip Dî Urım'a gittim. Pamuğu topluyorduk. Şimdi Cenevre'de olan kardeşim Hısên bizim evdeydi. Üçüncü gün Hısên'e, 'Eve git. Kako hastaydı. Bana bir haber getir.' dedim. Hısên'i gönderdim. Babam; 'Hüseyin git ablanı çağır. Gelsin.' diyor. Hüseyin kalkmış ki gelsin. Annemle abim

Bırakmıyor; 'Hasta değil ki.' diyorlar. Babam diğer gün Hısên'i çağırıyor. Teron köyünde Nosırî Toşe'nin evinin yanında bir su kanalı vardı. Babam; 'Hısên o kanalın altından git. Seni görmezler. Ablanı çağır gelsin.' diyor. Hısên geldi. O gün de Perşembe günüydü. Çarşamba akşamı da ben rüya görmüştüm. Rüyada babam soruyordu; 'Siz benim yatağımı nereye kaldıracaksınız?' Yeni getirdiğimiz gelinimiz Mayrê; 'Ahır Dağı'na kaldıracağız.' dedi. O rüyayı görünce; 'Babam bu sefer gider.' demiştim. Baktım ki Hısên geldi. 'Kako çır bû?' dedim. Durumu anlattı.

Köyde bir taksi vardı. Çağırdık, adam geldi bizi aldı götürdü. Babamın yanına gittim. Hasta yatıyordu. Biz de Saydkî Sêdıx ile kivre olmuştuk. Babam; 'Hemade Sayde bu aralar hiç gelmedi mi?' dedi.

'Yok gelmedi' dedim. 'Pirimi görseydim iyi olurdu' dedi. Bir saat geçmedi, annem çağırdı...

'Hisên, Hemade Sayde geldi.' dedi. Elini öptü; 'Hüüü. Pirim geldi' dedi.

Babam beni yanına çağırdı. Başını kollarıma bıraktı.'Kızım bugün hangi gün' dedi.

'Perşembe' dedim. Akşam olmuştu. Abim Mısto'ya; 'Bir ayet söyle dinleyelim' dedi. Abim saz çalmaya başladı. Ayetleri söyledi. Babam o arada başını bana çevirdi; 'Onê sen geldin mi?' dedi.

'Kako, ben gündüz geldim. Sen beni görmedin mi?' dedim. Halbuki o an bana söylememiş. Anası gözüne görünmüş. Sonra bizim kivreyle eşimi çağırdı. 'Hemad! Haydar! Ölüm bir şey değil. Ama ayrılık çetindir.' dedi. Ancak gırtlağından hıçkırık gibi bir ses geldi. Odadakiler fark etti, ben fark etmedim. Bana; 'Emine kalk. Babayı rahat yatıralım.' dediler. Babamın kucağımda hıçkırıkla öleceğini bilemedim. Beni kaldırdılar. Beni kaldırınca babamın üstünü örttüler. Ben onu görünce ağlamaya başladım. Beni dışarı çıkardılar."

Dî Urım'ın Hikayesi

Emine teyzeyi görmüşken yöremize dair yakından bildiği iki konuyu da soruyoruz. Biri gelin gittiği Dî Urım köyü, diğeri de Pazarcık'taki Uryan Xızır Ocağı olan annesinin ailesi... Çünkü bu iki konu birbirine bağlı... Emine teyze önce Dî Urım köyünün kuruluş hikayesini anlattı:

"Urım Ermeni'dir. Bir suç işliyor ve bu tarafa doğru geliyor. Öksüzlü köyünde dört sene naxır güdüyor. Okumuşluğu varmış. Birkaç kuruş parasını topluyor. Aklı da yetiyor. Bakıyor ki yazı-yaban hep arazi. Sahibi ve süren de yok. Bir çift öküz alıyor. Bir aileye veriyor; 'Bu kadar tarlayı sürün. Ortaklaşa' diyor.

O geliyor ona veriyor; o geliyor ona veriyor. Çoğu aile Elbistan'dan oraya geliyor. Köy böyle meydana geliyor. Tarlaları aldığı için ağa oluyor. Ağa olduktan sonra Karahöyük'ten Hamza Ağa'nın kızıyla evleniyor. Ondan çocukları oluyor."

Pazarcık'taki Uryan Xızır Ocağı Kimdir?

Çuro Dada'nın eşi Elifo Zöra Dawûdon köyünde oturan Îsmaîle Komo Dada'nın kızıdır. Bu aile Uryan Xızır Ocağı'nın bir Dada ailesidir. Ocağın bir kolu da Afşin'e bağlı Kaşanlı (Gundî Qoşon) Molê Zor Dada olarak bilinir. Kaşanlı'daki ocağımızı günümüzde Pir Mustafa Mısır temsil ediyor.

Îsmaîle Komo Dada'nın öyküsüne gelirsek... Bir dönem Dî Urım'da kalıyor. Savaş başlayınca Urımoğlu Dada'yı korumak için Dawudon'un üst tarafına götürüyor. Orada bir derede saklıyor; "Bizi öldürsünler, ama Dadamızı öldürmesinler." diyor. O zaman orman da çok. Ormanda Îsmaîle Komo Dada'yı saklıyorlar ve kendi yurtlarına dönüyorlar. Sonraki süreçlerde Dawûdon köyü kurulunca Dada orada kalıyor. Emine teyze, devamla dedesi ve ailesi hakkında şu bilgileri paylaşıyor;

"Îsmaîle Komo Dada Pazarcık'ta Kılıçlı köylerinin Dadasıydı. Dawûdon köyünde yaşayan çocukları şunlardır: Hemkî Îsmêîl: Dadalık yaptı. Saz çalıyordu. Mezarı Dawûdon'da.

Xızır: Dadalık yaptı. Saz çalıyordu. Mezarı Kirni'de. Momî Zöre: Dadalık yapmadı.

Haydar: Dadalık yapmadı."

Îsmaîle Komo Dada üç kez evleniyor. Birinci eşi Sawkê Haydar'dır. Hemkî Îsmêîl'in annesidir. Hemkî Îsmêîl doğuyor, daha üç günlükken annesi korkuyor ve Hakk'a gidiyor.

İkinci eşi Fota Culba'dan Zöre doğuyor. Yine iki kızı da ölüyor. Ayrıca Xızır Dada da Fota Culba'nın oğludur. Fota Culba da yorganı dikerken Hakk'a gidiyor.

Üçüncü eşi de Kaşanlı köyünden Olî Nîske'nin kızı Zöre'dir. Ondan da Momme Zöra, Haydare Zöra ve Çuro Dada'nın eşi Elifo Zöra doğuyor. Yani annesinin ismiyle anılıyorlar.

Xızır Dada'nın Mezar Yeri Değişince

Pazarcık'ın Kirni köyü Alevilik açısından enteresan bir köydür. 20. yüzyılda yaşamış ve isminden çok söz ettiren birçok insanın mezarı Kirni köyündedir. Hemî Tozı, Çopo Baba ve Xızır Dada gibi...

Xızır Dada Emine teyzenin dayısıdır. 1962 senesinde Dî Urım köyünde Hakk'a gidiyor. Emine teyze o dönem evlidir ve Dî Urım'da kalmaktadır. Xızır Dada'yı Dî Urım köyünde sırlıyorlar.

Sonra oğlu ve kızı geliyor ve kimseye söylemeden Xızır Dada'yı mezardan çıkarıp Kirni'ye götürüyorlar ve orada toprağa veriyorlar. Xızır Dada'yı yerinden çıkarıp Kirni'ye götüren kızı Fotê maalesef bir doğum sırasında, oğlu Komo da traktör kazasında Hakk'a gidiyor.

Emine Teyze'nin Yaşadıkları

Êmînê Çure evlendiğinde eşinin ekonomik durumu iyi değildir. Hatta ilk tarhanayı komşuların verdiği ayranla yapar. Öyle bir zaman gelir ki çok yoksul düşerler. "Birgün üç küçük kardeşim yanımdaydı. İki tane öksüzüm vardı. Benimkiler de vardı. Akşamdan kalan pilav vardı. Onu ısıttım, çocuklara verdim. Ben açtım. Midem sızlıyordu." diye yaşadıklarını anlatıyor Emine teyze. Ancak o gün bir rüya görüyor ve sonra yaşananlarını şöyle dile getiriyor;

"O zamana kadar Haci Bektaş'ı hiç duymamıştım. Bir ziyaret mi, bir türbe mi bilmiyordum. O gece rüyamda eşim Haydar'ın Haci Bektaş'ta mutfakta çalıştığını gördüm. 'Yanına gideyim de bir çorba içeyim. Karnımı doyurayım.' dedim. O gün de Haydar Maraş'a gitmişti. Bir arkadaşı vardı. 'Haydar evlendin mi?" demiş. 'Evlendim.' demiş. 'Benim ineklerim var ortaklık. Birini sana vereyim. Götür çocuklara sağsın.' demiş. Sonra bir inek vermiş. Haydar o ineği getirdi. O inek her sene doğurdu dişi, her sene doğurdu dişi... 7-8 tane inek oldu. O arada Hasan Ağa davarını sattı, onları aldık. Bizim köyde fırınlı ocağı, dikiş makinesini, süt makinasını, radyoyu ilk ben aldım. Akşam radyodan dolayı bizim ev dolardı. Hepsi o tek ineğin lokmasıdır."

Êmînê Çure itikata, niyete çok inanıyor. İnsanın kendi içiyle yaptığı sözleşmeyi önemsiyor. Örneğin, zamanında "Kimsenin hakkı bende kalmasın" diye kendisine söz veriyor. Yıllar geçiyor. Yaylaya gidiyorlar. Her aile kendi koyununu kesiyor ve "durma" yapıyor. Emine teyze de "durma"sını hazırlıyor. O gün de Xıdır Aylas yapılıyor. Gençler bu nedenle gittikleri evlerde yağ topluyor. Bir aile kuyruk yağı koyuyor. Emine teyze o kuyruk yağını hafiften ısırıyor, yerine de iki çömçek yağ koyuyor. Gece sabaha kadar rüya görüyor ve rüyada kendisine kurbağa pişirip yediriyorlar.

Başka bir dönem de köyde ağanın bahçesinin yanından geçerken bir erik koparıp yiyiyor. O gün de rüyasında sabaha kadar kendisine fare pişirip yediriyorlar.

Êmînê Çure ve Firaz Baran, Zürich/İsviçre

Emine Teyze, Çuro Dada ve Elıfo Zöre'nin kızıdır.Babası Maxsî ve Sînamîl taliplerinin dadasıdır. Annesinin babası Îsmoîle Komo Dada ise Uryan Xızır Ocağı'ndandır. Onun talipleri de Pazarcık'taki Kılıçlı Aşireti'dir.

KORKU ALAN DOĞAL TOPLUM SÜRDÜRÜCÜLERİ: BASKO HASAN VE BASKO DÖŞKE

Elbistan ve Pazarcık'taki Kürt Aleviliğinde Dada (Pir) aileleri dışında Keramet Ocakları da vardır. Bu ocakları şöyle kategorize edebiliriz:

OCOXE DÊLKON: Çocuk Ocakları.

OCOXE BÊ: Yel Ocakları.

OCOXE MORON: Yılan Ocakları.

MOLE TIRS GIRTINE: Korku alan aileler.

MOLE OL ROKIRINE: İnsanlar bazen uyurken kabus görür ve nefessiz kalır. Sanki üzerinde 500 kilo yük hissederler. Onu kaldıran ailelere Mole Ol Rokırıne diyoruz.

MOLE ÇAL DARXISTINE: Çocuğun kırkını çıkaran aileler.

MOLE DAVÎ GURAN DA GIRI: Kurdun ağzını bağlayan aileler.

MOLE MIRISTAN ROKIRINE: Mırıstan kaldıran aileler.

Tüm bu ocaklar Maxson köyü ve Maxsî Dada aileleri içinde de var. Bu konudaki ilk yazımıza "korku alan" iki kadın anayı tanıtarak başlayalım. Maxson köyünde 20. yüzyılda yaşamış ve bu konuda önemli iz bırakmış iki kadın Basko Hasan ve Basko Döşke'yi tanıtarak...

Onları anlatırken bir inancın gelenekleri bizi şaşırtacak. Çünkü bu gelenekleri görünce kendimizi binlerce yıl önceye gitmiş, anaerkil topluma ışınlanmış gibi hissedeceğiz. Ya da kendimizi bir Kızılderili çadırında veyahut Orta Avrupa'da 30 bin yıl yaşamış bir Neandartel topluluğu içinde sanacağız... Oysa hayır... Daha düne kadar bu iki kadın ana aramızdaydı.

Bangûçık Kültürü

Önce "korku almak" nedir? onu yanıtlayalım...

Geçmişte elektrik yoktu. İnsanlar geceleri hep karanlıkta dolaşırdı. Yine köyler şimdiki gibi sadece insanın hakim olduğu alanlar değildi. Yılanlar, yabanî domuzlar, kurtlar, tilkiler her an insanın karşısına çıkabilirdi. Bazen insanlar aniden karşısına çıkan bir yılan veyahut bir tilkiden korkabiliyordu. Bu korkusunu atamayınca gece dolaşamıyor, koyunları "şavîn"e çıkaramıyor veya şehir pazarında satılması için hazırlanan peynir ve diğer süt ürünlerini götüremiyordu.

Sadece o da değil. Hepimiz insanız. Korku normal bir güdüdür. İnsan aniden gelişen birçok olaydan korkabiliyor. Bu korkuyu içinden atamayan ve sürekli o korkuyla yaşayan insanlar OCAXE TIRS GIRTINE'ye giderdi. Birçok köyde korku alan ana-kadınlar bulunuyordu. Hepsinin kendine has yöntemleri vardı. O yöntemlerle korku alıyorlardı.

Basko Hasan, Maxson köyünün kurucularından Olî Hasan ve Îwî Hasan'ın kızkardeşi... Yüz hatları çok düzgün, uzun ve gür saçları olan bir genç kız... Gençliğinden itibaren kofî bağlayan ve peştamal takan, kendine güvenen, toplumda da sözü geçen bir insan.

Ayrıca koluna da sürekli kolcağ takan biri. Basma kumaştan yapılan, önü ve arkası lastikli olan kolcağ bilekten dirseğe kadar gidiyor. Çalışırken elbiseleri kirlenmesin diye koluna takıyor. Özellikle de koyun sağarken, saman getirirken, tawn yaparken kolunda tutuyor.

Basko Hasan evlendikten sonra bir şey yapıyor. Ne yapıyor? Her sabah saçlarını tararken tarakta kalan telleri bir torbada biriktiriyor. Sonra onları teşî ile eğiriyor, birbirine doluyor ve derken zamanla iki metre uzunluğunda bir ip haline geliyor.

Bu saçtan ip bugün torunu Alkê Îske'nin yanında. Alê abla Almanya'nın Friedrichshafen kentinde yaşıyor. Onun yanına gidiyor ve saç tellerinden ip yapma kültürünü ondan dinliyoruz; "Saçlarıyla ip yapma bizim köyde geçmişten gelen bir gelenektir. Bu iplere biz BANGÛÇIK diyoruz. Nenem onunla korku alıyordu ama diğer kadınlar onu bir ip olarak kullanıyordu. Oduna gittiklerinde bağlamak veya halı dokuduklarında tawn'ı çekmek için..."

Aklıma bir soru takılıyor: Saç neden ip olarak kullanılıyor? Bu soruyu öğrenmek için uzman bir kuaför bulmalıyım. Almanya'nın Hattingen kentine gidiyorum. Orada diplomalı bir kuaför olan arkadaşım Deniz Yalçın'ı ziyaret ediyorum. 15 yıldır kuaförlük yapan Deniz bu soruyu şöyle yanıtlıyor; "Bir insanın kafasında ortalama yüz bin saç teli var. Bir tel saç yüz gram, on tel saç ortalama bir kg ağırlık taşıyabiliyor. Yüz tel saç ise 10 kg."

Deniz'in verdiği bilgi bangûçık'ın neden sağlam olduğunu anlatıyor. Ama kafamı kurcalayan şu, bir insan nasıl oluyorda kendi saç telleriyle iki metrelik bir Bangûçık yapabiliyor? Deniz bu soruyu da şöyle cevaplıyor;

"Her telin ömrü dört senedir. Dört senede bir, bir saç teli kendini yeniliyor. Yani dökülüyor ve yenisi çıkıyor. Bir insan günde yüz tel saç kaybediyor. Günümüzde banyo yaparken saç telleri çok dökülüyor... Çünkü saçlar ovalanıyor. Ovaladığında zayıf olan teller dökülüyor."

Deniz, geçmişte Kürdistan'da kadınların daha uzun saç bıraktıklarını, uzun saçın da köylerde moda olduğunu ve manevi olarak önemsendiğini belirtiyor.

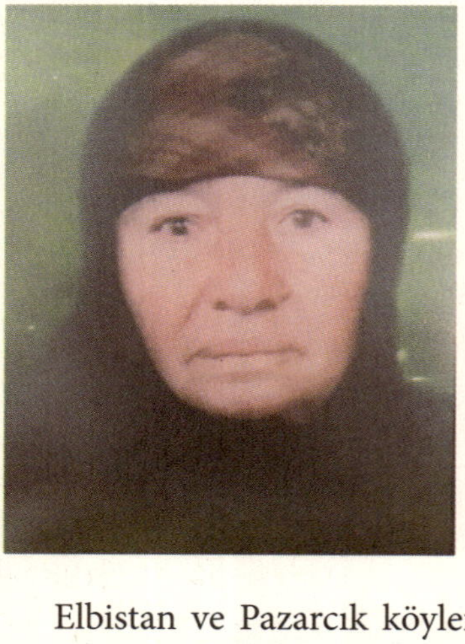

Baskê Döşke...

Korku tutardı. Kürdçe, "Tırs da gırt" deniyor. Elini Basko Hasan'dan aldı, gelini Fotê'ye verdi.

Elbistan ve Pazarcık köylerinde gördüğüm şu oldu: Korku alan insanların hepsi kadın. Hiç korku alan erkek görmedim. Bir de genelde anneden kıza geçen veya başlatan kişide sona eren bir uygulama... Basko Hasan ise elini kendi çocuklarına değil, kendi gelinine veriyor.

Köydeki komşularından Zînkê Huse arkadaşım Duran Şirince'nin annesi. Zînê Teyze ile İsviçre'nin Basel kentinde söyleşi yapıyorum. Kendisi, Basko Hasan'ın elini gelini Basko Döşke'ye verdiğini, onun da elini kendi gelini Fotê'ye verdiğini ve günümüzde insanların Fotê'nin yanına geldiklerini anlatıyor.

Stuttgart'ta Basko Döşke'nin oğlu Olo ile görüşüyorum. Olo annesini anlatırken şu bilgileri veriyor; "Nenem de, annem de onlarca yıl korku aldı. Nenem Basko Hasan kendi Bangûçık'ı ile korku alırken, annem Basko Döşke eşarp ile alırdı. Bizim köy, Olîbagon, Sofîlon, Pulyone Jurı ve Zînkon'dan insanlar geliyordu."

Olkî Îske, kendileri gurbete çıkarken kardeşi Îko'nun eşi olan Fotê'nin köyde kaldığını, annesine hizmet ettiğini ve otantik bir inanç kültürünü de yaşattığını belirterek minnetarlığını vurguluyor.

Kaynanadan geline el verme olayını Elbistan'ın Kosawe köyünü araştırırken de görmüştüm. Orada Molê Delîle var. Köyün Delîl'i Molê Tawacî'de saklanıyor. Ama o evde de Delîl bir kadın, yani anaya emanet ediliyor. Dadalar geldikleri zaman Cem o Delîlin uyandırılmasıyla başlıyor. Dökme demirden yapılan ve hiç paslanmayan bu Delîl kaynanadan geline miras olarak kalıyor. Yani orada da anadan kıza geçmiyor. Kaynanadan geline geçiyor... Eril bir özellik gibi görünebilir. Yani kızına gitmiyor ama kendi oğluna kalıyor gibi. Doğru, Delîl aynı evde kalıyor ama Delîl'i evin oğlu değil, gelini koruyor.

Basko Hasan ve Basko Döşke'nin korkuyu nasıl aldıklarına gelince...Köyde yaşayan yaşlı kadınlarla telefon üzeri görüşüyorum. Onlar, "Basko Hasan Bangûçık ile, Basko Döşke ise eşarpla korku alıyordu. Korkan kişinin yanında Bangûçık ve eşarbı parmak uçlarından kol dirseğine kadar katlıyorlar ve tekrar açıyorlardı. Eğer korkmuşsa bir ya da iki ipe dönüşüyordu. Korkmamışsa üç ip gibi düz çıkıyordu." diyorlar.

Basko Hasan'ın Bangûçık'ı bugün köyde ve torunu Alê'nin sandığında. "Az mırım aze banî xa wa Alkê xa dim. E pê wî tawnê xa bıka/Ölürsem ipimi Alê'me veririm. Onunla tawn'ını yapar." diyor. Nenesi Hakk'a yürüdüğünde 12-13 yaşında olduğunu söyleyen Alkê Îske, o günden bu yana Bangûçık'ı kutsal bir emanet gibi koruduğunu dile getiriyor. Alê abla şimdi 70 yaşına yaklaşıyor. Bu da yaklaşık 55 senedir bangûçık'ı sakladığını gösteriyor.

Olkî Îske Annesini Anlatıyor

Baskê Döşke kaynanasından sonra onlarca yıl bu hizmeti gördü ve 2018 yılında Hakk'a yürüdü. Oğlu Olkî Îske ile birebir gördükleri üzerine de sohbet ediyoruz. Almanya'nın Stuttgart kentinde yaşayan Olkî Îske, 2006'da köye gidiyor.

Kirnili bir aile annesinin yanına geliyor. Bu ailenin 15 yaşında olan kızı sabah kalkıyor ve okula gidiyor. Okula gidince ağzı kitleniyor. Babası doktorlara götürüyor, çare olmuyor. Bazıları; "Senin kızın korkmuş. Maxson köyünde Basko Döşke'nin yanına götür." diyor. Onun üzerine köye geliyorlar. Sonrasını Olkî Îske şöyle anlatıyor;

"Annem; 'Kızım korkma. Sen iyileşirsin. Akşam bizim evde yatarsın. Sabah da kalkarsın beraber kahvaltımızı yaparız. Sen iyileşirsin.' dedi. Ben de yanında oturuyorum. Annem kalktı biraz dua yaptı, korkusunu aldı ve biraz da dilini çekti. Birden 'Aa Aa' diye ses çıkarmaya başladı. Sonra o gece annem gilde yattılar. Sabah babası götürdü. Bu kız 1 hafta geçmedi artık baba, anne demeye başladı ve konuştu. Babası da her sene annemin yanına geliyormuş."

Olkî Îske gece korkup yataktan kaçanların, altına işeyenlerin, uyuyamayanların geldiğini aktarıyor ve sözlerini şu örnekle sürdürüyor; "Dî Biye köyünden bir aile gelmişti 'Çocuğumuz davara gidiyordu. Şimdi korkuyor' dediler. Annem korkusunu aldı. Ondan sonra çocuk tekrar davara gitmeye başladı. İnsanlar faydasını görüyordu. Hatta annem telefon üzeri de korkuyu tutuyordu. Avrupa'da yaşayıp gidemeyenler, kağıtları olmayanlar annemi telefonla arıyorlardı."

MÜSAHİPLİK SONA MI ERDİ?

Her inancın bazı kural ve kaideleri vardır. Alevilik'te de bazı kurallar var. Örneğin müsahibi olmayanlar sadece görgü ve Xızır cemine katılabilir. Diğer cemlere katılamazlar ve o cemlerdeki kararlara ortak olma hakları yoktur.

Müsahiplik inanç kardeşliğidir. İki ailenin bir aile olması, iki canın bir can olması halidir. Örneğin iki kardeşin çocukları evlenebilir, ama iki müsahibin çocukları evlenemez. Çünkü çocuklar birbirinin kardeşi sayılır.

Kürdlerin tarihi ve antik inançları üzerine kitaplar yazan Ethem Xemgîn bizim komşumuzdu. O müsahipliği şöyle tanımlıyordu;

"Müsahipliği bir kontrol mekanizması olarak da düşünebiliriz. Diyelim ki sen bir suç işledin ve 1 yıl toplumdan uzaklaşma cezası aldın. Aynı cezayı senin müsahibin de alıyordu. O nedenle insanlar müsahipleri zarar görmesin diye yaşamına dikkat ediyordu."[28]

Peki iki insanın müsahip olmasına kimler karar veriyor ve karar nasıl alınıyordu? Dêrsim bölgesinde erkekler genelde evlenmeden önce müsahip oluyor. Ama Pazarcık ve Elbistan'da öyle değil. Evlendikten sonra müsahip olunuyor. Maxson köyünden olan kaynanam Basa Sur bunun nedenini şöyle açıklıyor; *"Müsahip olduğun kişiye eşinin de rızalık vermesi gerekir. Diyelim ki siz bekarken müsahip tuttunuz. Evlenince o müsahibinle eşin geçinemezse, birbirine saygısı ve sevgisi olmazsa sorun olur. O nedenle bizim yörede müsahipliğe eşler beraber karar verirler."*[29]

İki ailenin müsahip olmaya karar vermesi, kendi içlerinde birbirlerine rızalık vermesiyle de iş sona ermiyordu. Müsahipliğin cemde Dada yani Pir, Rêber ve Talipler huzurunda da törenle onaylanması gerekiyordu. Ama tören yapılmadan önce de uygulanması gereken bir

---

28 Ethem Xemgîn ile ırmak söyleşi yaptım ve bunu kitap olarak yayınladım. "Neden Ali Değil de Zerdeşt" isimli bu kitapta konu hakkında verdiği yanıttır.

29 Maxson köyünde yaşayan kaynanam Basa Sur ile telefon üzeri görüştüm.

presödür vardı. Paris'te Matê Sof ile bu konuda görüştüm. O, Dî Bêxça köyünden ve Molê Şekır'ın yaşayan en yaşlı üyelerinden biridir. Maxson köyünün akrabası olan Matê Sof bu presödürü şöyle açıklıyor;

"İki aile müs*ahip olmaya karar verince kendi "Rêber"ine başvurur. "Biz müsahip olmak istiyoruz." der. Rêber o köyde yaşıyorsa onları üç ay önceden izler. Birbirlerini seviyorlar mı, birbirlerini kaldırabiliyorlar mı, birbirlerinin eksiğini kapatabiliyorlar mı? Bu sorulara yanıt arar. Eğer Rêber başvuranların köyünde yaşamıyorsa o köyden bir kişiye bu izleme görevini verir. Dada bir köye geldiğinde plan yapılır. Kim müsahip olacak, kim suçlu, kimin lokması dağıtılacak ve hangi cemin ne zaman yapılacağı konusunda günü gününe bir plan çıkarılır. Rêber müsahiplik başvurularında onay verdiği aileleri Dadaya sunar. Onay vermediklerini de söyler ve bilgi verir. Birgün müsahiplik töreni ve lokması için ayrılır. O gün müsahiplik töreni yapılır. İnsanların müsahip olmasına sadece Dada değil, törendeki bütün canların da onayıyla karar verilir.*"[30]

Bu karardan sonra yemin içme töreni başlar. Peki hangi yemin içiliyordu? Babam 1929 doğumluydu. Onun Dadası Şıxraşon Ocağı'ndan Doxane Hemad, Rêberi de Olî Mırtıza idi. Müsahip amcam Olî Karre de bizim (Pulyane Jêrı) köyündendi. İkisi de Hakk'a yürüdü. Babam müsahiplik töreninde içtikleri yemini şöyle anlatıyordu; "*Müsahip olmak isteyenler törende 12 Hizmetli, hazır bulunan canlar, Rêber ve Dada huzurunda ikrar verir. Neye? Güneşe, yıldızlara ve aya... Dada ve müsahip olanlar arasında şöyle bir konuşma geçer:*

- *Ro şahîda? (Güneş şahit mi?)*
- *Şahîda. (Şahit.)*
- *Stêwrık (stêrk) şahîd in? (Yıldızlar şahit mi?)*
- *Şahîd in. (Şahid.)*
- *Hîva* Zer şahîd a? (Altın ay şahi*t mi?)*
- *Şahîda. (Şahit.)*

---

30 Matê Sof 20. Yüzyılın önemli pir-zakirlerinden Mıstke Şekır'ın yeğenidir. Kendisiyle Paris'te görüştüm.

Biz de bu yemini içtik. Önce dördümüzü meydana çağırdılar. Yanyana, cancana durduk. Kolkola verdik. Yol ince, kılıçtan keskindir. Hata kabul etmez. Müsahiplik ağırdır. Bu zor ve zahmetli dünyada kendine yoldaş seçiyorsun. Aynı zamanda sen de zor günler için 'ben de varım' diyorsun. O nedenle müsahip olmak basit bir seçim değildi."[31]

Pazarcık ve Elbistan köylerinde 1970 yılına kadar müsahiplik kültürü her yıl törenlerle yaşatıldı. Şixraş Dadaları 1972'de, Sinemil Dadaları da 1979'da son cemlerini yaptılar. Ondan sonra müsahiplik çok az tutulur oldu. Maxsîlerde nasıl olduğuna gelirsek... İsviçre'de görüştüğüm Maxson köyünden Ali Menek (Olî Xalî Tullu) şöyle yanıtladı;

"Hepimizin babalarının müsahibi vardı. Ama bizim kuşağın ve sonraki gençlerin diyebilirim ki hemen hemen hepsinin müsahibi yok. Örneğin babamın müsahibi Hemkî Komke'ydi. Benim müsahibim yok. Abim 1946 doğumlu. Onun müsahibi var. Ama 1950'den sonra doğanlar genelde müsahip tutmadı." [32]

Matê Sof

Maxsî ve Molê Şekır'ın üyesi. Matê Sof ile Paris'te söyleşi yaptım. Maxsî dada ailelerinin önemli bir kolu olan Molê Şekır'ın üyeleriyle Paris'te bir hafta süren söyleşiler gerçekleştirdim. Matê Sof'a, "Mıstke Şekır önemli bir dada olmasının yanında harika keman çalıyordu. Ailede dadalık yapan kalmadı. Müzikle ilgilenen var mı" diye sorunca şöyle yanıtladı: "Mıstke Şekır'ın sanatla ilgilenen yeğenleri var ama ben kendi torunum Kendal Manış'ı örnek vereyim. Az yazıyor ama etkili şarkılar üretiyor." Matê Sof'un dediği gibi, Kendal Manış'ın Rojava marşı hit oldu. Milyonlarca insan bu marşı ezbere biliyor.

---

31 Babam Nosıre Qumêş 2019 yılında Hakka yürüdü. Çocukken kendisinden dinlemiştim.

32 Olî Xalî Tullu ile İsviçre'de, Hüseyin Malgir'in evinde görüştüm.

ÇARŞAMBA'YI KUTSALLAŞTIRAN VE MIRISTAN KALDIRAN BASÊ PINIX

Basê Pınıx geçtiğimiz yıllarda Hakk'a yürüdü. 90 yaşındaydı. Öldüğü güne kadar hiç hastalanmadı. Her gün akşama doğru bir sigara ve kahve içerdi.

Son yıllarda yaşlandığı için bir kadın komşusu ona yardım ediyordu. Yine bir gün saatler 15:00'i gösterdiğinde bir kahve ile sigara içmek istedi. Komşusu kahveyi pişirdi, sigarasından bir çubuk getirdi. Kahveden bir yudum alan Basê Pınıx o anda canını teslim etti.

1.75 boyunda olan ve güçlü fiziğiyle dikkat çeken Basê Pınıx Maxson köyündendi. Babası Pınıx, annesi Aşgal'dı. Soyadları Kökübalı'dır.

Basê Pınıx büyüyüp yetişince komşu köy Kirni'den Samî Êzîz ile evlendi. Kendisi Maxsî, eşi değildi. Kendisine "Kalok" deniyordu. Yörede "yuvarlak yüzlü ve çenesi biraz çıkık olan" insanlara "davkalok" deniyor. O da, "Eko wa kalok a" diye tarif edilirdi.

Basê Pınıx'ın özelliği mırıstan çizmesiydi. Sadece Kirni'den değil, çevre köylerden yüzünde veya elinde mırıstan çıkan insanlar kendisinin yanına gelirdi.

Artık herkes ezberlemişti. Mırıstan'ı olan insanlar üç Çarşamba Basê Pınıx'ın yanına gidiyor, o da elindeki çakmak taşıyla o yarayı çizince yara kayboluyordu.

İsviçre'nin Basel kentinde yaşayan ve Maxson'a gelin giden kızı Fatma Matur'a annesini soruyorum. Şöyle diyor;

"İki tür mırıstan vardır. Dişil ve eril. Annemin elinden yara iyileşmezse 'Avê wa mer a/bu yara erkektir.' diyordu. Annem dişil yaraları iyileştirebiliyordu."

Yarası eril olanlar ne yapıyordu acaba? Fatma Matur, komşu köy Delız'de Şıxî Deva'nın da mırıstan çizdiğini, eril mırıstanları onun yanına gönderdiğini söylüyor.

Fatma Matur'a yaşanmış bir öyküyü anlatmasını rica ediyoruz.

Birçok öykü anlatıyor. Birisi adı Fatoş olan Kirnili komşuları üzerine... Matur şöyle diyor; "Fatoş'un yüzünde yara çıkmıştı. Annem bir düğünde gördü 'Yanıma gel' dedi. Yüzünü çizdi ve yarası gitti."

Annesinin bu yönünü babaannesinden aldığını söyleyen Matur, Basê Pınıx'ın tedavi yöntemini de şöyle açıklıyor; "Çakmak taşının keskin tarafıyla mırıstan'ı çiziyordu. Yani üzerine çizik atıyordu. Bunu yaparken, 'Dastî mı daste bopîrê mına/Elim nenemin elidir.' diyordu. Çakmak taşıyla yarayı çizer, kanatır ve yaraya tükürürdü."

Mırıstan'daki kural Çarşamba günü müdahale edilmesi... Pazarcık'ın birçok köyünde mırıstan kaldıran aileler bulunmakta. Asum yapma yöntemleri nasıl farklı oluyorsa, mırıstan kaldırma yöntemleri de farklı olabiliyor. Örneğin Pulyane Jêrı köyünden Molê Qırêt de mırıstan kaldırıyordu. Onlar da arpa tanesiyle yarayı çiziyordu. İnanışa göre mırıstan yarası bazı insanların enerjilerini tanıyor. O enerji kendilerine müdahale ettiği takdirde yarayı terk ediyor. Yani mırıstan kaldırma sadece şifacı geleneğine sığmıyor.

Mırıstan çok kaşındıran bir yara. Bu nedenle insanlar iyileştiği zaman çok seviniyor ve kendisini tedavi eden insanlara büyük hürmet gösteriyor. Mırıston'lu bir yüz veya ele sahip oldukları için birçok evlilik bitme noktasına gelebiliyor. Bu nedenle erken müdahale aile ilişkileri üzerinde de olumlu etki yapıyor.

Mayrıko Şoqe Başlatıyor

"Acaba Basê Pınıx bu özelliğini birisinden mi aldı, yoksa kendisinden mi ortaya çıktı?" diye düşünüyorum. Bu soruma Friedrichshafen kentinde yaşayan Hasanî Qojıke yanıt veriyor.

Hasan, Basê Pınıx ile aynı aileden geliyor. Maxsiyon köyünün dengbêjlerinden Olî Cime'nin torunu olan Hasan'ın anlattığına göre ailede mırıstan kaldırma geleneği çok eskilere dayanıyor. "Bizim ailede Mayrıko Şoqe mırıstan kaldırıyormuş." diyor Hasan. Onun kim olduğuna gelince... Şöyle diyor; "Cımık ve Pınıx'ın annesidir. Yani benden dört kuşak önce bu geleneği başlatıyor. Ben Gulık'ın oğluyum. Gulık Cımık'ın kızı. Cımık da Mayrıko Şoqe'nin oğludur."

Hasan'ın anlattığına göre Mayrıko Şoqe Hakk'a yürüyünce elini gelini Alko'ya veriyor. Alko da Hasan'ın nenesi...

O da elini kendi çocuklarına veriyor. Çocukları Momkî Cımke, Aşko Cımke, Olî Cımke ve Hasan'ın annesi Gulko Cımke'dir.

Hasan, hepsinin de mırıstan kaldırdığını, bugün de insanların teyzesi Aşko Cımke'nin yanına geldiklerini anlatıyor. Hasan'a, Basê Pınıx'ın, Pınıx'ın kızı olduğunu ama mırıstan kaldırdığını, onlarca yıl bu hizmeti yaptığını anlatıyorum. Hasan gülümseyerek şöyle diyor; "Nenem Alko elini kendi çocuklarına vermiş olabilir. Ama Basê Pınıx da Mayrê'nin torunuydu. Bu iyileştiren özelliğin genetik bir olgu olduğunu düşünüyorum. Yani genlerle yeni kuşaklara aktarıldığına inanıyorum."

Hasan, teyzesinin de taşla yarayı çizdiğini ve aynı şekilde tükürüğünü yaranın üzerinde gezdirdiğini aktarıyor. "Bir seferde yara kaybolmazsa üç Çarşamba üstüste ziyaretine gelirler." diyor. Hasan, bugün mırıstan yarası için merhemlerin çıktığını, doktorların o merhemleri kullandığını söylüyor. Yine de iyileşmeyen insanların olduğunu, onların da mırıstan kaldıran aileleri ziyaret ettiklerini, bunun aynı zamanda inanç boyutu olduğunu dile getiriyor.

Hasan'a inancın bu tür durumlarda nasıl bir rol oynadığını da soruyorum. Yaşadığı bir olayı anlatıyor; "20 yıl önce hastaneye gittim. 'Kemiklerinde kanser var' dediler. Yaklaşık 3 ay kemoterapi gördüm. Büyük bir ameliyat geçirdim. İlaçlar tesir etmiyor, acıdan uyuyamıyordum.

Bir akşam Xoda'ya, ocaklara çağırdım. Kısa bir süre uyudum ve Saydoyî Çalle rüyama girdi. O akşam sabaha kadar rahat yattım. Saydo, Çallo Dada'nın torunu, Obbasî Çalle'nin oğludur."

Gûlkê Cımke'nin oğlu olan Hasanî Qojıke, inançla ilgili olarak Duran Baba ve teyzesi Aşkê Molê Cımke'nin arasında geçen bir hatırayı da anlatıyor; "Oğlu Mıstık 3 yaşındaydı" diyen Hasan, devamla şunları aktarıyor; "Teyzem elbise yıkıyordu. Çocuk da peşinden geziyordu. Ondan üç saat önce de Sofîlon'dan Duran Baba teyzem gilin evine geliyor. Duran Baba çocuklara şeker dağıtıyor, Mısto'ya vermiyor. Teyzem, 'Duran niye bu çocuğun eline de bir şeker vermiyorsun?' diyor. Duran Baba konuşmuyordu, omuzlarını silkiyor. Üç saat geçmiyor, Bîrê Molê Xala Qire'ye düşüp ölüyor. Mısto 3 yaşındaydı. Bu olay 1983'te oldu. İnanışımıza göre Duran Baba çocuğun kısa süre sonra Hakk'a gideceğini biliyordu."

OCAXÎ HASANÎ OLKE

Hasanî Olke Ocağı Maxson köyü için çok önemli bir yerdedir. Köyün önemli bir nüfusu ocağın ismini taşıyor. Biz de ocağı daha yakından tanımak için Almanya'nın Bruchsal kentine gidiyoruz. Orada Hasanî Olke'nin torunu Hemî Molê Hasî Olte ile söyleşi yapıyoruz. Hemo bize ocağın tarihini, hangi yöntemi uyguladığını ve tanık olduklarını anlattı.

Aile Ne Zaman Ve Nasıl Ocak Oldu?

Ocağı kim başlatıyor? Bugün ocağa kim bakıyor?

Ocağı büyük dedem Hasanî Olke başlatıyor. Onun altı çocuğu oluyor. Olî Demırçî, Mame Demırçî, Mıste Demırçî, Fidan, Zalxê ve Alê. Onlardan Olî Demırçî ocağın hizmetini sürdürdü. Onun da üç kızı, bir oğlu oldu: Alê, Doro, Mawûş ve Fotê. Bugün ocağı nenem Atê Fot ve dayım Doro sürdürüyor. Ben de Alê'nin oğluyum. (Atê Fot Hakk'a yürüdü. Röportaj yaptığımız zaman Atê Fot hayattaydı.)

Neden Demirçî diyorlar? Hasanî Olke meslek olarak demirci miydi?

Evet.

Hasanî Olke nasıl çocuk ocağı oluyor?

Birgün Dada köye geliyor. Dedem çalışıyormuş. Kazma, balta gibi ev ve bahçe araçları yapıyormuş. Dada köyde Cem bağlıyor. Orada bir karar alıyorlar. Dada, dedeme "Seni bir yola koyacağız. Sana bu görevi veriyoruz" diyor. O günden bugüne ailemiz çocuk ocağıdır.

OCAĞIN BİLEZİĞİ

Çocuk ocaklarının kendine has bazı yöntemleri var. Hasanî Olke Ocağı hangi yöntemi uyguluyor?

Tıwıx olan, yani çocukları ölen kadınlar ocağa geliyor. Dedemgil o kadınlara telle bir bilezik yapıyor. Bir de bir çivi veriyor. "Çocuk nerede dünyaya gelmişse, yani nerede yere düşmüşse oraya bu çiviyi vuracaksınız" diyorlar.

Bileziği ateşte yakarlar. Sonra onu güzel bir desenle bükerler. Kadın o bileziği takar. Bir zorunluluk yok ama kendi isteğiyle taşıyorlar. Telden bilezik Hasanî Olkegilin simgesidir.

Bu bilezik yapımını ben kendim de gördüm. Dedemin kurası vardı. Yani demir işlemek için ateşte kullanılan bir araç. 1980 öncesi doğanlar bu bileziği bilirler. Bugün dayım bilezik yapmıyor ama çivi geleneği sürüyor. Ayrıca bir kadın ocağa geldiği zaman nenem Atê Fot, onu 7 eve götürürdü. Her evden bir lokma alırdı. İki sene önce gittiğimde de iki kadın gelmişti. Nenem ilerleyen yaşına rağmen 40 derece sıcakta o iki kadını yedi eve götürdü.

Hasanî Olke'nin mezarı nerede? Yattığı yer bir türbe mi, normal bir mezar mı?

Mezarı bizim köydedir. Almanya'da bizim köylü Hasan Balaban var. Hasan da dedemin adıdır. Hasanî Olke'nin mezarı onların evinin önündedir. Hasan Balaban rüyasında mezarın üstüne kubbe yapıyor. Sonra gidip mezarın üstüne kubbe yaptı.

DORO'NUN SAÇLARINI 7 YAŞINA KADAR KESMEDİLER

Bazı aileler çocuğun saçını kesmiyormuş. İlk saç kesimini ocak yapıyormuş. Hatırladığın bir olayı örnek olarak anlatmak ilginç olur.

Hafızamda kalan çok enteresan anılardan biridir. Bizim köyde benim yaşıtım bir arkadaş var. Adı Dorî Molê Olî Halêc. Doro'nun saçlarını 7 yaşına kadar kesmediler. Annesi saçlarını örgü yapıyordu. Saç örgüsü sırtından aşağı doğru iniyordu. Siyah bir saçı vardı. Doro dört kızkardeşten sonra dünyaya geldi ve dayımın adını verdiler. Doro 7 yaşına gelince annesi dedem Olî'nin evine getirdi. Dedem Olî, Doro'nun saçını kesti. Ailelerin birçoğu da çocukların saçını 1-2 yaşına kadar kesmezdi. Sonra getirirlerdi, dayım Doro çocukların saçına makas atardı. Ondan sonra çocuklar kuaföre götürülürdü. Bu gelenek halen sürüyor.

Niye ocağa getirip saç kestiriyorlardı?

Kazalardan, hastalıklardan koruyabilmesi için... Önce ikrar verdikleri ailenin eliyle, ondan sonra bir başkasının eliyle saçları kesilirdi.

ATÊ FOT'UN OCAKTAKİ YERİ VE ÖNEMİ

Bir de Atê Fot'u sormak istiyorum. Nenendir. Köyde yaşıyor. Yaşı 85'i geçmesine rağmen halen hizmet ediyor. Hergün misafir ağırlıyor. Bu sabır ve içtenliği anlatmak gerekiyor. Neler söyleyebilirsin?

Onê Fot'u anlatmaya ne dilim dönüyor, ne de benim anlatabilme yeteneğim var. Öyle bir ana ki... Dünyanın bütün nimetlerinden elini çekmiştir. Nefsini öldürmüştür. Benlik yoktu. Benliği bilmezdi. Hani, "Yolun talibiyiz" diyoruz ya... Nenê Fot bütün ömrü boyunca yola hizmet etti. Hep topluma, halka hizmet etti. Hergün misafiri vardı. Bir gün yüzünü ekşitmedi. Birgün "Bu nedir?" demedi. Birgün "Şuyum olsun, buyum olsun" demedi. Hep güler bir yüzü vardı. Hep bir huzur verirdi. Ben ve giden arkadaşlar onu gördüğümüz zaman huzur buluyoruz. Bir de geçmişin şartlarında, yoksulluklarında sürekli 10, 20, 30 misafire hizmet etmiş. Onların yemesini, içmesini, giymesini, yatağını hazırlamış. 70 yıldır bu hizmeti sürdürüyor. Günün şartlarında yolun talipleri ne kadar yapar bilemeyiz ama Fotê Nene yaptı, halen de yapıyor.

KURBANI 12 EVE DAĞITTIK

Doro dayın ve Atê Fot bugün köyde ocağın hizmetini sürdürüyor. Avrupa'da teyzelerin, kuzenlerin var. Sen de burada yaşıyorsun. Aileler burada da sizi ziyaret ediyor mu? Gelip bir dilekte bulunuyor mu?

Ziyaret ediyorlar. Burada bir aile bize telefon açtı "Misafir olarak size gelmek istiyoruz" dedi. "Buyurun gelin" dedim. "İki çocuğum var. Üçüncü çocuk düşük oldu. Size gelmek istiyoruz." dedi. Geldiler, bir akşam bizde kaldılar. Hizmetinde bulunduk. Bir sene sonra aradı. "Ahmet bir oğlum oldu. Senin adını vereceğiz." dedi. Ben de "İçinizde nasıl geliyorsa öyle yapın." dedim. Bûgonluydu, Stuttgart'ta oturuyordu. Sonra yine aradı. "Çocuk için bir kurban yapacağız" dedi. Kurbanını yaptı, getirdi. Burada kendisiyle beraber 12 eve, tanıdığımız ailelere götürdük, dağıttık.

Pazarcık'ın hangi köyleri sizin ocağın ismini taşıyor?

Esmepûr'un yarısı Hasanî Olkegilin isimleridir. Mıllon, Gonîg, Şıxraşon, Quylan'da ocağın ismini taşıyanlar çoktur. Türk olan Halata köyünde isimlerimizi taşıyan insanlar var.

Yine Oxcon, Şoylon, Koyton, Zêtkon, Bûgan'da da ocağın ismini taşıyan aileler çoktur.

17 SENE SONRA ÇOCUKLARI OLDU

Sen de 15 yaşına kadar köyde ocağın hizmetinde bulundun. Deden Olî Demırçî ve nenen Atê Fot'un yanında yetiştin. O döneme dair hatırında kalan şahitliklerini bizimle paylaşır mısın?

Çok örnek var. İki örnek anlatayım...

1980'li yıllardı. Mıllon köyünde bir aile var. 17 sene çocukları olmamış. Dedemgile geldiler. 17 yıl sonra çocukları oldu.

1984'te de Frankfurt'ta bir aile geldi. Bir abla rüya görmüş. Rüyasında dedemgile geliyor, 7 kurban yapıyor ve lokmasını çıplak ayakla dağıtıyor. Abla köye geldi ve rüyasını anlattı. 7 kurban yapmak istedi. Dayım "7 kurban adamışsın. Ama 2-3 tane keselim. Adağın yine kabul edilir." dedi. Köyde Hüseyin amca vardı. Onda davarları aldık. Orada kurbanlar kesildi ve yalın ayakla köyde dağıtıldı. Rüyasında gördüğü gibi. O gelen abla şimdi Frankfurt'ta kalıyor. 10 yıl çocukları yokmuş. Kurban yaptıktan 1 sene sonra bir çocukla geldi. Bunu kendim gördüm.

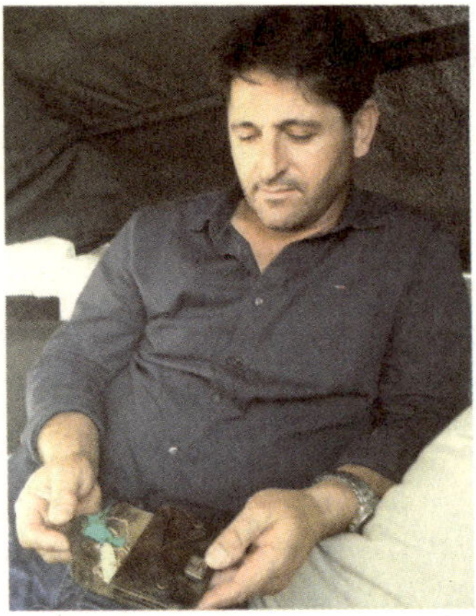

Hemî Molê Hasî Olte

Dedesi Olî Damirçî'nin kendisine hediye ettiği bu cüzdanı kutsal bir emanet olarak saklıyor.

HASANÎ OLKE OCAĞI'NIN İSMİNİ ALAN MAXSONLU AİLELER

Pazarcık'ta iki çocuk ocağı vardır. Biri Gonîg köyündeki Molê Pêdûz, diğeri de Dî Mûse köyündeki Molê Hasanî Olke'dir.

Çocuğu olmayan aileler, düşük yapan kadınlar bu ocaklara gider. İnanışa göre, TIWIX isimli bir rahatsızlık buna neden olmakta ve bu rahatsızlığa tıp çare olamamakta. Gerçekten de ocağa gittikten sonra çocuğu olan yüzlerce aile vardır. Çocuğu olmadığı için ocağa giden ve sonra çocuk sahibi olan doktorlar ve komünistler de az değildir. Çocuk ocaklarına olan inanış günümüzde halen sürmektedir. Ocağı ziyaret eden aileler doğan çocuklarına ocağın aile üyelerinin isimlerini verirler.

Örneğin Gonîg (Bozlar) ve çevresine giderseniz Şêxo, Sotî, Îwo, Uso, Şahin gibi isimlere çok rastlarsınız. Bu isimler Molê Pêdûz'un isimleridir. Cerit Türkleşmiş bir köydür. O köyde de belki 30 tane Şahin isimli kişi vardır. Nüfusta Şêxo ismi yazılmadığı için Şêxî Pedûz'un ismini alan çocukların kimliğine Şahin yazılmıştır.

Maxson köyünde çocuğu olmayan anneler genel olarak Dî Mûse köyüne gidiyor. Bu nedenle birçok aile Hasanî Olke ocağının isimlerini taşıyor. 20. yüzyılda ocağın ismini alan bazı Maxsî ailelerini tanıyalım.

Molê Xalî Tulu

Üç çocukları üstüste ölüyor. Sonra Hasanî Olke Ocağı'na gidiyorlar. Ardından dokuz çocukları oluyor. Bunlardan Mısto, Alê, Fotê, Olî, Zalxê ve Hasan ocağın isimleridir. Üç tanesine ocaktan izin alınarak kendi yakınlarının isimlerini veriyorlar. Bunlardan Gûlê nenesi Gûlkê Kışe'nin; Sultan, halasının ve Xallo da dedesinin ismidir. İnanışa göre ocağın ismi verilmediği zaman doğan çocuklar ölüyor. Başka bir isim verilecekse izin alınıyor.

Gûlê Calote'nin Çocukları

Gûlê Calote, Maxson köyünden olan Olî Xalî Tulu'nun halası. Kakî Olî halasının öyküsünü şöyle anlatıyor; "Yedi çocuğu oluyor. Sonra çocukları olmuyor. Biraz komik ama 'çocuğumuz olsun' diye Hasanî Olke gile gidiyorlar. Ocağa gidip geldikten sonra üç tane çocukları daha oluyor. Hasan, Fidan ve Zalxê ismini veriyorlar. Gûlê Calote Kıko'nun eşidir. Kıko'nun adı Mehmet Mede'dir."

Mıstî Kurdık ve Alê'nin Çocukları

Maxson köyünden Gördük soyadlı Molê Koke var. Lakabı Koko olan Mıstî Kurdık ve eşi Alê'nin önce bir kızları oluyor ve yaşıyor. Sonra iki çocuğu ölüyor. O zaman ocağa gidiyorlar. Ocağa gittikten sonra doğan çocuklarına Hasan, Fotê, Mısto, Olî, Mawuş, Zalxê, Tahir isimlerini veriyorlar. Onlar yaşıyor. Bu ailenin Mamo isimli bir çocuğu da var. Ona ocaktan izin alınarak amcasının adı veriliyor.

Baskê Döşke'nin Çocukları

Korku alan Baskê Döşke, Pazarcık'ın tanınan ozanlarından Hasanî Îske'nin annesidir. Hasanî Îske Hasanî Olke'nin ismidir. Kızkardeşi Alê ve kardeşi Olo da ocağın ismidir.

Molê Qoje

Yırtlaz soyadlı Molê Qoje de çocuklarına ocağın isimlerini verdi. Bunlar Hasan, Olî, Mısto ve Alê'dir.

Ocağın İsmi: Hasan Günüç

Hasan Günüç, köydeki adıyla Hasanî Molê Bayrıkî Döşke ile görüşmek için Nürnberg yakınlarındaki Weissenburg kasabasına gidiyorum. Çünkü, hem Hasan ve kardeşlerinin, hem de Hasan'ın çocuklarının isimleri Hasanî Olke Ocağı'nın isimleridir. Onun ve çocuklarının hikayesini öğrenmek istiyorum. Uzun bir yolculuktan sonra Weissenburg'a ulaşıyorum. Beraber kahvaltı yapıyor ve kahve içiyoruz.

O arada Hasan anlatmaya başlıyor. Hem kendileri hem de amcasının çocuklarının Hasanî Olke Ocağı'nın ismini taşıdıklarını söylüyor. Hasan ve kardeşlerinin isimleri şöyle: Alê, Fîdan, Olî, Zalxê, Hasan, Sawê, Mısto, Fotê ve Celal.

Hasan'ın anlattığına göre kendi ailesinde önce Hasan ve Mısto isimli iki kardeşi oluyor ve 2-3 yaşlarındayken ölüyorlar. Bunun üzerine ailesi çocukların yaşaması için doğan çocuklara ocağın ismini veriyor.

Hasan'ın üç kardeşinin ismi ocak ismi değil. Alê ve Sawê iki nenesinin, Celal'de bir dervişin adıymış. Ocaktan izin alınarak bu isimler veriliyor. Hasan, Celal isminin hikayesini şöyle anlatıyor; "Annemin anlattığına göre çocukları ölüyormuş. O zamanlar bizim köye Celal isminde bir derviş geliyor. Anneme diyorlar ki, 'Çocuklarınıza Celal, Abbas ismini verin. İşiniz yolunda gider.' Ama bizimkiler ilk çocuklara Hasanî Olkegilin isimlerini veriyor. Yani önce değil, en son çocuğa Celal ismini veriyorlar."

Olkî Döşke'nin çocuklarının isimleri ise Bayro, Alê, Mamado, Mısto, Hasan, Fidan, Mawuş, Donê ve Semra. Hasan Günüç, amcasının çocukları hakkında da şu bilgiyi aktarıyor; "Amcamgilin evinde ilk çocuk Bayrık'tır. O babamın, Alê de nenemin ismidir. Mamado da bizim ailenin ismidir. Ama Mısto, Hasan, Fîdon, Mawuş ocağın ismidir.

Kendi Çocukları da Ocak İsmi

Hasan Günüç Almanya'da evleniyor. "Çocuklarım olursa Kürdçe isimler veririm" diyor. Eşi hamile kalıyor ve doğuma üç hafta kala doktora gidiyorlar. Doktor, eşine "Bebeğin karnında ölmüş" diyor. Bu durumdan sonra annesi Hasan'a telefon açıyor ve "Çocuklara Molê Olke'nin isimlerini ver" diye öğütlüyor. Sonra üç kızı oluyor Hasan ve eşinin. İsimlerini de Fidan Zilan, Rozerîn Mawûş ve Alê (Elif Delal) koyuyorlar.

Cangür Ailesi de Ocağın İsmi

Maxson köyü kitabının söyleşileri için Almanya'nın Vilingen-Schweningen kentine de gittim. Kendi kuşağı içinde Almanya'ya gelen (1980'de geliyor) ilk Maxsonlulardan olan Ali Cangür burada yaşıyor. Bu görüşmede Cangür'ün de ocağın ismi olduğunu öğreniyorum. Hemen hikayesini soruyorum.

Önce bir erkek kardeşleri doğuyor ve kısa süre içinde ölüyor. Ali Cangür, bebeğin çok güzel olduğunu, göz değdiğini ve uyurken öldüğünü söylüyor. Bebek öldüğü için aile Dî Muse köyüne gidiyor ve Hasanî Olke'nin ocağını ziyaret ediyor. Ardından Ali Cangür ve diğer kardeşleri doğuyor. Cangür, kardeşleri hakkında şu bilgiyi veriyor;

"Ben, Hasan abim ve kızkardeşim Aloş Hasanî Olkegilin isimleriyiz. Diğer kardeşlerim Afê, Hısên ve Mamad ocağın isimleri değil. Ama bu isimler verilirken ocaktan izin alınıyor. Afê babaannemin, Hısên babamın babasının, Mamad da amcamın ismidir."

Babası ve annesinin itikatli insanlar olduğunu söyleyen Cangür, müsahip amcası hakkında da şu bilgiyi aktarıyor; "Babamın müsahibi vardı ama tören yapılmamıştı. Hasanî Mıstkî Kışe ile müsahip gibiydi. O sevgi ve hürmetleri sonuna kadar devam etti. Bizim Dadamız Alî Seyîdgildi. Ama biz hiç cem yapmamışız. Mesela ben ilk olarak 45 yaşında bir ceme katıldım. Atalarımız anlatıyordu ama görmediğimiz, yaşamadığımız bir şeydi. 45 yaşındaki cem benim için duygusal olmuştu."

Cangür'ün 45 yaşında katıldığı cem yaşadıkları şehirde olan Alevi Kültür Merkezi'nde gerçekleşiyor. Buranın kurumsallaşmasında en çok emeği olan insanlardan birisi de Ali Cangür'ün eşi Elif Cangür'dür.

Çabası, çalışkanlığı ve çevresine karşı fedekarlığıyla köyde ve Avrupa'da örnek gösterilen Elif Cangür'de ocağın ismi. Mamade Olakare'nin kızı olan Cangür, ocak ismi olmasıyla ilgili şu bilgiyi aktarıyor; "Ben Alloşê Molê Hasanî Olke'nin ismiyim. Bana onun için Alloş diyorlar. Kimlikte ismim Elif. Bizim ailede kızkardeşim Fatoş halamın ismi. Onun dışındaki kardeşlerim Hasanî Olkegilin ismidir. Fidan, Tahir, Ayten (Ocağın torunudur), Ali ve ben ocağın ismiyiz."

Hasane Bayrıke/Weissenburg

Maxson köyünün neredeyse yarısı Hasane Olke ve aile üyelerinin isimlerini taşıyor. Pazarcık'ın Dî Mûse köyünde olan bu aile tanınmış bir çocuk ocağıdır. Nürnberg yakınlarındaki Weissenburg kasabasında yaşayan Maxson köyünden Hasan Günüç (Hasane Bayrıke) Hasanî Olke'nin ismidir. Yine kardeşleri, kuzenleri ve üç kızı da bu ocağımızın isimlerini taşıyorlar.

MOLÊ ÇALLE VE MOLÊ HISÊNÎ KOME'NİN İSİMLERİNİ ALAN MAXSONLU AİLELER

Maxson köylüleri der ki; "Köyümüzün tarihçisi Olî Hasan'dı." Bugün aynı sözü Olî Hasan'ın torunu olan Hasan Filimci için söyleyebiliriz. Çünkü hem köyün hem de yörenin otantik hafızasına sahip bir insan.

Birçok konu üzerine kendisini arayıp sohbetler yaptım. Sohbet ettiğim konulardan biri ocak isimlerini alan ailelerdi. Maxson köyünde özellikle Dî Mûse'de olan Hasanî Olke Çocuk Ocağı'nın isimlerini alan çok sayıda insan var. Ama acaba köydeki Dada ailelerinin isimlerini alan aileler de var mı? Varsa kimler? Hasan Filimci, önce Molê Çalle'nin isimlerini alan aileleri anlatıyor;

"Bizim köyde çok sayıda aile çocuklarına Molê Çalle'nin isimlerini verdi. Mesela Molê Döşe'nin çocukları Abbas, Olî ve Saydık Çallogilin isimleridir. Abbas ve Olî Çallo amcanın çocuklarının adı, Saydık da Çallo amcanın torununun ismidir. Yine Olkî Îwe'nin çocukları da Çallo amcagilin isimleridir. Onların da Abbas ve Olî'si var. Terone Jêri köyünde de çok Çallo var. Benden büyüklerde de var, benden küçüklerde de var Çallo isimli insanlar."

Kakî Hasan bize Molê Hısênî Kome'nin adını alan aileleri de anlatıyor; "Örneğin" diyor "Amcam Hasanî Olî Hasan'ın çocukları Hısêne Komegilin isimleridir." Sonra da çocukların isimlerini şöyle sıralıyor; "Hüseyin, Hısêne Kome'nin, Komo, Komo Dada'nın, Mısto, Hısêne Kome'nin oğlunun adıdır.

Fotê ve Xacê de onların ismidir. Mesela Xacê, Hısêne Kome'nin kızının adıdır. Onun adı Xacê idi ama Tumê diyorlardı. Amcamın kızına ise Tumê değil, Xacê diyoruz."

Hasan Filimci'nin anlatımlarına göre Hısêne Kome'nin Dadası olan Alî Seyîd ve çocuklarının isimlerini alan aileler de var. Kendi kayını Hasan'ı örnek veriyor ve komik bir yaşanmışlığı da şöyle dile getiriyor; "Sağır olan Saydo Dada var. O Alî Seyîd'in oğluydu. Geçtiğimiz yıllarda Hakk'a gitti. Kayınım Hasan'ın oğlunun adı Saydo. Nenesi; 'Saydo'nun ismini verdik. O da sağır olmasın.' dedi. Herkes güldü ama sağır olmadı, cin gibidir."

Hasan Filimci soru dışına çıkıp Çallo Dada'yı anlatmak istiyor ve duygulu bir ses tonuyla şöyle diyor; "Çallo amcayı gördüm. Kısa boylu ve sakallı bir adamdı. Saz çalmayı bilmezdi ama inanç dünyası içinde yaşayan bir adamdı. Eski insanlar daha itikatliydi. Mesela annem (Sultano Olakare) bayramlarda Çallo Dedegile gitmeden, onların hediyesini vermeden bir yere gitmezdi. Bugün bizlerde kalan maneviyat bizden önceki bu kuşakların mirasıdır."

Atê Fot - Dî Mûse

O, Hasanî Olke ocağına hayatı boyunca hizmet verdi. 2020 yılında Hakka yürüyen Atê Fot'u sadece Maxson köyünde değil, Pazarcık'ta tanımayan neredeyse yok. Ocağına gelen misafirlerle yedi ev dolaşır, demir toplardı. O demiri ateşte eritirler ve anne adayı için telden bir bilezik yaparlardı.

Atê Fot, Atê Elıf, Onê Xac, Atê Orıs gibi analar 20. yüzyılda Pazarcık ve Elbistan'da inancı yaşatmıştır. Yasaklara, asimilasyona rağmen hizmeti eksik etmemişler ve ritüellerle yolun kaybolmamasını, yaşamasını sağlamışlardır. Atê Fot'u sevgi ve hürmetle anıyoruz.

KIZÎRON'DA ZİYARETİ ŞİMŞEK VURUYOR 37 CAN HAKK'A YÜRÜYOR

Hısêne Mamadî Olî Dada Kizîron köyünde yaşıyordu. Sînamîl Ocağı dadasıydı. Başta Kizîron olmak üzere Oxcon, Ovdilon ve Töron köylerinde talipleri vardı. Annesi Gûlko Haydar Maxsî'ydi. Tam adı Gûlko Molê Haydarî Mamad Dada idi. Dî Bêxça köyünde oturan tanınmış Pir-Zakir Mıstke Şekır'ın dedesi Şakıre Mamad Dada onun amcasıydı.

Hısên Dada iki kez evlendi. İki eşi de Maxsî'ydi ve Maxson köyündendi. Eşlerinin adı Alko Gir ve Alko Çuk'tur.

20. yüzyılda yaşanmış en acı hadiselerden birini yöremizde Hisên Dada'nın ailesi ve Kızîron köyü yaşadı. 1955 yılında Kizîron'da köy-

lüler toplu halde ziyarete gidiyor. Şimşek ziyaret ağacını vuruyor. Aynı anda 37 insan Hakk'a yürüyor. Hisên Dada bu olayda dört evladını ve iki kızkardeşini kaybediyor.

Hisên Dada'yı ve bu olayı daha yakından tanımak ve anlamak için Stuttgart'a gittik. Burada Hısên Dada'nın kızı Dönê ve eniştesi Mamkî Molê Mıstkî Obbês ile görüştük. 1956 doğumlu olan Kakî Mam, Hısên Dada'yı, ailesini ve olayı detaylarıyla biliyor.

Şu bilgiyi de paylaşalım... Kakî Mam Maxson köyünden ve aile olarak dadalık yapmasa da Sînamîl Ocağı üyesidir.

Kakî Mam'ın anlattığına göre, Hısên Dada ile kendi babası teyze çocukları. Hısên Dada Gûlko Haydar'ın, Mıstkî Obbbês de Sultano Haydar'ın oğlu. Onların abisi Derweşe Haydar da Dada'ydı ve Dî Urim'da oturuyordu.

Hısên Dada'nın yaşamına gelince... Neden iki defa evlendiğini Mamkî Molê Mıstkî Obbês şöyle anlatıyor; "Hısên Dada teyzesinin kızı Alkê Obbês ile evleniyor. Yani benim halamla... Bayağı bir zaman bunların çocukları olmuyor. Alê halam, 'bizim bir ocağımız var' diyor ve kendi öz yeğenini kendi üzerine kuma olarak getiriyor. Aileyi dağıtmamak, ocağa sahip çıkmak için... Onun adı da Alê'ydi. Zînko Obbês'in kızıydı. Birisine Alko Gır, birisine Alko Bıçuk diyorlardı."

Yıllar birbirinin ardından geliyor ve Hısên Dada ile Alkê Çuk'un beş çocuğu oluyor. Köylerde gelenektir. Her yıl köylüler topluca ziyarete gider, lokmalarını pay eder, dileklerini tutar ve dönerler.

Birgün Kızîron'da köylüler topluca ziyarete giderler. Aynı gün Hısên Dada ve Alkê Gır'da Antep'e gitmek için önceden hazırlık yapar. Araba yolu evlerine 1.5-2 km mesafede... Köylülerle karşılaşıyorlar. Köylüler; "Tamam siz Antep'e gidin. Biz ziyarete gideceğiz" diyorlar. Sonra yaşananları Kakî Mam şöyle anlatıyor; "Hısên Dada ve Alkê Gır yola kadar gidiyorlar. Bakıyorlar ki oğlu Mamado'da gelmiş. Küçükmüş, saklana saklana gelmiş. Geri köye götürseler zaman kaybedecekler. Kendileriyle Antep'e götürüyorlar.

Yola çıktıkları zaman havada simsiyah bir bulut varmış. Hısên Dada; "Şeytana lanet. Acaba bu kimin evini yakar." diyor. Orada kafasına damlıyor. Onlar Antep'e, köylüler de Ziyaratê Gır'a gidiyor.

Ziyarette yıldırım köylüleri vuruyor! O zaman toplam 37 kişi Hakk'a yürüyor. Onların arasında Hısên Dada'nın dört çocuğu ve iki kızkardeşi de var. Tarih 1955 ya da 56... Köyün üstüne büyük bir yas çöküyor.

Alkê Bıçuk o an altı aylık bebeğini kucağında emziriyormuş. Yıldırım vurduğunda bebek kucağında ölüyor. Kendisi de karın boşluğunun sol tarafından ve göğüslerinden yaralı kurtuluyor.

12 gün sonra kendine geliyor ve hemen çocuklarını arıyor; "Benim çocuklarım nerede?" diyor. Hısên Dada ve Alkê Bıçuk'un ölen çocuklarının isimleri Ali Rıza, Gûlê, Olî Dada ve Mustafa idi. Olayda sadece Antep'e giden çocukları Mamado kurtuluyor.

O büyük acıdan sonra zor da olsa yeniden hayata tutunuyorlar. Üç kızları daha oluyor: Gûlê, Dönê ve Fotê. Ben 1975 yılında Dönê ile evlendim."

Pazarcık'ta Alkê Gır'ın Evine Saldırı

Ailenin dramı ziyaretteki trajediyle bitmiyor. Hısên Dada 1964 yılında, 50'li yaşlarda Hakk'a yürüyor. Kızı Dönê, Hısên Dada'nın ziyaretteki olaydan çok etkilendiğini ve ondan sonra kendisini bıraktığını söylüyor. Dönê Abla, olayın etkilerini ve babasını şu sözlerle anlatıyor; "Annem yıldırım olayını anlattığında hep ağlardı. Babam için de çok zor oluyor. Antep'ten döndüklerinde eve geliyor ki cenazeleri yanyana sıraya koymuşlar. 'Qurbana dilê te bıwım. Çı bû ku te ev jı mın kır. Mın çı kır?/Gönlüne kurban olduğum... Ne oldu ki sen bana bunu yaptın. Ben ne yaptım?' diyor. Uzun yıllar çocuğu olmuyor, sonra dört çocuğunu yıldırımda kaybediyor. Babam ondan sonra kendini bıraktı. Çok genç yaşta öldü. Öldüğünde ben 4-5, Fatma 1.5, ablam da 8-9 yaşındaydı."

Mıstkî Obbês de tüm bu olaylardan çok etkileniyor ve ablası Alkê Gır ile Alkê Bıçuk'a Pazarcık şehir merkezine yerleşmelerini öneriyor. Aile Pazarcık'a yerleşiyor ve süreç içinde 1976'da yaşanan olaylarda ölüm tehlikesi atlatıyorlar. Mamkî Molê Mıstkî Obbês o dönem yaşananları şöyle anlatıyor;

"Hısên Dada Hakk'a gidince babam halam Alkê Gır'a ve Alkê Bıçuk'a, 'Kızîron uzaktır. Gelin Pazarcık'ta size bir ev tutalım. En azından biraz daha yakın oluruz' dedi. Onlar da kabul etti. Kızîron'da biraz mal-mülkleri vardı. Onları satıp Pazarcık'ta bir ev aldılar ve oraya yerleştiler. Cezaevine yakın bir evdi.onlar Dada ailesi olduğu için talipler hep ziyaret ediyordu. Alkê Gır'ın yanına geliyorlardı. Yörede iyi bir itibarı vardı. Örneğin Kızîron'da çok sayıda aile kendi çocuklarına Alê, Mamado ve Hısên ismini verdi. Aile bir acıyı da Pazarcık olayında yaşadı. 1980 öncesi olan Pazarcık olayında, Türkler onların evini tahrip ettiler. Halam ve çocuklarını da öldürmek istediler. Dadagilin Nacarlı kadın bir komşusu vardı. O olayda saldıranların önüne çıkıyor ve 'Beni öldürebilirsiniz. Ama Dadagilin evine yaklaşmayın!" diyor. Kendisini siper ediyor. Adı Sultan'dı."

Alkê Gır'ın Mezarı Kızîron'da

Kakî Mam, halası Alkê Gır'ın 2001 yılında Hakk'a gittiğini, kendisinin Kızîron köyünde toprağa sırlandığını, o zaman da enteresan bir olay meydana geldiğini aktarıyor. Hısên Dada'nın mezarı ziyaretin yanında. Köylüler oraya Alkê Gır için de bir mezar açmak istiyor. Ama kazmayı yere vurur vurmaz o anda yerden "çîk"ler yani ateş kıvılcımları kalkıyor.

Kızîronlular yıldırım olayını yaşadıkları için geri çekiliyor ve mezarı oraya yakın ama başka bir yerde açıyor. Daha sonra Alkê Bıçuk da Hakk'a gidiyor ve o da Alkê Gır'ın yanında sırlanıyor.

Kakî Mam, ailenin bir acıyı da Mamado ile yaşadığını anlatıyor. Söylediğine göre Mamado 52 yaşında Hakk'a yürüyor ve o da Alkê Gır ile annesinin yanına sırlanıyor. Mamkî Molê Mıstkî Obbês son olarak şöyle diyor; "Kaynanam; yani Alkê Bıçuk'un hayatı aslında acılarla dolu. Dört evladını yıldırımda kaybetti. Çok genç yaşta dul kaldı. Oğlu Mamado'nun ölümünü gördü. Bir anne ve bir kadın için zor olaylar... Tüm zorluklara karşın çocuklarını da marifetle büyüttü. Kendi hayatını çocuklarına vakfetti. Onları saygıyla anıyorum."

Ziyareta Gır / Kızîron Köyü, Foto: İbrahim Mengütay

Yıl 1955... Köylüler topluca ziyarete gidiyor. Yıldırım çarpması sonucu 37 kişi burada Hakka yürüyor. Hısên Dada bu olayda dört evladını ve iki kızkardeşini kaybediyor.

Mamke Molê Mıstke Obbês ve eşi Dönê Molê Hısên Dada

Memed Abi ve Dönê abla ile Almanya'nın Stuttgart kentinde görüştüm.

Hısên Dada ve Alko Bıçuk'un çocukları

Ayaktaki: Dönê. Oturanlar: Mamado ve Gûlê. Fotoğrafta olmayan Fotê ile birlikte dört kardeş babasız büyüdü. Toplumumuz onları sevgiyle bağrına bassa da baba şefkatinin eksikliğini her zaman kalplerinde hissettiler.

Hasane Molê Mıstke Kome (Hasan Mendeş)

ÇOCUKKEN ASUM YAPTIM

Hasane Molê Mıstke Kome Almanya'nın Stuttgart kentinde yaşıyor. O, Hısêne Kome'nin torunu, sanatçı Hüseyin Mendeş'in de babasıdır. Yaklaşık 70 yaşındadır.

Onun çocukluğunda babası Mıstke Kome "asum" yapıyor ve "kurdun ağzını bağlıyor." 10 yaşından itibaren bu defa kendisi hem "asum" yapmaya, hem de "kurdun ağzını bağlamaya" başlıyor.

Asumu "kutsanmış su" olarak tarif edebiliriz. Yılanların evden, bağdan, bahçeden uzak durması için asum yapılıyor. Pazarcık, Elbistan ve Kürecik Alevileri içinde hemen her köyde "asum" yapan aileler bulunuyor. Her ailenin "asum" yapma yöntemi farklılık gösterebiliyor.

Örneğin Elbistan Anbar köyünün Galavızan mezrasından olan Êtê Pone ocağın külünü suya katınca o su asumlanmış kabul ediliyordu. İnanca göre bu su nereye serpilirse yılanlar oradan uzaklaşıyor. Çünkü yılanlar asumlanan suyun enerjisini tanıyor ve orayı terk ediyorlar.

Gökçayır köyünden Molê Hemade Mamade Haydke'nin evinin önünden veya mezarlarından toprak alınır ve suya katılır. O zaman su asumlanmış oluyor. Kürecik'te Çımışe Gır köyünden Xaco Çıqıl ise yılan boynuzuyla asum yapıyor. Halen hayatta olan Xaco Çıqıl 70'li yaşlardadır. Ayrıca bazen yılanlar kadınların önünde iki boynuz bırakır. Bu boynuzlar insanın büyük dişi kadardır ve bir tarafı meyve bıçağı gibi tırtırlıdır. Bu boynuzlardan biri zehirli, diğeri panzehirlidir. Zehirli olan boynuz toprağa gömülüyor, panzehirli olan kaldırılıyor. Yılan hangi kadının önünde bırakmışsa o kadın panzehirli boynuzu evine götürüyor. Asum yapmak isteyenler o boynuzu suya atıyor. 10 saniye sonra çıkarıyor. Böylece onun enerjisinin suya karıştığına ve yılanların onu tanıyacağına inanılıyor.

Pazarcık'ın Dî Şakoke (Armutlu) köyünden Walîcane Mırte'nin asum yapma yöntemi de çok farklı... O toprak, nonî hışk (sac ekmeği) ve tuzla asum yapıyor.

Hasane Mıstke Kome ile kendi ailesinin yaptığı asum yapma yöntemini de konuştuk. Bize şu bilgiyi veriyor;

"İnsanlar bizim evin önündeki külü götürüp taze suya katarlar ve o su asumlanmış olur. Halen o inanç devam ediyor. Ben nasıl yapardım? Bana içine kül atılan taze suyu getirirlerdi. Parmağımı suya batırıyor ve bir yudum da su alıyordum. O suyu geri içine boşaltıyor ve şöyle diyordum; 'Dast ja min Sabab ja Haq/El benden sebep Hak'tan' Onlar da o suyu götürüp serpiyordu."

Asum yapma yöntemi gibi kurdun ağzını bağlama yöntemleri de köyden köye, aileden aileye farklılık gösterebiliyor. Kakî Hasan kendi yöntemlerini şöyle anlatıyor;

"Hayvanı dağda kalanlar bir bıçak getiriyordu. Ben bıçağın ağzına üflüyor ve aynı duayı söylüyordum; 'Dast ja mın, sabab ja Haq.' Onlar da 'dastbır' yani küçük bir hediye veriyorlardı. Kaybolan hayvanı geliyordu. 'Biz gittik eşeğimizi veya koyunumuzu bulduk.' diyorlardı. Çocuktum, heyecanlanıyordum. 'Bana 25 kuruş verecekler' diyordum. Biz çocuklara teşvik edici, öğretici yaklaşıyorlardı. Mesela çocuklar ziyaret kültürünü, asumun önemini, pir-talip ilişkisini bir eğitimle değil, kendi kendine, doğal bir ortamda öğreniyordu."

Soldan sağa: Talih Köküballı, Rahşan İkizer, Ayşe İkizer Önen ve Sait İkizer
(Foto: Sait İkizer Arşivi)

PORTRELER

Bu bölümde Maxsonlu bazı portrelere yer verdim.

Göç bu köyün en önemli olgularındandır. Bu nedenle 70'li yıllarda İsviçre'ye gelen ilk gelin "Gûlko Momke" ve 90'lı yıllarda Stuttgart'a yerleşen "Filimci" ailesi ile görüştüm. Onların şahsında 70'li yıllardaki işçi ve 90'lı yıllardaki mülteci göçünü dile getirdim.

Ayşe Fehimli enteresan bir portredir. Hayatı acılarla örülmesine rağmen bireysel mücadelesini yürütmüş, umudunu yitirmemiştir. 25 yıl boyunca Rosa Lüksemburg Vakfı gibi çok önemli bir kurumun yöneticiliğini yapmış, Die Linke gibi Alman siyasetinin önemli partilerinden birinin kurucuları arasında yer almıştır. Fehimli ile Kiel kentinde görüştüm.

İlgimi çeken bir portre de Elif Cangür oldu. Maxson köyünde doğan ve evlendikten sonra Almanya'ya yerleşen Cangür, önce Almanca öğreniyor. Zaman içinde çalışıyor, meslek sahibi ve Alman vatandaşı oluyor, ardından siyasete giriyor. Bugün yaşadığı şehrin belediye başkan yardımcılığı görevini yürütüyor.

Bakalım portreler bize neyi anlatıyor…

İSVİÇRE'YE GELEN İLK GELİN

Bugün İsviçre'de 160 Maxsonlu aile var. İsviçre'ye gelen ilk Maxsonlu kişi Alî Molê Qaraşke, köydeki adıyla Turist Ali'dir. Turist Ali 1969 yılında İsviçre'ye geliyor. İsviçre'ye gelen ilk Maxsonlu gelin ise Turist Ali'nin eşi Gûlko Molê Momke'dir. O da 1973 yılında geliyor.

Geleceği zaman bütün akrabaları başına toplanıyor "Gurbete gidecek. Acaba döner mi, dönmez mi?" diyorlar. Onu uğurlamaya gelen herkes ağlıyor. Kadınlar onu yolcu edecekleri zaman; "Bilmiyoruz ki kaç devletin ardına gidiyorsun. Başına bir şey gelse biz duymayız." diyerek, doyasıya ona sarılıyorlar. Ve ayrılık vakti gelip çatıyor.

Gûlko Momke eşi Turist Ali ile arabaya binip köyden çıktıktan sonra içine anlamadığı bir kopuş duygusu yerleşiyor. İşte o zaman hüngür hüngür ağlamaya başlıyor. Öyle ki İsviçre'ye gelene kadar ağlaması durmuyor. İsviçre'ye ulaştıklarında o kopuş duygusuna yalnızlık da ekleniyor. Çünkü o zaman yaşadıkları şehir olan koca Basel'de Pazarcık'tan Turist Ali dışında sadece üç kişi vardır: Kuruçaylı Hıdır Gölgeli, köydeki adıyla Xıdırî Walkî Xıde, onun eşi ve yine başka bir Kuruçaylı Walîşon...

Turist Ali İsviçre'ye geldiğinden bu yana gündüzleri fabrikada, akşamları da bir lokantada çalışıyor. Gûlko Momke'de gider gitmez eşinin çalıştığı lokantada işe başlıyor. Turist Ali lokantada soğuk ve sıcak yemekleri yaparken, Gûlko Momke de bulaşıkları yıkıyor.

İkisi bir odada yaşıyor "Biraz para kazanıp döneriz" diye düşünüyorlar. O nedenle disiplinli bir şekilde işe gidip geliyorlar. Ama ikisinin de büyük özlem duyduğu bir konu sürekli gündemlerinde oluyor. Henüz ilkokula giden oğulları Hüseyin ve Mustafa köydedir. Gûlko Momke gelirken çocukları kaynanası, görümcesi ve eltisine emanet edip geliyor. Ama ana yüreği, yine de özlemle dolup taşıyor.

İlk kez gurbete çıkmanın, köyden ilk kez ayrılmanın verdiği özlemle sürekli onları düşünüyor. Çalışırken çocuklar aklına geliyor, yemek yerken onlar...

Sene 1973'tür ve köyde telefon da yoktur. Gûlko Momke çocuklarına bir mektup gönderiyor. Ama cevap ancak üç ay sonra geliyor! Derken üçüncü oğulları Mehmet 1974'te İsviçre'de dünyaya geliyor. Yedi aylık doğan Mehmet daha 40 günlükken Turist Ali ve Gûlko Momke yola çıkıyorlar. Hedeflerinde köy var. Mehmet'i de köyde bırakıp gelmeyi düşünüyorlar. "Çalışacağız, para kazanacağız" düşüncesiyle...

Uçakla Ankara'ya, Ankara'dan da Maraş'a otobüsle gidiyorlar. Aralık ayı olduğu için hava soğuktur. Kötü tarafı otobüsün kaloriferleri yanmaz. Battaniye çocuğu ısıtmaya yetmeyince kendi ceketlerini de üzerine sarıyorlar.

Köyden ayrılalı bir sene olmuştur. Gûlko Momke köye ulaştıklarında heyecandan ağlıyor. Çocuklarına kavuşuyor ve onları dakikalarca doyasıya kucaklıyor. Hediyelerini veriyor ve yeni kardeşlerini onlara tanıştırıyor. Çocuklar da annelerine kavuşmanın heyecanıyla büyük bir sevinç yaşıyorlar.

Ancak belli bir süre sonra Turist Ali ve Gûlkê Momke yeni doğan çocuklarını da köyde bırakarak tekrar İsviçre'ye geliyor, ilerleyen dönemlerde de çocuklarını yanlarına alıyorlar.

Ve derken Turist Ali 1969'dan 1998 yılına kadar İsviçre'de çalışıyor. Üstelik çift vardiyalı olarak... Gündüzleri fabrikada, geceleri de restorantta. 1998'de malulen emekli oluyor ve 2007 yılında Hakk'a yürüyor. Turist Ali Hakk'a yürüdüğünde 65 yaşındadır.

Gûlko Momke İsviçre'de lokantada, otelde ve dikiş fabrikasında 20 yıl çalışıyor. Şimdi emekli. Onu gören Maxsonlular büyük saygı duyuyor. Çünkü o ve eşi İsviçre'ye gelen ilk aile oldukları için zamanla düzenlerini kuruyorlar. Evleri, arabaları oluyor. Ve sadece kendilerini düşünmüyorlar. Buraya gelen Maxsonlular ilk olarak onların evlerinde kalıyor ve onların gözünden İsviçre'yi tanıyorlar. Onlar da yıllar boyu hiç üşenmeden evlerinin kapılarını köylülerine açıyor, onları ağırlıyor.

Gûlko Molê Momke

O, 1973 yılında İsviçre'ye geldi. İsviçre'ye gelen ilk Maxson'lu kadındır. Eşi Turist Ali ile birlikte bu ülkeye gelen bütün Maxsonlulara yardımcı oldular. Bazılarını haftalarca, bazılarını aylarca misafir olarak ağırladılar. Matê Gûl ile Liestal'da, oğlu Hüseyin Malgir'in evinde görüştük. Şöyle dedi: "Biz sadece kendimizi düşünemezdik. Burası uzak bir ülkeydi. Gelen insanlara kapımızı açmak, yapacağımız bir yardım varsa yapmak zorundaydık. Çünkü hepsi akrabamızdı."

Çok Hizmetimiz Oldu

Gûlko Momke ile İsviçre'nin Liestal kasabasında, oğlu Hüseyin Malgir'in evinde görüştük. Köylülerin kendileri için "Gûlko Momke ve Turist Ali İsviçre'ye gelenlere çok destek verdi ve hizmetleri oldu" dediklerini aktardım. Sevindi ve duygularını şöyle dile getirdi; "Bizim ev handı. Gelen orada kalıyordu. Bazı insanlar aylarca kalıyordu. Oğlum Hüseyin onlara tercümanlık yapardı, iş arardı. Bizim köylüler de vardı, başka köylüler de. Bizim ev dört odaydı. Bazen dolu olurdu. Bir kere baktım ki bizim çocuk banyoda, küvete girip yatıyor.

Bazen 20 kişi toplanıyordu. İşten geliyordum, bu defa da misafirlerin ihtiyaçlarıyla ilgileniyordum. 1980 sonrasıdır bu anlattığım durumlar. Özellikle de Liestal'daki evimiz öyleydi. İlk gelenler kendisinden çok çevresini düşündü. Önce 'biraz para kazanıp dönelim' dedim. Ama zamanla 'akrabalara yardım edelim, sonra da bir ev alalım' düşüncesine gittik.

Birisi yeni iltica ediyor. Harçlığı da yokmuş, acıkıyor. Başka birisi bizim evi ona gösteriyor ve şöyle diyor; 'Şu ev insanlara yemek veriyor. Evi olmayanları kendi evinde yatırıyor.' Elbistanlı bir arkadaştı. Beni her gördüğünde söyler; 'Sizin ekmeğinizi çok yedim' der.

Biz çok eziyet gördük.'Bu bizim köylüdür, bu bizim akrabamızdır' diyor ve evimizde misafir ediyorduk. Eşim 65 yaşında Hakk'a gitti. Eşim şöyle diyordu; 'Bu annem, bu akrabam, bu dayım. Ben çalışırım. Onlar da yesin.' Yaşamını kalp yetersizliğinden yitirdi. Mezarı köydedir."

GÛLKO MOMKE'NİN GÖZÜNDEN İLKLER

Köyün İlk Okulu

Köyde okul yokken Bollo öğretmenlik yaptı. Molê Pıse'nin bir odasını okul olarak kullandı. Bizim köyün ve Soflon'un çocukları geliyordu. Onlara okuma-yazma öğretiyordu. Ben o zaman 10-11 yaşındaydım. Kızları okula bırakmıyorlardı. 'Kızlar okula mı gider?' diyorlardı. Ben bu nedenle okula gidemedim. 1948 doğumluyum. Demek ki bu okul 1959 yılında açılmış olmalı.

Köydeki İlk Televizyon

Abim Haso Almanya'daydı. Posta yoluyla bize bir televizyon gönderdi. Televizyonu Antep'e gönderdi, bizimkiler gidip Antep'ten getirdi. Akşam büyük küçük herkes bizim eve geliyordu. Sonra Turist Ali İsviçre'ye geldi. O zaman da Turist Ali bir tane gönderdi. İkinci televizyon da bizim evdeydi. Millet evi dolduruyordu. Bizim köylüler Kurmancî konuşuyorlardı ama Türkçe de biliyorlardı. Tüplü televizyonlardı. O zaman sadece TRT kanalı vardı.

İlk Radyo

Abim Mehmet (Momke Molê Haydkî Momke-Cipci Mahmut) kırmızı ve küçük bir radyo aldı. Dışarıda duvara bir tahta yapıştırdılar. O zaman ben daha bekardım. 13-14 yaşındaydım. İnsanlar merak ediyor ve gelip dinliyorlardı. Radyoda Kürdçe şarkılar çalıyordu. Mehmet abimin bir cipi vardı. Hakimleri Pazarcık, Maraş, Diyarbakır'a getirip götürüyordu. Abim köyde, 1984 yılında, 48 yaşında Hakk'a yürüdü. Böbrek hastasıydı. Gelinim Sakine'nin babasıdır.

STUTTGART'TA 60 MAXSÎ AİLE YAŞIYOR

Bugün Stuttgart ve çevresindeki kasabalarda yaklaşık 60 Maxsonlu aile yaşıyor. Nüfusları 300 civarında. Maxson köyünden Stuttgart'a ilk yerleşen aile Mahmut-Ayşe Filimci çiftidir. Mahmut Filimci 7 Mart 1979 tarihinde Stuttgart'a yerleşiyor. 1982 yılında da eşi Ayşe geliyor. Daha sonra 1983 yılında İsviçre'ye taşınıyorlar.

Onlardan sonra Stuttgart'a yerleşen ve halen de burada yaşayan aile ise Ali-Hatice Filimci[33] çifti oluyor. 1 Mart 1989'da Almanya'nın Karlsruhe şehrine gelen Filimci çifti, 3 ay sonra Stuttgart'a yerleşiyor.

Stuttgart'a gelen Maxsonlu aileler içinde ilk pasaport alan, ilk ev kiralayan ve ilk arabayı alan da Ali ve Hatice Filimci çifti oluyor. Hatice Filimci; "Stuttgart ve çevresinde yaşayan ailelerimizin en az yarısını bizim evde misafir ettik. Ali'de yapabildiği kadar kağıt-küreklerine yardımcı oldu." diyor.

Ali Filimci kendilerinden sonra gelen Maxsonluları şöyle sıralıyor; "Bizden sonra ilk olarak kayınım Seyid geldi. O zaman çevremizde sadece Bûganlı ve Kirnili birkaç aile vardı. Seyid gelince çok sevindik. Sonra Şılloye Olo, Hısene Bolle ve Mılaye Qoje geldi. Hısene Bolle Stuttgart'tan ayrıldı, Mılaye Qoje de Tubingen'e yerleşti." Filimci, devamla şu bilgileri aktarıyor; "Stuttgart'ta doğan ilk Max-

---

33 Ali-Hatice Filimci çifti ile 2019 yılında Almanya'nın Stuttgart kentinde görüştüm. Ali Filimci büyük kayınımdır.

sonlu çocuk kızım Damla'dır. 17 Nisan 1989'da Stuttgart'a 25 km mesafedeki Schondorf'ta doğdu.

Bugün Maxsonlu olarak bu kent ve çevresinde 60 aile olduk. Bu 60 ailemizin yarısı döner işindedir. Kayınım Seyid elektrikçi, Umut Manay ev alım satım işi yapıyor. İlhan Manaz, Hüseyin Mendeş ve Mehmet Filimci'nin kendi işlerinin yanısıra müzik grupları var. Düğünlerde müzik yapıyorlar."

Ali ve Hatice Filimci çiftinin bir oğlu, iki kızları var. İsimleri Damla, Basê ve Diyar. Basê Mercedes fabrikasında usta olarak çalışıyor ve yaklaşık 150 işçiyi yönetiyor. Normalde erkeklerin yaptığı bir iş. Ustalık belgesi aldığı ve başarılı bir şekilde kendi bölümünü yönettiği için Bild ve Stuttgarter Zeitung gazetelerinde haber oluyor.

Bütün Pazarcıklılar Avrupa ülkelerine bir pantolon, bir gömlekle ve çoğunlukla da mesleksiz geldiler. Ancak bugün ekonomik olarak önemli bir düzey yakaladılar ve çocuklarının eğitimi için olanak yarattılar. Ali Filimci; "Önce ayakta durmaya, sonra da çocuklara bir gelecek hazırlamaya çalıştık." diyor.

1998'de Alman vatandaşı olan Ali Filimci, Stuttgart'ta dükkan açan ilk Maxsonlu. 1 Haziran 1993'te bir market açan Filimci, işyeri hakkında şu bilgiyi veriyor; "Biz mesleksiz olarak buralara geldik. O nedenle yapabileceğimiz işlere yöneldik. Yasal haklarımıza kavuşunca ve baraz ekonomik alt yapımız oluşunca bir market açtık. İçinde döner, kasap, manav vardı. Orayı 2 sene sürdürdüm. Sonra 10 sene de başka bir dükkanı çalıştırdık. Ardından Mercedes'te 2 sene çalıştım. Bantta çalışmayı sevmedim ve işten çıktım. Yine bir döner dükkanına girdik ve 15 senedir halen bu döner dükkanındayız. Benden sonra da bizim köylüler içinde Mamkî Qırşe ve Tato dayımın oğlu Haci dükkan açtı."

Filimci de çoğu insanımız gibi Almanya'ya geldikten yıllar sonra köye gidebiliyor. 13 sene sonra köye dönebilen Filimci, dönüş anlarını şöyle dile getiriyor; "Köyü çok özlemiştim. Her zaman özlüyoruz. Köyümüz her an bizim için bir özlemdir. Burada yaşıyoruz ama köy farklı. Orada doğduk, büyüdük. Orayı kesip atamayız. Ama bizim çocuklarımız o topraklara gitmeyecekler. O bizim için çok büyük bir yıkımdır. Burada doğan çocuklar oraya gitmeyi istemeyecekler ne yazık ki. Torunlarımız, bizim dedelerimiz bundan 50-60 sene önce oradan gelmişler, diyecekler."

Sohbetimize Hatice Filimci ile devam ediyoruz. O da tekrar ilk geldikleri dönemi yad ederek başlıyor konuşmasına. Hakk'a yürüyen köylüleri Kemal Manaz ve Mustafa Manaz'ı anan Filimci; "Anılarımız çoktu. İkisini kaybettik. Gidenler bizi üzüyor." diyor. Yıllar sonra köye gitmesi üzerine de yaşadığı duyguları şöyle dile getiriyor; "İlk gittiğimde şoka girdim. Donuktum. O kadar yıldan sonra gidiyorsun. Geldiğimde yeni evlenmiştim, giderken çocuklarla gittik. Kızkardeşim Ayten Sivas Cezaevi'ndeydi. O zaman Ayten'in yanına gittik. Çok duygulandım, çok kötü oldum. Ama kendimi tuttum. Ayten de çok moral aldı. Camın arkasında da olsa çocukları görmek onu çok mutlu etti."

Besey Filimci Mercedes fabrikasında usta olarak çalışıyor. Ali ve Hatice Filimci'nin kızı olan Besey, nenesi Basa Sur'un ismi. Fotoğraf Bild gazetesi muhabiri tarafından çekildi. Besey'in yaptığı meslek için üç yıl okumak ve fabrikada çalışmak gerekiyor. Aynı mesleği yapanların ustası olmak istediğinizde üç yıl daha okula gitmeniz gerekiyor. Besey genç yaşında yıllar süren emeğinin karşılığını aldı ve şu anda Stuttgart kentindeki ana merkezinde, Mercedes fabrikasında baş usta olarak bir bölümü yönetiyor.

AĞAÇ ANA

Bir insanı kartpostal ile ölümsüzleştirmek Avrupalıların önemli geleneklerinden biridir. Kişi yaptığı çalışmalarla hayranlık uyandırdığında kartpostal ile onure ediliyor. Almanya'nın Kiel kentinde yaşayan Ayşe Fehimli34, köydeki adıyla Aşko Karrê Bage için de bir kartpostal basıldı. "Ağaç Ana" olarak tanımlandı ve palamut ağacına benzetildi. Kendisi kartpostalın öyküsünü şöyle anlattı; "2006 yılıydı. Kiel Belediye Başkanlığı ile Schleswig Holstein Eyaleti Kadın Bakanlığı bana "Ağaç Ana" ismini verdiler ve ortaklaşa bu kartı hazırladılar. Kartı bütün Almanya'ya dağıttılar. Devlet dairelerine, danışmanlıklara, avukatlara ve doktorlara gönderdiler. Sadece bizim eyalette; yani Schleswig Holstein'da 5 bin tane dağıttılar."

Toplumsal çalışmaları ve hayattaki örnek mücadelesiyle bu onura layık görülen Fehimli, palamut ağacına benzetilmesinin nedenini şöyle açıkladı; "Palamut ağacı gibi uzun ömürlü ve güçlüymüşüm. O nedenle bana 'Ağaç Ana' dediler. Palamut ağacının Alman tarihinde de önemli bir yeri var. Odunu güçlü. Kolay kolay kırılmıyor. Mobilya yaptıkları zaman yüzlerce yıl kullanılıyor."

Ayşe Fehimli, Kiel şehrinde sosyal arbeiter olarak çalıştı ve yeminli tercümanlık yaptı. Yanısıra son 25 yıldır da Rosa Lüksemburg Vakfı yöneticiliği yapıyor. Geçmişte Kiel Belediye Meclis üyeliği görevinde de bulunan Fehimli, Almanca kurslarında öğretmen olarak da çalıştı. Öğretmenlik yaptığı zaman arkadaşlarıyla geliştirdiği bisiklet projesi de ses getirdi.

Bisiklet Projesi

Afganistanlı genç bir kadın yağmur yağarken bir bisiklete biniyor. Yakınları "İslamiyet'te 12 yaşından sonra kadının bisiklete binmesi günah" diyerek, bu kadına fiziksel şiddet uyguluyor. Polis, kadını Fehimli'nin çalıştığı kuruma getiriyor. Fehimli, o zaman arkadaşlarıyla "Ne yapabiliriz" diye tartışıyor ve sonuçta Bisiklet Projesi fikri doğuyor.

---

34 Ayşe Fehimli ile 2019 yılında Almanya'nın Kiel kentinde görüştüm.

Ayşe Fehimli için hazırlanan kartpostal. Bu kartpostal Kiel Belediyesi ve Schleswig Holstein Eyaleti Kadın Bakanlığı tarafından hazırlandı. Fehimli "Ağaç Ana" olarak onure edildi.

"Müslüman ülkelerden gelen ve bisiklet süremeyen kadınlara bisiklet sürmesini öğretelim" diyorlar. Ve bu kadınları Almanca kurslarına gelen kişilerden seçiyorlar. Dönemin SPD Milletvekili Heidelmann onların projesini destekliyor ve 26 yeni bisiklet veriyor. Onlar da bu bisikletlerle kadınlara bisiklet sürmesini öğretiyor. Böylece "günah" diye itham edilen bir tabuyu kırmaya çalışıyorlar. Derken bu proje Almanya geneline yayılıyor. Ayrıca bisiklet projesi ekoloji ve çevre dostu insanlar tarafından da benimseniyor ve önemli bulunuyor.

Rosa Lüksemburg Vakfı

Rosa Lüksemburg Vakfı Almanya'nın en önemli vakıflarından biridir ve devlet desteklidir. Vakfın hemen her şehirde temsilcilikleri bulunuyor. Ayşe Fehimli, vakfın Kiel şehri temsilcilerindendir. 25 yıldır Rosa Lüksemburg Vakfı'nın çalışmalarında yer alan Fehimli, vakfın Kiel şehri maliyecisidir. Yani vakfın şehirdeki gelir-giderlerinden o sorumludur.

Ayşe Fehimli, siyasi ve toplumsal çalışmalar, iş koşturması ve çocuklarının büyütülmesi için verdiği emeklerin yanında; 1995-1998 arasında da Almanca-Türkçe-Kürdçe dillerinde Yeminli Tercümanlık da yaptı.

İşkence Tedavi Merkezi Kurucularından 90'lı yıllar dünya genelinde alt üst oluşların yaşandığı bir dönem oldu. Yugoslavya dağıldı ve iç savaş başladı. Afrika'da birçok ülkede sürekli askeri rejimler işbaşında oldu. Türkiye'de Kürd köyleri boşaltıldı ve yüzbinlerce insan Avrupa'ya gelmek zorunda kaldı. Bu ülkelerden Almanya'ya büyük bir mülteci göçü yaşanıyordu. O dönem Almanya'da İşkence Tedavi Merkezi kuruldu. Ayşe Fehimli tedavi merkezinin kurucuları arasında yer aldı. Orada yaptıkları çalışmaları şöyle anlatıyor;

"İşkence gören insanlar bu merkezde tedavi oluyordu. Ruhsal örselenme yaşayan insanlara yardımcı oluyorduk. Yugoslavya'daki Müslümanlar içinde tecavüz yaşayan insanlar vardı. Onlara destek olduk. Yine Eritre, Somali ve Etiyopya'dan çok sayıda kadın ve çocuğa yardımcı olduk. Taciz, tecavüz, şiddet, yoksulluk, savaş görmüşlerdi. Kürtler geliyordu. Biz Kürdçe bildiğimiz için doktorlara tercümanlık yapıyorduk. O süreçte çok insan tanıdım. O dönemde tanıdığım birçok insan beni gördüklerinde, 'Sen benim tercümanlığımı yaptın' derler. Yugoslavya ve Afrika'dan gelenler, 'Bize destek oldun' derler."

Die Linke'nin Kuruluşunda Yer Aldı

Ayşe Fehimli, bu çalışmaların yanında SPD üyesi olarak siyasi çalışmalar yürüttü. 2005 yılında Harzt IV Yasası Almanya'da yoğun tartışmalara yol açtı. Yoksul aileler bu yasadan olumsuz olarak etkilenecekti. Aynı yıl bu yasa parlamentoda SPD ve Yeşiller'in ortaklığıyla yürürlüğe girdi. Bu SPD içinde büyük tartışmalara ve yol ayrımlarına yol açtı. Yüz bine yakın SPD üyesi partisinden istifa etti. Fehimli'de SPD'den istifa edenler arasındaydı.

İstifa edenler Oskar Lafontaine öncülüğünde Wahlalternative Arbeit & sozaile Gerechtigkeit (WASG) isimli bir oluşuma gittiler. Bu oluşum daha sonraki yıllarda sosyalist bir parti olan PDS ile birleşti ve bir kongre ile yeni bir parti oluşturdu. Bu parti bugün de Alman siyasetinin önemli partilerinden Die Linke'ydi. Die Linke'nin kuruluş aşamasında Ayşe Fehimli'de yer aldı ve o süreci şöyle aktarıyor;

"La Fontaine o zaman SPD'den yani Schröder liderliğinden ayrıldı. Başka bir düşünce mümkün, diyordu. Hartz IV'yı kabullenmedi. Ben de onun oluşturduğu WASG'ye 2005 yılında kaydoldum. 2007 yılında da PDS ile WASG birleşti ve Die Linke oldu. Ben WASG'nin Schleswig Holstein eyaletinin başkanıydım. 2008 yılında belediye meclisi seçimleri oldu. Kiel şehrinde bu defa Die Linke adına yarıştık ve birinci sırada ben olmak üzere altı kişi belediye meclisine girdik. Meclis çalışmaları 2013 yılına kadar sürdü. Sonraki seçime yoğun çalışmalarımdan ve sağlık sorunlarımdan dolayı katılmadım. 2017 yılında yaşadığım şehirde üçüncü sırada federal parlamento için milletvekili adayı oldum. Çok az bir oyla kaybettim."

SİYASETTE BİR MAXSONLU

1970 yılında Maxson köyünde doğan Elif Cangür, 1990 yılında Almanya'ya geldi. Burada dil öğrendi, meslek edindi, Alevi derneğine başkan olarak hizmet etti, tercüman oldu ve bir bölgenin belediye başkan vekilliğine seçildi. Onun hayat karşısındaki çabası ve aldığı sorumluluklar başta Maxsonlular olmak üzere tüm çevresinde örnek gösteriliyor. Bu başarılı insanı daha yakından tanımak için yaşadığı şehir Vilingen-Schweningen'e gidiyor ve hikayesini ondan dinliyorum.

Uçaktan İndim Çalışmaya Başladım

Elif Cangür'ün ailesine Molê Olakare deniyor. O, 1990 yılında köylüsü Ali Cangür evleniyor. Eşi, köyden Avrupa'ya gelen ilk gençlerden biri. O nedenle Elif de Almanya'ya yerleşiyor. Gelir gelmez çalışmaya başlıyor. "Akşam uçaktan indirdiler. Sabah Imbiss'e götürdüler. O gün bugündür çalışıyorum." diyor, gülerek. Gündüz çalışıyor, gece okula başlıyor. Ve okulda hem Almanca'yı öğreniyor hem de Realschule Abschluss (Lise Diploması) alıyor.

20 yıl önce bir plastik fabrikasında vasıfsız işçi olarak işe başladığını anlatan Elif, uzun bir süre montaj bölümünde çalışıyor. Ardından çalıştığı fabrika üzerine meslek okuluna gidiyor. Diplomasını aldıktan sonra bu defa fabrikanın bürosunda çalışmaya başlıyor. Gelen siparişleri, gönderilecek malzemeleri kontrol ediyor. Dışarıya gönderilecek eşyalar doğru hazırlanmışsa, "Tamam gönderebilirsiniz" onayını o veriyor.

Elif Cangür 20 yıldır aynı fabrikada çalışıyor. Yanısıra sosyal sorumluluklar da üstleniyor. Öyle ki, bir dönem hem fabrikada çalışıyor hem de tercümanlık yapıyor. Tercümanlığa nasıl başladığını şöyle anlatıyor; "Yeminli tercüman değildim. Yani okulunu okumadım. Almancam iyiydi. İhtiyaç çok vardı. Urfalı bir tercümanı tanıyordum. 'Çok ihtiyaç var. Ben de bunun okulunu okumadım. Ben yapıyorsam sen benden iyi yaparsın' dedi. Gittik, konuştuk. Ne kadar Almanca bildiğine bakıyorlar. Bir de bir testten geçiriyorlar. Testi geçtim. 'Tamam' dediler. Ayrıca sürekli dil kursları yaparak dilimi geliştirdim."

Böylece 2003 yılında Cangür tercümanlığa başlıyor. Yaşadığı Baden Württemberg Eyaleti'nde travma geçiren mülteciler için kurulan bir insan hakları kurumu bulunuyor. Bu kuruma başvurup Kürdçe ve Türkçe konuşan insanlar için çevirmenlik yapıyor. Elif; "Türkiye'den gelenlerin hepsi Kürd'tü. Azerilere de tercümanlık yaptım." diyor.

Yeşiller Partisi'ne Üye Oluyor

Tüm bu koşuşturmanın yanında öteden beri konuştuğu bir çok Alman Cangür'e, "Siyaseti çok iyi biliyorsun. Siyasete gir" önerisi yapıyor. Ama o, öneri yapanlara "teşekkür" etmekle yetiniyor. Aynı öneriyi bu defa tercümanlık yaptığı kurumda görevli olan bir doktordan alıyor. Aralarında geçen diyolağu şöyle anlatıyor; "Üç kişi terapiye giriyorsun. Hasta, tercüman ve doktor... Birgün terapi bittikten sonra Doktor Eva Hüngers ile konuşuyoruz. Bana; 'Ben belediye meclisindeyim. Partiye gel, bak. Hoşuna giderse üye olursun. Gelirsin, gidersin' dedi. Bayan Hüngers Yeşiller Partisi'ndendi. O zamana kadar siyasi çalışmanın prosüdürünü bilmiyordum. Sonra birkaç kere toplantılarına katıldım. Programlarına baktım. Yabancılarla ilgili siyasetleri hoşuma gitti. SPD'den daha yakın geldi bana. 2004'te Yeşiller Partisi'ne üye oldum. Bir sene sonra da ilçe yönetimine girdim. 2009'da yerel seçimlerde ilk defa Vilingen-Schweningen'de meclise aday oldum. Seçilemedim. Birinci yedekte kaldım. Dr. Eva Hüngers Kuzey Almanyalıdır. İki sene sonra memleketine taşındı. O gidince onun yerine 2011'de birinci yedek üye olarak ben Meclise girdim."

Elif Cangür, 2009'da seçilemediği için kendisini şanslı hissediyor. Çünkü 2009-2011 döneminde Vilingen-Schweningen Cemevi'nin başkanı seçiliyor. Cangür; "Cemevi başkanlığı ayrı bir emek ve çaba gerektiriyor. İkisini bir arada götürmek zor olurdu. Ayrıca fabrikada da çalışıyordum." diyor.

2014 yılında yapılan seçimlerde Cangür tekrar adaylığını koyuyor ve şehir parlamentosu diyebileceğimiz Vilingen-Schweningen Belediye Meclisi'ne seçiliyor. 26 Mayıs 2019'da yapılan seçimlerde ise Elif Cangür Yeşiller Partisi'nin birinci adayı olarak yeniden seçildi ve Vilingen-Schweningen Belediyesi Başkan Yardımcısı oldu.

Çoğumuz Avrupa'ya mesleksiz olarak geldik. Elif Cangür'ün yaşamı o açıdan insana ilham veriyor. O bize şunu gösteriyor: Hiçbir şey için geç değil.

Vilingen-Schweningen Belediyesi Başkan Yardımcısı Elif Cangür, aynı zamanda Maksutuşağı Sosyal ve Kültür Dayanışma Vakfı yönetimininde ve vakfın çalışmalarında aktif olarak yer alıyor.

KÖYE GİTTİM ANNEM YOKTU

80'li ve 90'lı yıllarda Avrupa'ya gelen insanların çoğu uzun yıllar memlekete gidemediler. Anaya, babaya, köye özlem çoğunun birinci gündemi oldu. Bu özlemi en derin yaşayanlardan biri Duran Matur veya köydeki adıyla Duranî Tule oldu.

O, 1962 yılında Maxson köyünde doğuyor. Öğretmen olmak için Van 100. Yıl Üniversitesi Eğitim Enstitüsü'nde eğitim görüyor. Okuldan mezun oluyor ama öğretmenlik yapamıyor. Bunun nedenini şöyle açıklıyor; "12 Eylül darbe kanunlarına takıldık. Ben 1984 mezunuyum. Gerekçe olarak yasaklı olmam gösterildi. 1978 ve 1979'da iki defa hapse girdim. Bir ara 6 ay, bir ara 45 gün cezaevinde kaldım. Pazarcık Lisesi'nde (Lise 1, 2 ve 3'te) okurken defalarca kısa süreli tutukluluklar yaşadım. Öğrenci olaylarında tutuklanıyordum. Bunlar gerekçe gösterildi ve öğretmen olmam engellendi."

1984 yılı Türkiye koşullarına göre, eğitim enstitüsü mezunları direk öğretmen olarak atanıyor ve görevine başlıyordu. Nitekim Duran Matur'un okul arkadaşlarının çoğu mezun olunca öğretmenliğe başladılar. Sadece Matur ve birkaç arkadaşına bu görev verilmedi. Böyle olunca Duran Matur 1987 senesinde İsviçre'ye geldi ve 2004 yılına kadar; yani tam tamına 16 sene köye gitmedi!

16 Yıl Sonra Köyü Gördü

Duran Matur, 2004 yılında köye gidiyor. Uçakla İstanbul üzeri Antep'e giden Matur'u kendisinden beş yaş büyük kardeşi Hasan Antep'te karşılıyor. Birlikte köye gidiyorlar. Araba köye yaklaştıkça Matur'un kalbi heyecandan küt küt atıyor. Ve 16 yıl sonra uzaktan köyün çevresindeki dağ ve tepeleri görünce duygulanıyor. Köye ulaştıklarında ise yabancı bir yere geldiğini hissediyor. Çünkü "Gözü kapalı istediğim eve giderim" diyen Matur bıraktığı köyün değiştiğini görüyor. O zaman hafif bir şok yaşıyor. O anları şöyle dile getiriyor; "Çocukluğuma ait çok şeyi kaybetmiştim. Mesela ben bıraktığımda konak vardı. O konak kaldırılmıştı. Beton bir ev yapmışlardı. Bizim evin önünde Molê Cımıke'nin evi vardı. Toprak bir evdi. O ortadan kaldırılmıştı. Molê Qaraşke bize komşudur. Onların evi de konaktı. Onlar da yıkmıştı. Bizim evin arkasında Molê Yûsı vardı, o da yıkılmıştı. Bu görüntüler bana bir şok yaşatmıştı. Köyün ortasında bir kuyu vardı. İnsanların en çok uğradığı bir yoldur. Orada Molê Olkî Bayre vardı. Onların evinin yanında bir dut ağacı vardı. Baktım ki sadece o dut ağacı kalmış. Ev yıkılmış, bir poga dönüşmüştü. Molê Kılêş'in evi de yıkılmıştı. Şaşırdım. Donmuş kalmıştım. Hasan;'Şok mu oldun?' dedi.

Nûsaggilin konağı da yıkılmıştı. Mamî Tujıke, Alî Çawûş'un evi yıkılmıştı. Bazıları yıkılmıştı, bazıları betona dönüşmüştü, bazılarının içi boştu. Mamî Kurdık'ın evi yıkılmıştı, yıkıntılar vardı. Tüm bu görüntüler beni etkiledi. Mamî Kurdıkgil başka bir yerde ev yapmışlardı."

Duran Matur heyecanlanmasını ve şaşırmasını şuna bağlıyor: "Toprağa bağlılıktır. İç çekince 'Ax ax' derler ya. Kürtçe dilinde 'ax' toprak demektir. O kelimeyi o an anlıyorsun."

Firaz Baran ve Duran Matur (Dûranî Tule)

Duran Matur ile 11 Mayıs 2019 günü İsviçre'nin Basel kentinde söyleşi yaptım.

Daha sonra babasını anlatıyor Matur... Babası Tulo 93 yaşında Hakk'a yürüyor. "Belki de beni bekledi" diyor Matur. Babası 1993 ve 1999'da İsviçre'de kendisini ziyaret ediyor, bir nebze de olsa özlem gideriliyor. Ama insanın babasını köyde, ana toprağında görmesinin bir başka anlamı olduğunu o an anlıyor.

Sohbetin bu bölümünde Duran Matur'a annesini soruyorum. 60 yaşına yaklaşan bu adam o an duygulanıyor ve "Köye ilk gittiğimde annem hayatta değildi" diyor. 1995 yılında annesi İsviçre'ye geliyor, kızı Zeynep'in doğumunda yanlarında oluyor. "Anne ile son görüşmemizdi" diyen Matur, devamla duygularını şöyle dile getiriyor; "Onlar bizim için elinden geleni yaptılar. Mesela cezaevine ilk girdiğimde beni çocuk koğuşuna atacaklardı. Ben hır-gür çıkardım. 'Siyasetten geldim. Çocuk koğuşuna gitmem' dedim. Bir gece dışarıda bir yere bıraktılar. İkinci gün siyasilerin içine bıraktılar.

Babam yanıma geldi. Maraş'ın eski cezaevinde tel var, rahat konuşuyorsun. Babam konuşmuyor, ağlıyordu. Ben kendisine moral veriyordum. O zaman 45 gün içeride kalmıştım. 'Kısa sürecek. Çıkacağım. Yaptığım bir şey yok. Bir öğretmenin konuşmasından oldu' dedim. Ama babam ağladı. Akşam uyku gözüme girmedi. 'Ben bu adamı ağlattım' dedim. Cezaevinden çıkana kadar da bir türlü atlatamadım. Annem ayrı. İki-üç günde bir yanıma geldi. O 45 günde en az 15 defa yanıma geldi. Koğuştakilerin tamamı bayram yaptı. Çünkü yoğurdu, peyniri, yağı ne lazımsa onu getiriyordu. Onun için doğal bir sevgi... Anne, baba dediğimizde doğal bir sevgi oluşuyor. Onların sana verecekleri karşılıksız, en değerli şey sevgi oluyor."

Duran Matur, köye gittiğinde yaptığı ilk işin mezarlığa gitmek olduğunu söylüyor. "En acı veren tarafı oydu. Mezara gitmek zor oluyor. En ağır birkaç saati orada geçirip geliyorsun. Çünkü birçok tanıdığım, anılarını paylaştığın insanı bırakıp geliyorsun. İnsana ağır oluyor." diyor. Mezarlıkta Ziyareta Hisênî Kome'yi ziyaret ediyor ve niyaz oluyor. Ziyarette biriken çöpleri görünce üzülüyor ve çıplak ellerle onları toplayıp bir kenara indiriyor.

Duran Matur ile yaptığım bu görüşmede kendisini, beni ve dinleyen diğer tanıdıkları duygulandıran sözü şu oluyor; "Köye gittim. Her şey değişmişti ve annem yoktu... Eve girdiğimde annem yoktu. Anne olduğu zaman çok daha sıcak bir ortamda olacaksın. Mezarlara gidip döndükten sonra annemin Hakk'a yürüdüğünü kabul ettim..."

Duran Matur, mezarlığın dönüş yolunda ağlıyor. Ve kendisiyle birlikte eşi Hatice ve çocukları da ağlıyorlar. Daha sonra köydeki komşular, dostlar kendisini ziyaret ediyor ve başsağlığı diliyorlar. Duran Matur'a annesine dair bir anısını daha anlatmasını istiyorum. Onun korumacı özelliği üzerine yaşanan bir olayı anlatıyor; "Annem kafası çalışan, uyanık, görebilen bir insandı. Çevresini, akrabalarını korurdu. Mesela dayımın oğlu Hüseyin var. Gençliğinde onun bir silahı varmış. 12 Eylül'den önce ev basılıyor. Annem onun silahını kurtarıyor. Jandarmalar eve giriyor ve silahı arıyorlar. Hüseyin ve kızkardeşi Aşê (Aşkê Qame) evde. Jandarmaları görünce annem gidiyor. Aşê gözleriyle anneme silahını yerini işaret ediyor. Buğdayın olduğu bir dolabın üzerindeymiş. Annem hemen anlıyor. Vakit akşammış ve içerisi çok aydınlık da değil. Askerler yönünü değiştirince annem hemen silahı alıp peştamalına koyuyor. Dışarıya doğru gidiyor. Onların evinde merdiven sol taraftadır. Diğer yerler biraz yüksektir. 1 metre vardır. Geceleyin orayı bilmeyenler aşağı düşer. Annem dışarı çıkınca, 'Bu birşey götürdü' diyorlar. Annem merdivenden iniyor ve Madogilin evine doğru gidiyor. Orada bir dere var. Dereye ulaşınca silahı dereye atıyor. Askerler de onu takip edelim derken merdivenin yönünü bilmedikleri için şaşırıp aşağı düşüyorlar. Annem ondan yararlanıp mesafesini de açıyor. Madogilin sıfasına giriyor. Askerler 'Kadın nereye kaçtı' diyorlar."

ÇAXA WE BI XÊR PROGRAMI

2011 yılında Alevi televizyonu TV 10 açıldı.

Televizyon Türksat uydusu üzerinden yayın yapıyordu. 2012 yılında da Kürdçe yayına başladı.

Televizyonda yapılan ilk Kürdçe program "Çaxa We Bı Xêr" programı oldu. Bu program, Kürdçe'nin Kurmancî lehçesinin Berfıratê şivesiyle yapılıyordu. Bu şive Afrin'den Kırşehir'deki Kürt köylerine kadar geniş bir alanda konuşuluyor. "Çaxa We Bı Xêr" aynı zamanda bu şive ile yapılan ilk çokuluslu televizyon programıydı.

Programın sunuculuğunu Maxson köyünden Yıldız Filimci yaptı. Haftada bir yapılan programı Filimci 52 hafta boyunca sundu.

İlk haftalardan itibaren programa Pazarcık ve Elbistanlılar büyük ilgi gösterdi. İlk kez kendi şiveleriyle bir programı televizyonda izliyorlardı. Bu ilgiyi gören televizyon yönetimi diğer şehirlerin şiveleriyle de programlar yapmaya başladı. Koçgiri ve Kürecik şivesiyle yapılan iki ayrı program o yörelerin toplumunda heyecan yarattı. Yıldız Filimci programı neden yaptıklarını ve yarattığı etkiyi şöyle ifade ediyor; "*Kürd televizyonlarında Kürdçe yayın yapılıyordu. Fakat bizim şivemizi konuşanlar o yayın dilini anlamakta zorlanıyordu. Dolayısıyla direk kendilerine hitap eden, kendilerinin Kürdçesiyle programların yapılması gerekiyordu. Bir de bizim şivemiz büyük asimilasyona uğradı. O şivenin kurtarılması, tekrar gündeme getirilmesi için de bu programı yaptık.*

İnsanlar bu programda kendilerini buldu. Çok olumlu tepkiler aldık. Özellikle ülkede yaşayıp bu Kürdçeyi kullanan insanlardan... Hem Türkiye*'nin batısında, hem de bu Kürdçenin konuşulduğu bölgelerde program izleniyordu. Bizim şivemizle televizyon programı yapmak eşim Firaz Baran*'ın projesiydi. Kendisi bizim şivemiz ve Alevilik değerleri üzerine araştırmalar yapıyordu. Pazarcık isimli bir gazete çıkarmıştı ve kitap çalışmaları vardı. 52 hafta boyunca yaptığımız programlarda konu ve konukları da o hazırlıyordu.

Elbistan, Pazarcık, Afşin, Kürecik, Adıyaman ve Sarız'ın köylerini, ocak ailelerini, ziyaretleri ve sanatçıları tanıtıyorduk. Yine bu alanlardaki arkeolojik alanları, ekonomiyi ve göç gerçekliğini dile getiriyorduk. Bu programda Dêrsim*'in Kurmeş* köyünü de tanıtmıştık. Kurmeş*li misafirlerimizin konuşması beni çok şaşırtmıştı. Onların konuştuğu Kürdçe ile bizim konuştuğumuz Kürdçe tıpatıp aynıydı.*"

MUSTAFA FİLİMCİ

Kitabın "Aileler" bölümünü yazarken Mustafa Filimci'den büyük destek gördüm. Aileler ile tek tek görüşmeler yaptım ama herkes aile ağacını ancak üç veya dört kuşak geriye götürebiliyordu. Ondan ötesini ve aileler arasındaki bağlantıları kuramıyorlardı. Oysa Maxsonluların çoğu Maxsî'dir ve aynı kökten gelmektedir. İşte bu bağları ortaya çıkaran kişi Mustafa Filimci oldu. Bu nedenle zorlandığımız anlarda "Aileler" bölümü için ona çok danıştım. Köyün aile ağacını nasıl ortaya çıkardığına gelirsek...

Mustafa Filimci Mersin'de yaşıyor. O bir matbaacı. Filimci, tatil günlerinde köyü ziyaret ediyor. 2002-2007 yılları arasında köye her gelişinde yaşlılarla sohbet ediyor ve notlar alıyor. Amacı köyün aile ağacını çıkarmak...

Bu amaçla dedesi Hısêne Kawe, Tulo (Matur), Xımo (Manaz), kayınbabası Mamade Olakare ile konuşuyor. Ayrıca eniştesi Hasane Kule, Hacî Orıc, ağabeyi Hasane Mamtotke ve diğer köylülerden de bilgiler alıyor. Derlediği bilgilerle köyün Maxsî olduğunu, ailelerin çoğunun da Gollo ve Maço isimli iki kardeşin torunları olduğunu ortaya çıkarıyor. (Bu konudaki detaylar için kitabın "Aileler" bölümüne bakınız.)

Daha sonra toparladığı bilgileri İsviçre'de yaşayan yeğeni Doro'ya (Tahir Filimci) gönderiyor. Kendisinde olmayan ailelelerin bilgilerini de Doro tamamlıyor. Mustafa Filimci, yaptıkları bu çalışma üzerine şöyle diyor; "*Köyün aile hafızasını kurtarmaya çalıştım. O sohbetleri yapmasaydım aile ağaçları* üzerinde bu kadar detaylı bilgi ortaya çıkaramazdık. 1780 yılına kadar gidebildik. Bugün Tulo amca, dedem Hısêne Kawe ve *Xımo amca yok.*"

Yazılı kaynakları olmayan toplumlar için sözlü bilgiler çok önemlidir. Bir nevi böylesi toplumların tarihi hafızalarda kayıtlıdır. Mustafa Filimci köyün yaşlıları ile görüşerek hafızayı yazılı hale getirmiş oldu. Biz kitaba bu bilgilerin çok az bir kısmını aldık. Köyün aile ağacı iki metrelik bir kağıt üzerinde veya dijital olarak detaylı bir şekilde başka bir çalışma ile yayınlanmalıdır.

SONGÜL'ÜN MÜCADELESİ

1972 yılında saçları kıvır kıvır, gözleri büyük ve yüzü bembeyaz bir kız dünyaya geliyor. Annesi Basa Sur ve babası Çuke Olî Hasan çok mutlu oluyorlar. Adını "Songül" koyuyorlar.

Songül bir yaşına geldiğinde yürümeye ve kısa süre sonra da konuşmaya başlıyor. 2.5 yaşında iken oyuncak satıllarını eline alıyor ve annesine "Köyün ortasındaki çeşmeye gidip su getireceğim" diyor. Su almaya gidiyor. Oradaki kadınlar kendisini seviyor. O da satıllarını doldurup evin yolunu tutuyor.

O çocuk haliyle en çok çorbayı severmiş. Annesi o gün çorba yapıyor ama Songül yemiyor. Aynı akşam bir ara dört ayağı üzerine dolaşıyor. Annesi ve babası kendileriyle şaka yaptığını düşünüyorlar. Songül'e gülüyorlar. Songül yemek yemeden oracıkta uykuya dalıyor. Ve sabah... Annesi uyanıyor, bakıyor ki Songül ayakta duramıyor!

Neredeyse bütün vücudu, sağ tarafı, sırtı ve iki bacağı tutmuyor! Sene 1974... Doktora götürdükleri zaman Songül'ün menenjit geçirdiğini öğreniyorlar. Songül Filimci yaşadıklarını, annesinin emeklerini ve yürüyememenin yarattığı psikolojik etkiyi nasıl aştığını şöyle anlatıyor; "Başlangıçta hiç bir yerim tutmuyor. Annem beni yazın 45 derece sıcağında sürekli sıcak suya koyuyor ve vücudumu ovuyor. Ayrıca özel besleniyorum. Kemik suyunu kaynatıp bana veriyorlar. Babam beni Antep'e götürüyor. O zaman çok pahalı olan bir ayakkabı alıyor. Tüm bu çabalar sonucu yavaş yavaş kendime geliyorum. Önce kolum, sonra bacağım iyileşiyor. Ama desteksiz yürüyemiyorum. 17 yaşındayken ameliyat geçirdim. O zaman bir mucize gibi desteksiz yürümeye başladım. Ama bu uzun sürmedi. Annem bütün hayatını

Songül Filimci

bana adadı. Bir bebek gibi bana baktı. Halen yapıyor. Bana çok duygusal yaklaşıyordu. Anne yüreğidir... Çok üzülüyordu, çok acıyordu. Bana hep hassas davranıyordu.

30 yaşında çalışmaya başladım. İş hayatına atıldıktan sonra ben anneme destek olmaya başladım. İkimiz birbirimizin eli, ayağı olduk."

Songül Filimci[35], yaklaşık 20 yıl önce Narlı'da temizlik ürünleri satan bir işyeri açıyor. Halen Narlı ve çevresindeki köylere bu hizmeti ulaştırıyor. O günden bugüne haftanın altı günü çalışıyor.

İlk gençlik yıllarına dönünce, bugünü bir başarı olarak değerlendiriyor. Songül Filimci, 14-15 yaşlarında içine kapandığını ve evde sorunlar yarattığını ama bunu aldığı psikolojik destekle aştığını dile getiriyor; "Genç bir kız. 14, 15, 16'lı yaşlarda... İçe kapandım. Dışarı çıkmıyordum ve sorun yaratıyordum. O zaman teyzemin oğlu Ali Matur, dayımın oğlu Cahit Manaz, halamın oğlu Nesimi ve Kemal abim güçlenmem için benimle özel ilgilendiler. Sürekli benimli sohbet ettiler. Onların verdiği güçle hayata tutundum, mücadeleci bir ruhum oldu. Ondan sonra hiç bir zaman pes etmedim."

Songül Filimci henüz daha çocuktur... Birgün annesi kuyuya su almaya gidiyor. O sırada çocuklar Hasanî Îske'nin toprak evinin üzerinde, saman çuvallarının üzerinde hoplayarak oynuyorlar. Annesi Songül'ü çocukların yanına götürüyor ve su almaya gidiyor.

Dönerken damın üstüne bakınca şok geçiriyor. Bakıyor ki Songül ayağa kalkmış ve gülen gözlerle çocuklara bakıyor. Çocukların içinde mutluluktan ani bir refleks gösteriyor ve ayakta duruyor. Bu an kısa sürüyor ve bacakları tutmadığı için Songül tekrar düşüyor. Songül orada düştü ama hayata karşı ezilmedi. Her koşul altında dirençli oldu, pes etmedi ve hayata bardağın dolu tarafından baktı.

---

35 Songül Filimci baldızımdır. Köyde yaşıyor ve Narlı kasabasında çalışıyor. Songül de bu çalışmada bana çok katkı sundu. Bilmediğim konularda sürekli kendisini aradım. O da varsa bildiği aktardı, bilmediklerini kaynanama veya köyün diğer yaşlılarına sorarak bana aktardı. Bu nedenle bu çabasından ötürü kendisine teşekkür ediyorum.

MÜLAKAT

Avrupa'daki Maxsonlu aileler genelde Basel, Stuttgart, Friedrichshafen ve Alzey'de yaşıyor. Hasan Günüç36 bu konuda şanssız. O Nürnberg kentine yakın Weissenburg kasabasında oturuyor. Etrafında Maxsonlu aileler yok. Ama kaldığı kasabada Elbistan ve Pazarcık'tan gelen aileler az değil.

Hasan Günüç 1966 senesinde köyde doğuyor. Narlı'da ortaokulu, Maraş'ta liseyi, Kırşehir'de de öğretmen okulunu bitiriyor. Ama öğretmenlik yapmıyor. Okulu bitirince sınava giriyor. 30 bin kişinin içinde ilk dokuz kişinin içine giriyor. Ancak mülakatta bir öğretmen kendisini din dersinden bırakıyor. Günüç ortaokulda seçmeli olduğu için din dersine girmiyor. Mülakat gününü şöyle anlatıyor; "Yasal olarak o hakkı olmamasına rağmen mülakatı yapan kişi 'Sen Müslümanlığa karşısın' demeye getirdi ve tercih hakkını bırakmaktan yana kullandı. O bırakınca benim hakkım öldü."

Bu yazılması gerekli bir hikaye... Çünkü, 6 yaşından itibaren kuzulara güden, yazları çobanlık yapıp kışları okula giden Hasan Günüç'ün onca yıllık emeği bir öğretmenin iki dudağı arasında bir cümle ile yok olabiliyor. Sadece Türkiye'de değil, dünyanın birçok ülkesinde yaşanan bu mülakat problemi hakkında öğrenciye daha fazla yasal hak tanınmalıdır. Keyfi tutumlara, mahalle baskısına, egemen din ve etnik bakıç açısına karşı yasal koruma kalkanı olmak zorundadır.

Hasan şöyle anlatıyor okul yıllarını; "İlkokuldan sonra Narlı'da ortaokula gidiyordum. Cuma günü köye geliyordum. Köye gelir gelmez babam beni davarın önüne gönderiyordu. Pazar günü akşam saat 10'a kadar davara gidiyordum. Gelir gelmez hemen yatıyordum.

---

36 Hasan Günüç (Hasanî Bayrike) ile 2019 Mayıs ayında Almanya'nın Weissenburg kentinde görüştüm. Günüçten ailesi ve inançla ilgili de bilgiler aldım. O konulardaki bilgiler de ilgili bölümlerde yer almaktadır.

Sabah saat 4'te kalkıyordum, yaya Narlı'ya okula gidiyordum. Hafta içi Narlı'da ablam gilde kalıyordum. Hafta sonu yine yaya geliyordum. Okul bitene kadar bu rutin böyle sürdü."

Yüksek bir puanla sınavı geçmesine rağmen mülakatta öğretmenlik yapma hakkı elinden alınınca Hasan 1988 senesinde Almanya'ya geliyor. 4 yıla yakın bir hastanede çalışıyor. Hastane mutfaklarına yiyecek ve ilaç taşıyor. Ardından üç yıl da inşaatta çalışıyor. Daha sonra bir aliminyum fabrikasında iş buluyor ve inşaattaki işini bırakarak fabrikada iş başı yapıyor. Biz görüştüğümüz sırada bu fabrikadaki işi 22 yılını geride bırakmıştı. Bu fabrikanın işinin bir dezavantajı var. Hasan; "Ellerim alerjiden hep yara oluyor."diyor. Evli olan Hasan Günüç'ün eşi Pazarcıklı ve Cimikanlı köyünden.

Babamın Teyzesinin Hikayesi

Hasan ile ailesi hakkında da konuşuyoruz. Babasının teyzesi Donkê Olî Bayre'nin öykүsünü anlatıyor. Donê, 1930'larda Fanfas tarafında evleniyor. Eşi komşusuyla dost oluyor. Donê bunu fark ediyor ve kadının yanına giderek "Benim yuvamı yıkma" diyor. Kadın adamı dolduruşa getiriyor ve adam gelip Donê'yi öldürüyor.

Büyük Nenem Zaynê'nin Hikayesi

Maxson köyünde Manay soyadlı aileler Molê Hemkî Zaynıke ve Molê Olkî Zaynıke'dir. Zaynê, Hasan Günüç'ün anne ve babasının da nenesidir.

Anlattığına göre, Maxsonlular birgün Sarız tarafına göç kaldırıyorlar. Tavla köyünün yanından geçerken Zaynê isimli bir kız kendini göçün önüne atıyor. "Ya beni öldürün ya da kendinizle götürün." diyor. Kendileriyle getiriyorlar ve sonraki yıllarda Bayra Qır ile Zaynê evleniyor. Hasan, "Zaynê, bizim sülalede yani Bayra Qıron'larda Zaynaw ismiyle anılan ailelerin nenesidir." diyor.

Babamın Köpekle Kavgası

Maxsonlular ile sohbet edilir de komik olaylar anlatılmaz mı? Hasan da babasının yaşadığı bir olayı anlatıyor gülerek. Buna göre, babası Bayrıkî Döşke koyunları dağa götürüyor. Yanında 10-11 yaşlarında bir Dojo da varmış. Dojo küçük çoban demektir. Ziyaretê Totkon'un yanına geliyorlar. Büyük bir kuduz köpek orada Hasan'ın babasına saldırıyor. Dojo korkuyor ve kaçıyor. Devamını şöyle anlatıyor; "Babam köpekle tek başına kalıyor. Artık boğuşuyorlar. Can havliyle köpeği boğuyor. Onun için köyde şakayla 'Nêzîka won mawın. E wa bıfatısînın/Bunlara yaklaşmayın. Sizi boğarlar' diyorlar. Küçüktüm, hatırlıyorum. Babam 40 gün üstüste hastaneye gidiyordu. Aşı yapıyordu ve yaralarını tedavi ediyordu. Köpeğin saldırısı sonucunda vücudunda yaralar oluşmuştu."

Sohbetimizin bir konusu da atlar oldu. Kardeşi Mısto'nun atları çok sevdiğini söyleyen Hasan, "Mısto güzel at sürerdi. Elbiselerini yırtıyor ve 'Ben kovboyum' diyordu." diye, anlatıyor.

Hasan'ın unutamadığı bir at da dayısı Hema Qır'ın güneşte parıl parlayan siyah atı... "Çok güzel bir attı" diyen Hasan, atın başına gelenleri şöyle anlatıyor; "Biz sonbaharda atları bırakırız. Dolaşmaları, yayılmaları için. Yine 4-5 at bırakmışlar. Bu at bir pamuk tarlasına giriyor. Tarlanın sahibi de silahla ayağından vuruyor. O at öyle mırdar oldu. Ayağından vurulunca artık bir işe yaramadı."

Söz Hema Qır'dan açılınca Hasan duygulanıyor "Üst üste kayıplar verdik" diyor. Anlattığına göre, 2017 senesinde önce dayısı Hema Qır Hakk'a yürüyor. Kendisi Almanya'dan köye gidiyor ve dayısının ailesini ziyaret ediyor. Bir hafta geçmeden bu defa babasını kaybediyor. Babasını toprağa sırlıyorlar ve tekrar Almanya'ya geliyor. Bu defa da Basê halasının oğlu Kemal yaşamını yitiriyor. "Bir ayda üç cenaze kaldırdık. Kemal'inki zordu" deyince ikimiz de duygulandık ve söyleşiye ara verdim.

Olkî Îske'nin düğününden bir kare.

Olkî Îske korku tutan Basko Döşke'nin oğludur. Almanya'nın Stuttgart kentinde yaşıyor.

Geçmişte düğünlerimiz sadece davul-zurna ile yapılıyordu. Dil (Gıroni, Sinamili), Aşê Îwe, Sê Gov, Sarxoş, Makame Bûke, Sıng Sıng, Tura, Makame Hıne gibi oyunlar oynanırdı. Günümüz düğünlerinde artık bu oyunların çoğu oynanmıyor. Geçmişte gelen misafirler davul-zurna ile karşılanır ve makame bûke çalınırdı. Orkestra kültürü ve göç sonrası yok olan bu oyunlarımız üzerine yazılı ve görsel çalışmalar yapılmalıdır.

SANATÇILAR

KARRÎ BOLLE

1945 yılında Maxson köyünde doğan Karrî Bolle Pazarcık'ın tanınmış ozanlarındandır. 2010 yılı Şubat ayında ağır bir felç geçiren sanatçı, başka bir Şubat ayında, 15 Şubat 2017'de Almanya'nın Vilingen-Schweningen kentinde Hakk'a yürüdü. 8 Kasım 2010 günü kendisini ziyaret etmiştim. Ayağa kalkmış ve kendini toparlamaya çalışıyordu. O görüşmede Karro ağabeye hayat hikayesini sordum. Kendi ağzından Karrî Bolle'nin anıları, Pazarcık üzerine düşünceleri ve iki eseri şöyle:

"Maxson köyünde doğdum. Bizim eve Molê Haskî Karre derler. Babamın adı Hasan'dır ama herkes Bollo olarak bilir. Bollo ismini Mıstke Şekır koymuş. Yaylada Molê Şekır ile içiçeydik. Yaylada birlikte kalırdık. Babam komedyendi. Bu yönü Pazarcık'ta ünlüdür. Aynı zamanda taklitçiydi. Babam Olî Qute'nin yanında büyümüştü. Onun taklidini yapardı. Bilenler, görenler düğünlerde ısrar ederlerdi. 8 Ekim 2009'da, 84 yaşında yaşamını yitirdi. Ben sazı babamdan öğrendim. Ufak bir curası vardı. O curayı üvey dayım Xalke Molê Momke yapmıştı. Babam da davar bağırsaklarından müthiş perde yapar ve güzel de bağlardı. Ben sazı öğrenirken hep bozuyordum. O da bana kızıyordu. 'Sen sazı bozuyorsun' diyordu ama 'İllahi öğreneceğim' diyordum. O zaman 5-6 yaşında ya vardım ya yoktum. Yani kendimi bildim bileli çalarım."

Mayrık Ağıdı

"Çawırme (Kurtdere) köyünden olan Mayrık öldüğü zaman biz faror götürüyorduk. Durup ağıtları dinledik. Ben de bir ara Terolardan birini sevdim. Mayrıko Mame Huse derlerdi. Yani onun da adı

Mayre idi. Onun Canê isimli bir kızkardeşi vardı. Canê Maraş'taki hastanede kanserden öldü. Ben o zaman bir ağıt yaktım ve bu ağıtta Canê ismi yerine Mayrê ismini kullandım. Ağıdı Mayrê anladı. Kızkardeşi üzerine ağıt yaktığımı, üzüldüğümü gördü. O dönemin sevdaları öyleydi. Açık açık konuşamazdık. Ben de sevdiğim kadının kızkardeşinin ölümünü bu duygularla dile getirdim. Benim söylediğim Mayrık ayrı, Kurtdere köyünden olan Mayrık üzerine yakılan ağıt ayrıdır. İkisinin sözleri, müziği, hikayesi farklıdır.

Terolarlı Canê üzerine yaktığım ve Mayrık ismini verdiğim ağıt şöyledir;

Nom kı çımo qadırê mın û Mayrıke raşa
Molno warın Mayrıkê mınê xun vadaraşa
Loo loo dıno rekê Qısık mara
Mayrık dınê la xastaxono Maraşa

Çûm kı k'az Mayrık dınê xa bıwînım
Ka bojor wo bojor bıgarînım
Hala mo az tu darmonî vero nowînım
Lê Mayrık dınê

Domowasta davî kune
Azê wa qurbono Mayrık dıne
Molno e da bên kı Mayrık mîre
Warkam harına şune

La sar bîre la sar bîre
Ov hılkışon wa zîncîre
Ja Maroşe xaworak hot
E da bên kı Mayrık mîre

Benim gençken sevdiğim Mayrık bugün Antep'te yaşıyor. Mayrê ile yanyana gelip konuşmamız da olmadı. Kuru kuruya bir sevdaydı benimki. Uzun zamanlı bir sevgi olmadı. Daha sonra Nurşani bu şarkıyı kasetinde okudu ve çok tanınan bir eser oldu. Nurşani bana 'Senin şarkından aldım' dedi. Nurşani birgün Vilingen'e konsere geldi. İnsanlar, Mayrık'ı söylemesini rica etti. Beni göstererek; 'Hayır. Mayrık'ın sahibi burada' dedi."

Pazarcıklı Dengbêjler

"Ozke Molê Küçükkahya, Hacî Şıxke Kele ve Salmone Adûl bizim dengbêjlerimizdi. Ancak Kureyşî gibi bir dengbêj görmedim. O, memleketin hazinesiydi. Bir deryaydı, tüketemezdin. Üç gün üç gece söylese bitmezdi. Ben onu gördüm. Neneme 'Zînê Zînê kimse yok mu bana yardım etsin?' diyordu. Kimsesiz biriydi. Biraz sıkıntı yaşamıştı. Çok şarkısını dinledim. Onun gibisini görmedim. Ben onun yarısı olamam. Ahmedê Zulîfe, Kulıke Sılemên gibi destanları söylerdi. Aşê Îwe'ye gelince... Onu Çaqalon köyünden Şakîr çok güzel söylerdi. Mıstî Xone de söylerdi. Aşê Îwe, sevdiğine değil bir ağaya veriliyor. Onun üzerine sevdiği genç o klamı yakıyor. Kürdçe söylediğim için profesyonel olarak müzik yapmadık. Taş plak veya kaset çıkarmadık. Kürdçe sahipsizdi. İstanbul'a gidip 'Kürdçe plak basmak istiyorum' desen seni kapı dışarı ederlerdi. Ben de ürker gitmezdim. 'Kürdçe bana müsaade verilmiyorsa gidip Türkçe plak çıkarmam' dedim. O tavır beni rahatsız ediyordu.

Pazarcıklı sanatçı arkadaşlar Kürdçe söylemeli. Pazarcık halkının karşısına çıkıp Türkçe söylemek halkı tatmin etmez. Halkın diliyle söylerse zaten daha çok sevilir. Bazı arkadaşlar Türkçe türkü okuyor. Biz şarkı yaparken kime yapıyoruz? Halka. Mesela ben Türk arkadaşlarımın doğum günlerine gidiyorum. Türkçe söylüyorum. Ama Pazarcıklılara kesinlikle Türkçe söylemem.

Gurbet geçmişte kötüydü. Bugün gidiş-gelişler, iletişim çok. İnsanlarımız hep gelip beni götürürdü. Dinleyicilerle bitmez-tükenmez anılarım oldu. Unutamadığım bir anı Elbistanlı Saydo isimli bir arkadaş üzerinedir. 1980'den sonraydı. Onlar Frankfurt'ta oturuyordu.

Birgün eşi hastalanıyor. Vilingen-Schweningen'e yanıma geldi. 'Eşim hasta. Gurbetteyiz. Bir sese hasretiz. Bana bir kaset doldur. Götüreyim, eşim dinlesin. Mutlu olsun.' dedi. Şarkıları söyledim, kaseti doldurdu. Yalnız bir sorun vardı. Bizim şarkılar aşk şarkısı da olsa dert akıyor. Eşi kaseti dinleyince daha çok kederleniyor, memleket özlemi daha çok yükseliyor. Saydo yanıma geldiğine pişman oluyor. 'Darde haşon, niye bu kaseti kaydettim?' diyor."

"Yayladaki anılarımı unutamıyorum. 'Azî la moyîna ko sur da garım' adlı bir şarkım var. Orada yaylanın hikayesi var. Henüz 7-8 yaşlarındaydım. Yaylada koyun sağmaya (bêrî) gittik. Gelirken satılı düşürdüm ve süt döküldü. Xacıko Molê Kawe var, halamın kızı. Herkesin sütünden biraz aldı ve satılımı doldurup elime verdi. Paçayı öyle kurtardık. Yoksa belki dayak yerdik. Husene Tûme Almanya'ya gelmişti. İzne gelirken kendisiyle bir teyp getirmişti. O, Mame Ûndegilin eniştesiydi. Bana saz getirdiler, şarkı söyledik. Husene Tûme de kasete aldı. O gün çok güzel şarkılar söylemiştim. Şimdi o kasetimi çok arıyorum. Olsa dinlemek isterim. Husene Tume yaşamını yitirdi. Uzun yıllar önceydi. Çocuklarında o kaset varsa ve bana ulaştırırlarsa çok sevinirim. İzci Sımke Alçolo da unutmadığım insanlardandır. Sanırım Çoşmonon köyündendi. Hırsızları izliyor ve buluyordu. Birgün 'Sımo amca izleri nasıl buluyorsun?' dedim. 'Ê la pêş çove mı kask da bın/Gözlerimin önünde yeşil oluyorlar.' dedi."

Kısa Hayat Hikayem

"1 Nisan 1945'te Maxson'da doğdum. 11 Temmuz 1971'de Avusturya'ya geldik. Olî Hasane Gûle isimli bir arkadaş bize yardımcı oldu. 28 Ekim 1972'de Schweningen'e geldim ve o günden bu yana da buradayım. 8 Şubat 2010'da felç geçirdim. Ama buna şükür kendimi biraz toparladım. Tabi eski halim yok. Tansiyon ve kan inceltme habı alıyorum. Sigara ve içki içmiyorum. Temiz havada dolaşıyorum. Kendimi toparlamaya çalışıyorum. Kötü tarafı saz çalamıyorum. O gücüm şu anda yok. Sazı aylar sonra ilk kez bugün elime alıyorum. Sen geleceksin diye dünden bu yana elimi alıştırıyorum."

Lowo

Söz-Müzik: Karrî Bolle

Çama çama molno çama
Bardo tarım bondakama
Dastî xa da dastî mı da
Aze ta wa xaro bama

Çamo çamî heşîno
Lê da çerî paze meşîno
Az da naqawê gund katım
Paz kırına bêyre da doşıno

Molê ma molê wa wêdo
Çûm kı rındaka mınê têdo
Mo dokê ta tu wa mı do
Çı yî mı haya mıne pêdo

Firaz Baran'ın Notu: İki Ayrı Mayrık Var

Pazarcık'ta iki ayrı Mayrık üzerine ağıt yakıldı.

Biri Çawırme köyünden olan Mayrık'tır. Bu Mayrık 30 yaşında, 15 Temmuz 1963'te Engizek'te Hakk'a gidiyor. Halası Nannê iki ay ağıt yakıyor. Bu ağıdı derledim ve 2019 yılında kitap olarak yayınladım. 50 kıta derledim. Biraz daha çalışma yapılsa daha fazla kıta çıkacağını tahmin ediyorum. Nannê ağıdı yakıyor, Hacî Şixkî Kele de halk arasında söylüyor. Böylece dinleyen herkesi etkiliyor ve yörede tanınan bir ağıt haline geliyor.

Mayrık'ın halası Nannê...
Mayrık ağıdını yakan kadın...

İkinci Mayrık ise Karrî Bolle'nin yukarıda anlattığı hikayedir. Aslında ölen kızın adı Canê'dir ama sanatçı hem sevdiğini hem de yaylada tanık olduğu Mayrık'ı anmak için ağıda Mayrık ismini veriyor. Bu ağıt ile 1963'te ölen Mayrık üzerine söylenen ağıdın sözleri ve müziği ayrıdır.

Pazarcık'ın tanınmış ozanlarından Karrî Bolle ile 2010 yılında Vilingen-Schwe-ningen'deki evinde görüştüm. 6 ay önce ağır bir rahatsızlık geçirmiş ve felç olmuştu. Ben gittiğimde yeni yeni yürümeye başlamıştı. Hatta, "Sen geleceksin diye dün ilk kez sazı elime aldım. Alıştırma yaptım" demişti. Fotatop ve Bollo'nun oğlu olan Karro abinin ocak torunu olduğunu o gün yaptığımız sohbette öğrenmiştim.

Karro Abi'nin hayatını ve Mayrık şarkısını Pazarcık isimli kitabımda de yayınladım. Kendisini hürmetle anıyorum.

2019'da yayınlanan Mayrık isimli kitabım. Kitapta Kurtdereli Mayrık üzerine halası Nannê'nin yaktığı ağıt ve Mayrık'ın hikayesi yer almaktadır. Bu uzun ağıdı günümüzde çok az kadın biliyor. Bunlardan biri Mayrê Molê Mamî Karre. Mayrê abla ile günlerce süren söyleşiler yaptım ve kendisine kitabın kapağında yer verdim. Bu ağıdı hafızasında taşıması ve bugüne getirmesi kültürümüze önemli bir katkıdır. Çünkü günümüzde kullanılmayan çok sayıda kelime ve deyim ağıtta yer almaktadır.

ALİ İKİZER

Ali İkizer, Avrupa'daki Kürd müzik dünyasının en tanınan müzisyenlerinden biridir. 30 yıldır onu bağlamasıyla sanatçılara eşlik ederken görüyoruz. Ancak dinleyici veya izleyici olarak onu yakından tanımıyoruz. Onun hikayesini dinlemek, müzik yolculuğunu konuşmak istiyorum. Kendisi ile yaşadığı şehirde, Almanya'nın Köln kentinde bir araya geliyoruz.

Sohbete başlayınca öğreniyorum ki onun müzik yolculuğu o doğmadan çok önce başlıyor. Ali İkizer, müzikle içiçe olan bir aile ortamında büyüyor. Babası Bollo rızba ve çoban kavalı çalıyor, dayısı Xala Qır da rızba yapıyor. Ağabeyi Karre Bolle ise Pazarcık yöresinde tanınan bir ozan. Maxson (Maksutuşağı) köyünden olan Ali İkizer, babası, dayısı ve ağabeyini şöyle anlatıyor;

"Dayım Xala Qır uzun yıllar rızba yapıyor. Pazarcık'da birçok pir ve zakir onun yaptığı rızbalarla cem bağlıyor. 2004 senesinde Hakk'a yürüdü. Rızbanın Aleviler'de farklı bir yeri var. Bize ait bir saz. Ona şimdi 'Dede Sazı' ya da 'Üç Telli' diyorlar. Ama biz rızba deriz. Curadan biraz büyük, çöğür dediğimiz sazdan bir küçük, şelpe ile çalınan bir sazdır. Eskiden bu sazı genelde dedeler çalardı. Tatlı bir çalışı var. Ben küçükken onları gördüğümde çok özeniyordum. Babamın da bir rızbası vardı. O da çalardı. Babam ayrıca çoban kavalı dediğimiz dilsiz kavalı da çalardı. Uzun ve demirden bir kavalı vardı ama kalp rahatsızlığı nedeniyle yıllarca çalmadı. O yüzden pas tuttu. Ağabeyim Karro ise yanık sesli ve uzun eserler üreten bir ozandı. Kürtçe söylerdi. Evlerde doldurduğu kasetleri çok dinlenirdi. Maalesef üçünü de kaybettik. Dayım 2004, babam 2009 ve Karro ağabeyim 2017 yılında yaşamını yitirdi."

Ali İkizer'in hikayesine gelirsek... O Kürd dünyasında tanınan bir müzisyendir. Ustası olduğu enstürman bağlamadır. Çoğunlukla sanatçı Diyar ile birlikte sahneye çıkan İkizer, Xelîl Xemgîn'den Şivan Perwer'e kadar onlarca sanatçıya da sahnede eşlik etti. İkizer, 1971 senesinde Maxson köyünde doğuyor. 1988'de 17 yaşındayken İsviçre'ye geliyor. Üç sene İsviçre'de kaldıktan sonra 1991 yılında Almanya'nın Köln şehrine yerleşiyor. O günden bu yana da burada yaşıyor.

Müzik Yolculuğu

Ali İkizer 10 yaşına geldiğinde hem okula gidiyor hem kuzuları yayıyor. Arta kalan zamanlarında komşusu Hısênê Huse'nin yanında bağlama çalmasını öğreniyor.

Saza ilgili olduğunu gören ailesi ona bir cura alıyor. Böylelikle müziğe olan isteği her geçen gün artıyor. Sonra elektro bağlamaya heves ediyor. Ağabeyi Karre Bolle Almanya'dan izine geldiğinde Maraş'ta İkizer'e elektro bağlama alıyor. Sazı anfiye bağlayarak çalması onu etkiliyor. Çaldıkça çalıyor ve bütün köye dinletiyor! Zaman zaman köyde yapılan eğlencelerde elektro bağlamayla şarkılar söylüyor.

1988 yılında İsviçre'ye gelen Ali İkizer, gelir gelmez bir halk oyunları ekibine katılıyor ve üç yıl Kürd halk danslarını icra ediyor.

1989 yılında ise artık sazıyla sahnede yer alıyor. O yıl Mardinli sanatçı Qadrî Zana'ya sahnede bağlamasıyla eşlik ediyor. İkizer; "Qadrî Zana'nın eşi Maraşlı. İlk olarak onunla sahneye çıktım. Sahneye çıkmamda, kendimi geliştirmemde onun rolü var. Üzerimde emeği var" diyor.

Sonra Almanya'ya yerleşen Ali İkizer, burada ise Sosin'dan Ciwan Haco'ya kadar bütün Kürt sanatçılara sahnede bağlamasıyla eşlik ediyor. Ancak önce de yazdığımız gibi daha çok Diyar ile birlikte sahne alıyor.

2000 yılından itibaren birçok kaset ve CD'de bağlama çalan İkizer, bu konuda şu bilgileri veriyor; "Diyar, Xelîl Xemgîn, Seyîdxan, Sosin, Binevş Narin, Aydın gibi sanatçılarımızın albümlerinde bağlama çaldım. Hasan Yıldız'ın ikinci albümü ile Ahmet'in son albümünün de yönetmenliğini yaptım."

Ülkedeki Konserler Beni Çok Etkiledi

Sanatçı Diyar ile birlikte başta Orta Avrupa ülkeleri olmak üzere İskandinavya, Balkanlar, Amerika Birleşik Devletleri, Kanada, Irak, Suriye, Lübnan, Rusya, Ermenistan, Kazakistan ve Sibirya'da konserlere giden Ali İkizer, 2004 yılında ülkede yaptıkları konserleri unutamadığını anlatıyor. Şöyle diyor;

"Bu yıllar boyunca en çok hoşuma giden konserler İstanbul'dan Hakkari'ye kadar yaptığımız konserler oldu. 2004 yılında turneye çıktık ve 17 ayrı şehirde mükemmel konserlerimiz gerçekleşti.

Bingöl, Adıyaman ve Hakkari'de stadyumlarda sahne aldık. 30 bin kişi geliyordu. İzdiham oluyordu. Diyar da, ben de 1988'de Avrupa'ya geldik ve 16 yıl sonra ülkeye döndük. O konserler, o sevgi bizim için büyük bir hediye oldu. Konser verdiğimizde izdiham oluşuyordu. 'Gûlê Neçe' albümü yeni çıkmıştı. Doğup büyüdüğüm yöreye ait olan 'Sawê' şarkısı da o albümdeydi. O eseri ben derlemiştim.

İstanbul Harbiye Açık Hava Tiyatrosu'nda konser verdik. Doluydu. Bursa'da açıkhava tiyatrosunda konser verdik. Altınoluk, İzmir, Antalya, Adana, Pazarcık, Adıyaman, Urfa, Amed, Malatya, Hakkari, Şırnak, Bingöl, Karakoçan, Elazığ, Muş, Van, Ağrı, Yüksekova ve Cizre'de konserler verdik. Yüksekova konseri unutulmazdı. Öyle bir izdiham görmedim."

Ali İkizer o yıl Diyar ile birlikte kendi köyü Maxson'u da ziyaret eder. Bu defa kendi köyünde Diyar ile birlikte sahne alır ve Sawê'yi yerinde, Maxson köyünde okurlar. İkizer, "İnsan dünyayı dolaşsa da kendi doğup büyüdüğü köyü ayrıymış. Biz de çok sevindik, köylülerimiz de" diyor, o günü anlatırken.

BERFIRATÊ ŞİVESİ İLE ESERLER

Bütün diller gibi Kürt dili de çok sayıda şiveye sahiptir. Her şive kendine has özellikleri ile güzeldir. Yarattıkları kelime, deyim, bilmece, atasözü, ağıt, ninni ve destanlarla ana dili kocaman bir okyanusa dönüştürürler.

Fırat'ın batısında yaşayan Kürtler kendilerine özgü bir şiveye sahiptirler ve bu şiveye "Kurmanciya Berfıratê" deniyor. Bu şiveyi Efrin, Pazarcık, Elbistan, Malatya, Adıyaman, Konya, Kırşehir, Yozgat ve Çorum Kürtleri konuşuyor.

Milyonlarca insanın konuştuğu şive kendi sanatsal ürünlerini de vermiştir. Dengbêjlerle Aşê Îwe'de temsilini bulup destan olup gelmiş, Mayrık veya Husna ile ağıtlaşmış, annelerin dilinde lorîleşmiştir.

Maxson köyünde Olî Cime gibi dengbêj ve çîrokbêjler eski destan ve masalları 20. yüzyılda yaşatırken, 1960 sonrası aynı köyden çıkan ozanlar bu şive ile iki yüzün üzerinde şarkı yazıp bestelemişlerdir. Hasane Îske ve Karre Bolle bu ozanlardan en çok tanınanlarıdır. Onların dışında Alî Îke, Ali Matur, Hüseyin Mendeş, Bülent Kenan, Hasan Yırtlaz, Ahmet Dillice, Mahmut Filimci, Mamado Filimci, İlhan Manaz gibi isimler de bu şive ile şarkı sözü yazmış, besteler veya derlemeler yapmış veya seslendirmişlerdir.

Hüseyin Mendeş modern bir saund ile bir albüm çıkarmış, albüme yöre şivesiyle söylenen eserleri almıştır. Ali Matur bir albüm çıkarmış, albümde yöre şivesi yanında Türkçe eserlere de yer vermiştir.

Köyde, 90 kuşağı içinde kaset yapan ilk sanatçı ise Bülent Kenan'dır. Bülent ilk albümünde ve yaklaşık 20 yıl yöre şivesini değil okul kürtçesini esas almıştır. Ancak son birkaç yıldır yöre şivesiyle eserler seslendirmeye başlamıştır.

Maxson köyü Ali İkizer gibi önemli bir müzisyen de çıkarmıştır. Uzun yıllardır Almanya'da yaşayan İkizer başta Diyar olmak üzere tanınmış bütün Kürt sanatçılarla sahne almış, sayısız albüme bağlamasıyla eşlik etmiş ve birçok CD'nin de aranjörlüğünü üstlenmiştir.

Bu arada, Maxson köyünde Kurmanciya Berfiratê şivesi ile yazılan şiirler kitaplara da konu oldu. Ali Matur, Ahmet Dillice ve Mahmut Filimci dörtlüklü şiir yazan Maxsonlular... Üçü de geçtiğimiz yıllarda şiir kitapları yayınladılar ve bu kitaplarda yöre şivesiyle yazdıkları şiirlere de yer verdiler. Şimdi bu şairleri ve kitaplarını tanıyalım...

Mahmut Filimci

Mahmut Filimci amatör olarak saz çalıyor ve dörtlüklü şiirler yazıyor. Birçok bestesi de olan Filimci, 2019 yılı içinde bir şiir kitabı yayınladı. "Umutlarım Ağıtlarım" isimli kitap iki dilli. Ağırlıkta Türkçe şiirlerin yer aldığı kitapta, yöre şivesiyle yazılmış on iki şiir bulunuyor.

Mahmut Filimci 40 yıldır İsviçre Basel'de yaşıyor. Buna rağmen yöre şivesiyle şiir yazdığı zaman, mekan ve temalar yaylalarımız ve kendi köyü oluyor. Yani yöre şivesiyle kendisini ancak o mekan ve temada ifadeye kavuşturabiliyor. Örneğin "Wax La Min" isimli şiirinde şöyle sesleniyor:

Wa qurbana halqê çovon
Mîno stewrıkon û hîvon
Waxto yoyle çê rınd bû
Tê bêrîcî azî wa şıvon (Sy. 96)

Xacê isimli şiirinde de bunun izlerini görüyoruz. Rhein Nehri'nin kenarında yaşamasına rağmen o sevdiğine Aksu Irmağı ile güzellemeler yapıyor:

Çamî Oxse î wa gazıka
Coke barva mın mezıka

Azî nıxwoşî halakım
Mırıno mın hot ê nêzîka

Filimci'nin nakaratları da dikkat çekici. Zînê isimli şiirinde şu örnekle karşılaşıyoruz:

Molo xay la orjêr molon
Ê rûnîşte la suyê talon
Rınd la hardarake hana
Tê xoydaka mîno gûlon

Lê lê Zînê Zînê Zînê
Tu sabobo conî mınê (Sy. 100)

Mahmut Filimci'nin tanınmış bir şarkısı var. "Kaçko Maxson" isimli şarkı son yıllarda yaşanmış gerçek bir olaya dayanıyor. 2006 yılında yazılan eserin sözleri şöyle (Sy. 90-91):

Kaçka Maxson

Söz-Müzik: Mahmut Filimci

Av sawdoyî ta çı bılında
Kı da garı gund wa gunda
Kî da bêçı mıno bıwê
Lê yorım tê pırê rında

Nakarat
Hara lê lê şorp la yonê
Kaçık tu rındo Maxsonê
Çove dokê ta wa daren
Kı tu nadona Soflonê

Dıle ta yî çıza çıza
Bûye ora bûye koza

Gundî Maxson î xırowa
Gotene kı tê bılmaza

Çımo tu war moye naçor
Sawo savde omre xwa xor
De û bove ta bımırın
Ta sawo çı oxı vaxor

La ve dunye tı ro nadî
Ta hazkır ta balo xa dî
Gundî Maxson gıştık mîre
Çımo tu moye vê xodî

Gûl wandokır we bılbile
E bımırı wa we kule
Mo la boqê ta bımırı
Gencî Molê Huskî Çule

Sedaya Opî Qam

Mahmut Filimci kitabında kayınbabası Qamî Înoce'nin söylediği bir esere de yer veriyor. 2018 yılında Hakka yürüyen Qamî Înoce'nin söylediği ve anonim olan bu eseri kültürel hafızamızın bir mirası olarak görüyor ve tümüyle yayınlıyoruz. Eser şöyle (Sy. 103-104):

Az la çiyokî tu la çiyokî
Xoş xoş toyte bıno giyokî
Çove dokê ta wa daren
Kı tu dona saravdokî

Nakarat
Dılo dılo razîlo dilo
Dılo dılo namowo dılo

Ovê koynon la bar bodın
La sar korte wa godın
Kı bûkako rınd la ku haya
Mo merkî we oxı dodın

Kavre yoyle çînge gırın
Sar mayron ro warda kırın
Kı du dılon ja hav hazkır
Mo la boqê hav bımırın

Çoyî Qandîle î wa dora
Körbê corke vırdo wara
Ke wa taro çı goytekı
Çımo nızılî tayî sora

Molon borkır çûna yoyle
Wa qurbona ta savdoyle
Ê rûnîşte ê da gîrı
Hestıron da rêjı mîno toyle

"Umutlarım Ağıtlarım" isimli kitabın önsözünü yazan Nihat Behram şöyle diyor; "Benim Mahmudo diye seslendiğim Mahmut Filimci, uzun gurbet yıllarında tanıdığım en değerli insanlardan biridir. Sadece ilkokul eğitimli bir insan olmasına rağmen, eline her geçen kitabı okuyarak, kendini geliştirme tutkusu hayranlık vericidir. Duygusunu Dêrsimî mahlasıyla ağıtlara, deyişlere, türkülere döker. Gece gündüz çalışmış, emeğiyle yaşamış, gurbet elde Hasan, Gülşen, Özgür, Güney adlarını verdiği dört evlat büyütmüştür. Eşi, hayat arkadaşı Ayşe de Maraş ili Pazarcık ilçesi Maksutuşağı köyünden; yani kendi köyündendir. 1978 Maraş Katliamı'nın acısını yaşamış bir ailedir. 'Bir insan söyle ki aklıyla, vicdanıyla, yüreğiyle insan olsun?' desinler, 'Mahmudo' derim."

Ali Matur

Ali Matur 1958'de Qandîl yaylasında doğdu. Momke Tule ve Aşko Huse'nin oğludur. Ali Matur, sazı 15 yaşında öğrendi. Cemleri gördü ve dedelerin sazından etkilendi. 2007 yılında Ali Dedeoğlu ile Alevi deyişlerinden oluşan bir albüm çıkardı. Yanısıra dörtlüklü şiir yazan Matur, yöre Kürtçesiyle 22, Türkçe dilinde altı, toplam 28 şarkı ve deyiş yazıp besteledi.

Bu eserlerini ve diğer dörtlüklü şiirlerini "İkrar û İsyanım" isimli kitabında yayınladı. Kitap, geçtiğimiz yıllarda İstanbul'da, Fırat Yayınları tarafından basıldı.

Mahmut Filimci'nin 2019 yılında İstanbul'da basılan Umutlarım Ağıtlarım isimli şiir kitabının kapağı...

Matur, genç yaşta Hakk'a yürüyen Maxsonlular üzerine birçok ağıt-şiir kaleme aldı. Bu ağıt-şiirlerden biri 24 Nisan 2016'da Narlı'da bir trafik kazasında gencecik yaşta kaybettiğimiz Elif Kökseçen üzerine olanıdır. Ali Matur, tüm köyü yasa boğan Elif'in acısını şöyle dile getirdi:

Elif Kökseçen

Elifim

Gencecik ömründe ilk baharında
Çok zamansız, erken gittin Elifim
Sarstı hepimizi acın derinde
Sonsuz uykuya mı yattın Elifim

Soldu o gül yüzün, bedenin cansız
Zalim felek sana oldu amansız
Bir kuş gibi uçtun gittin apansız
Güneş oldun erken battın Elifim

Yaşam umut oldun doğduğun günde
Elbet hayallerin vardı seninde
Tomurcuk çağında on dokuzunda
Ecel şerbetini tattın Elifim

Gâhi güler oldun gâhi ağladın
Gâhi coşkun sular gibi çağladın
Ciğerler paresi yürek dağladın
Cümlemizi harab ettin Elifim

Her kız gibi düşkün idin babana
Sensiz neyler şimdi gariban ana
Kardeşin doymadan o şirin cana
Bırakıp nereye gittin Elifim

Onaydı zalimin pençesi ağı
Soldu gülistanı kurudu bağı
Sensiz viran oldu Maksutuşağı
Gönüllere acı kattın Elifim

Hayata bir yudum su gibi aktın
Pir u pak ruhunla dünyaya baktın
Daha küçücüktün mahsumu paktın
Yıldız olup göğü tuttun Elifim

Gelmedim ki tanıyasın sen beni
Çok da sevecektim görseydim seni
Topraklar saracak o nazlı teni
Maksudiyi kora attın Elifim(1)

Kemalim

22 Ağustos 2017 günü Maxson köyü için acı bir gündür. O gün Almanya'da gurbet elde olan iki çocuk babası Kemal Manaz trafik kazası geçirdi ve Hakk'a yürüdü. Ali Matur, yazdığı ağıt-şiirle Kemal Manaz'ı da ölümsüzleştirdi. Manaz'ın hayatının anlatıldığı ağıt-şiir şöyle:

Kemal Manaz

Yetmiş iki yılı on kasımında
Göz açıp yaşama durdu Kemalim
Güz ayları yılın son mevsiminde
Can olup haneye girdi Kemalim

Çocukluk yılları köyünde geçti
Nimetini yedi, suyundan içti
İçten sevecendi yüzü güleçti
Cemalinde bir nur vardı Kemalim

Yaşam şafağında yol alıp geldi
Hayat şartlarını çok erken bildi
Çocukluk yılları geride kaldı
Ergenlik çağına erdi Kemalim

Umut oldu can baba ocağında
Emek oldu bahçesinde bağında
Ömrünün baharı gençlik çağında
Yönünü gurbete verdi Kemalim

Zorluklarla hayli bir yol almıştı
Nihayeti Avrupa'ya gelmişti
O da ülkesiz mülteci olmuştu
Gelip Almanya'yı gördü Kemalim

Terkeyledi yurdunu diyarını
Kalbine gömmüştü intizarını
Anne, baba, kardeş nazlı yarını
Hasretle özlemle sordu Kemalim

Evlenip eşiyle hayat kutsadı
Artık bir aileye dönüştü adı
Dünyalar tatlısı iki evladı
Onlara kol kanat gerdi Kemalim

Kendi amelince uğraşıp durdu
Ele muhtaç olmamaktı tek derdi
Bir koşturmacaydı gelmedi ardı
Bedenini hayli yordu Kemalim

Yıl iki bin on yediye gelmişti
Gün Ağustos yirmi iki olmuştu
O ölüm yolunda neye dalmıştı
Velhasıl orda can verdi Kemalim

Genç iken ölümün acısı derin
Maksudiyi zar eyledi haberin
Doğduğun topraklar ebedi yerin
Sadık yarin seni sardı Kemalim(2)

Besteleri

Ali Matur, kitabında bestesini yaptığı şiirlerine de yer verdi. Besteleri ve sayfa numaraları şöyledir:

Semaha Durdu Zilanım (Sy. 31)
O Kara Gözler (Sy. 42)
Sana Kul Olam Sevdiğim (Sy. 61)
Alim Görünür (Sy. 94)
Hayır Diyenlerdeniz (Sy. 115)
Lo Birao (Sy. 151): Bu eser kardeşi Oruç Matur üzerinedir.
Bige Cara Me (Sy. 152)
Bgirin Semahê (Sy. 153)
Her Der Bû Kerbela (Sy. 154)
İmam Hüseyin (Sy. 155)
Medet Ya Ali (Sy. 156)
Van Zaliman Van Yezidan (Sy. 157)
Werin Canno (Sy. 158)
Cimata Çelan (Sy. 159)
Welatê Me Bûye Kerbela (Sy. 162)
Fetwa Dan Li Meraşê (Sy. 163)
Ji Bîrnakim (Sy. 164)
Ê Rûnîşte Li Bin Darê (Sy. 166)
Ev Hesret E Min Bikuji (Sy. 167)
Fîstanê Sur Li Xwekiriye (Sy. 168)
Gûla Min (Sy. 169)
Here Lê Lê (Sy. 170)
Jurda Were Xwe Li Bake (Sy. 172)
Rinda Bazarcixê (Sy. 174)
Şawitîm Di Arê Te De (Sy. 175)
Xwe Li Ba Kir Hate Avê (Sy. 181)
Eşq û Sewda Ê Min Tu Ye (Sy. 184)

Ahmet Dillice

Ahmet Dillice, 14 Ocak 1955 yılında Maxson köyünde doğdu. 17 yaşına kadar hayvancılıkla uğraştı. 1979 senesinde ülkeyi terk etti. Almanya, İsviçre ve Fransa'da 6 yıl kaldıktan sonra 1985 yılında Avusturya'ya yerleşti. Dillice, halen Avusturya'da yaşamını sürdürmektedir.

Dillice dörtlüklü şiir yazıyor. Ceren Kültür Yayınları arasında iki kitabı çıktı: Yâre Benzettim (2016) ve Yol Olur Hasret (2019).

Dillice de Ali Matur ve Mahmut Filimci gibi çoğunlukla Türkçe yazıyor. Bu şiirlerden "Bir Seydo Dede" isimli şiiri paylaşalım. Seydo Dede, köyün mürşidi Ali Seyid'in oğludur ve Maxson köyünden Sultana Çalle ile evliydi. Geçtiğimiz yıllarda Hakk'a giden Seydo Dede üzerine olan şiirin bir bölümü şöyle (Yâre Benzettim, Sy. 120, 121):

Bir Seydo Dede

Dede misin diye birgün sormuştum
Anladım baltayı taşa vurmuştum
Onun deryasına çok geç girmiştim
Alevi bilgesi bir Seydo Dede

Bilgi ulaşılır bilmek istersen
Bildiğini paylaş gülmek istersen
Kapım sana açık gelmek istersen
Bunu söylemişti bir Seydo Baba

Bilmem kapısını çalan oldu mu?
Yüreğinin pasını silen oldu mu?
Vermeye değil alan oldu mu?
Alevi bilgesi bir Seydo Dede

Kuran da kurduran da insandır derdi
Koruyan da saldıran da insandır derdi
Yaşatan da öldüren de insandır derdi
Böyle söylüyordu bir Seydo Baba

Er geç varılacak yolun sonuna
Direnmek boş, doğanın bu kanununa
Zaferi minnettar her zaman sana
Alevi bilgesi bir Seydo Dede

Ahmet Dillice genç yaşta aramızdan ayrılan Deniz Kökseçen ve Hüseyin Matur üzerine de bir şiir yazdı. Yârê Benzettim isimli kitapta, Sy. 103'te yer alan şiirde şöyle deniyor:

Henüz yirmi idi yaşları
Boyun eğmez dik başları
Zaferi'nin yoldaşları
Biri Kendal biri Deniz

Nurhak yiğitler yatağı
Yaylası Engizek Dağı
Yastadır Maksutuşağı
Biri Kendal biri Deniz

Ahmet Dillice 24 sene köyüne gidemedi. Birgün rüyasında babasını görüyor. O rüyayı şiire döken Dillice, şöyle sesleniyor (Yâre Benzettim, Sy. 69)

Babamı Gördüm

Rüyamı gerçek mi hayal mi düş mü
Bende anlamadım yaz mıydı kış mı
Yazın kar diz boyu olacak iş mi
Babam dam karı silerken gördüm

Rüya anlatanı dinlemezem ben
Ne manaya gelir anlamazam ben
Başkası söylese inanmazam ben
Yaşlı gözleriyle gülerken gördüm

Hava bunaltıcı sıcak yaz gibi
Koca harman bitmiş buğday az gibi
Elinde bir ağaç cura saz gibi
Engizek Dağı'nda çalarken gördüm

Uyku uyumadım babamla gezdim
O gün anda sanki bir şeyler sezdim
Erken ayrılmayla galiba üzdüm
Sanırım bir dilek dilerken gördüm

Hüseyin Mendeş

Hüseyin Mendeş, 1975 senesinde Maxson köyünde doğdu. İlkokulu kendi köyünde, ortaokulu Narlı'da bitirdi. Maraş'ta liseye başladı ve Lise 2'de okulu terk etti.

Onun müzik yolculuğuna gelirsek... Çocukluğundan bu yana bağlama çalıyor ve şarkı söylüyor. Bağlamaya olan sevgisinin nasıl başladığını şöyle anlatıyor; "Annem dede kızıdır. Bağlama çalıyordu ve sesi çok güzeldi. Annemden esinlendim. 12 yaşından beri çalıyorum."

1990 yılına gelindiğinde ise Mamado Filimci, Ali Manay, İlhan Manaz ve Hüseyin Mendeş hergün bir araya gelip 7-8 saat bağlama çalıyor. Hüseyin gülerek şöyle diyor; "Bir işçi gibi saatimizi düzenli olarak dolduruyorduk. Annelerimiz kızardı. Sesten uyuyamıyorlardı. Sabaha kadar çalıştığımız için öğlene kadar uyuyorduk."

Hüseyin gülerek anlatıyor ama aslında uzun saatler bağlama çalmaları onlar için bir eğitim oluyor. Hergün kendilerini geliştiriyorlar. Ve bu çalışmalar bir ürün ortaya çıkarıyor. 1995 yılında Diyar Müzik Grubu oluşuyor. Bu grup Orkestra Halhal'dan sonra yörede kurulan ilk müzik grubu. Pazarcık'ta Kürdçe şarkı okuyan, Aşê Îwe gibi yöreye has oyunları orkestra ile çalan ilk grup da Diyar Müzik Grubu oluyor. Grupta Hüseyin Mendeş, Ali Manay ve İlhan Manaz yer alıyor.

Kısa bir sürede insanlar büyük bir ilgiyle onları dinliyor. Hüseyin; "İnsanlar kendi düğün tarihlerini bizim boş zamanımıza göre ayarlıyordu. 8 gün üstüste düğün çaldığımızı hatırlıyorum." diyor.

Şatırhöyük, Dondıkon, Soxonon, Dî Muse, Gonîg, Dî Mamış, Kurtdere, Zêtkon, Köprüağzı gibi çok sayıda köye gittiklerini anlatan Hüseyin, 1997 yılına kadar Diyar Müzik Grubu olarak Pazarcık'ta düğünlere gittiklerini anlatıyor.

Bu süre boyunca onları düğünlere getirip götüren kişi köyün minübüsçüsü Olkî Zaynıke oluyor. Hüseyin şöyle diyor; "Opî Olık'ın bize emeği çoktur. Bizi getirip götürüyordu. Bazen gece yarılarına kadar bizi bekliyordu. "

Hüseyin Mendeş, 1997'de Almanya'ya geliyor. 1998'de kendisinin önerisiyle Grup Nergiz'i kuruyorlar. Grupta üç Maxsonlu yer alıyor. Hüseyin, Mamado Filimci ve Bülent Kenan. Bir dönem Bülent Kenan gruptan ayrılıyor ama Grup Nergiz 2010 yılına kadar yani 12 yıl varlığını sürdürüyor. Hemen her hafta düğünlere giderek sahne alıyorlar.

Mamado'nun kendilerinden dört-beş yaş büyük olduğunu anlatan Hüseyin; "Saz bizi arkadaş yaptı. Abilik yapmıyordu. O kompleks yoktu. Çok sakin bir insandı. Mamado'dan birçok şey öğrendim." diyor.

2010'dan sonra düğün grubu arka planda kalıyor ve iş hayatına atılıyor. Zamanla düğünlere gitmeyi de durduruyor.

DILO DILO

Hüseyin Mendeş geçtiğimiz yıllarda bir albüm çıkardı. Dilo Dilo isimli albümde 14 eser yer aldı. Albüm modern bir saund ile hazırlandı. Yer verilen eserlerin çoğunluğu ise yöresel Kürdçe ile... Albümde Mendeş'in seslendirdiği eserlerin isimleri şöyle:

Dılo Dılo, Dılî Razîl, Fatoş, Rındo Mı, Oğul, Azî Tarım, La Bın Dore, Hêdî Hêdî, Yobaz Hırkası, Azî Nızonım, Wara Xazol, Kızılbaş, Newal ve

Az Haylom. Bu eserlerden **Rındo Mı** söz ve müziği Alî Îke'ye ait. Fatoş şarkısının sözlerini Hüseyin Mendeş ve Alî Îke beraber tamamlıyor. Müziği ise anonim... **La Bın Dore**'nin sözleri de Alî Îke'ye aitken, müziği de anonim. Albümde yer alan diğer eserlerin söz ve müziği Hüseyin Mendeş'e ait.

Albüm çıktıktan sonra Mendeş'i mutlu eden anlar kendisinden büyük insanların yorumları olmuş. "Bizden yaşlı insanlar dinlediğinde albüm onları geçmişe götürdü. O beni mutlu etti." diyor. Albümde yer alan iki eserin sözlerini paylaşmak istiyorum. Biri albüme adını veren **Dılo Dılo,** diğeri de **Hêdî Hêdî** isimli eser...

Hêdî Hêdî

Söz-Müzik: Hüseyin Mendeş

Hotım tu tunı la mola
Dele mınî nolı nola
Wara wa dîyorî mın kava
Mızılî ta çımoyî tola
Az qurbonê av çı hola

Wara wa dîyorî mın kava
Mızılî ta çımoyî tola
Sugumî ta çımoyî tola
Az hayranê av çı hola

Lê az hotım mın tı nadî
Bande dılê mın qatî
Mı go wara la mın xoy bıwa
Bar vo'm wara hêdî hêdî

Rında mınê tara pêmı
Wa mı ro dayndaka wa kemı
Mı go wara k'am bıravın
Tê sewı azî sewı
Mı go wara k'am bızawcın
Tê sewı azî sewı
Az hayranê azî sewı

Dılo Dılo

Söz-Müzik: Hüseyin Mendeş

Kanî kanî havol kanî
Mole ma çûn la merge donî
Çutıl barboy xalke katın
Ma qıymata hav nızonî
Çımo barboy vır wê katın
Ma qıymata hav nızonî

Dılo dılo razîlo dılo
Dılo dılo haqsızo dılo
Dılo dılo namowo dılo
Dılo dılo bêkaso dılo

Mı go vılon ta go vılon
Şıno ta boxçokî gûlon
Lê lê dorê wa da garım
K'as makavna ortê dılon

Ku mı nadî bajno yore
Aze bımrım la ve bore
Kaçî wara mın bıkûja
T'êk mı dın bıkı wa zore

MAXSON'DAKİ İLK MÜZİK GRUBU

Bugün onlarca müzik grubu Pazarcıklıların düğünlerinde ve diğer sosyal etkinliklerinde sahne alıyor. Pazarcık düğünlerine 1980 sonrası orkestra kültürü yerleşti. İlk grup Orkestra Hal Hal'dı. Ancak onlar sadece Türkçe eserler seslendiriyorlardı. Ondan sonraki ilk grup Maxson köyünde kurulan Diyar Müzik Grubu'dur. Grubun hikayesini dinlemek için Stuttgart'a gittim ve kurucularından İlhan Manaz ile söyleşi yaptım. Bu söyleyişi bir yazıya dönüştürdüm. İlhan'ın diliyle yazdığım yazı aşağıdadır:

Anlatan: İlhan Manaz/Solist

Düzenleyen: Firaz Baran

Amcamın "Cura"sı

1978 yılında köyde, topraklı evde doğmuşum. O zaman bile kadınlar hastanede değil, ev ortamında doğum yapıyormuş. Köyümüzde içme suyu sıkıntısı vardı. Varolan pınarlardan çok az su akıyordu. Annemle birlikte 5-6 saat su sırasında beklediğimi hatırlıyorum. Çocukken hep düşünürdüm; "Acaba babalarımız o kadar zaman su sırası bekler mi? Bu işe bir çare bulamazlar mı?"

Suyun verdiği sıkıntılı düşünceleri cura ve saz sesi unutturuyordu. İbrahim amcam Îwke Îwkî Hasan ve eşi Fotê yengem Foto Molê Înoce cura; dayım Çuke Olî Hasan da saz çalardı. Onları izler ve özenirdim. 5-6 yaşlarındaydım ve "Ne güzel çalıyorlar. Acaba birgün onlar gibi çalabilir miyim." diye düşünürdüm. Amcamın evine gider curayı elime alır, incelerdim.

Pamuğu Topladım Sazı Aldım

8 yaşına geldiğimde saz almayı önüme hedef koydum. Babama şöyle dedim; "Baba ben saz almak istiyorum. Onun için pamuk toplayacağım. Param yetmezse sen üstünü tamamlar mısın?" "Bakarız" dedi.

Gidip başak topladım. Bir pamuk çuvalını doldurdum. Babam o zaman pamuk tüccarlığı yapıyordu. Birgün kamyonla yine köyde pamuk alırken pamuk dolu çuvalı götürüp babamın kantarının üzerine indirdim; "Baba bu pamuğu alacaksın. Ama paramı bana peşin vereceksin" dedim. "Tamam" dedi. Paramı da verdi. Sonra sazın fiyatını sordu. Topladığım pamuğun parası saz almaya yetmiyordu. Babam üstünü tamamladı. Dünyalar benim olmuştu. Hemen Narlı'ya, Sazcı Hüseyin'in yerine gittim. O da azmime hayran kaldı. Değişik sazlar karşımda almam için beni bekliyordu. Sazlara tek tek baktım. Göğsü kırmızı olan bir saz vardı. Onu aldım ve köye geldim.

Mamado'nun Öncülüğü

Dayımın oğlu Mamado (Mehmet Filimci) çok güzel saz çalardı. Bizim kuşakta müzikle ilgilenenlere temel bilgileri veren kişidir. Başkaları da saz çalıyordu ama Mamado'nun şu yönü vardı; Sadece aşıklama çalmıyordu. Modern eserleri de çalıyor ve sazla değişik denemeler yapıyordu. Ayrıca genel bir müzik bilgisi de vardı. O nedenle ben sazı alır almaz hemen Mamado'nun yanına gittim. Bana bazı temel bilgileri öğretti. "Şu şöyle olur, bu böyle olur" gibi. Yanına her gittiğimde yeni bilgiler öğreniyordum.

Sonra hergün çala çala, boza boza, kıra kıra sazı çalmasını öğrendim. Saatlerce elimden bırakmıyordum. Babam; "Tî haşe ma da ba. E la tamûre texın çırkırın? E oncox oraqîye vadaxan/Beynimizi şişiriyorsun. Saz çalanlar ne yapmış? Ancak rakı içiyorlar." diyordu. Kabul etmek gerek... Bizden önceki kuşakta saz çalan bazı insanlarımız kötü bir izlenim bırakmış. Derken 10 yaşında artık istedikleri eserleri çalabiliyordum. Elimde de daha göğsü kırmızı saz vardı.

Diyar Müzik Grubu'nu Kuruyoruz

Aynı yaş grubunda saz çalan arkadaşlarla toplanıp beraber saz çalıyorduk. Mamado liderimizdi. Ali Manay (Alî Bûço), Hüseyin Mendeş ve ben saz çalıyorduk. Toplanıyor, kendimize şarkılar söylüyor ve müzik üzerine tartışıyorduk. Bu konuşmalar bizi yeni bir yola yönlendirdi.

Ali, Hüseyin ve ben bir müzik grubu kurmaya karar verdik. Mamado bizden çok çok daha iyi çalmasına rağmen geride durdu. Müzik grubu için ne gerekiyor? Saz, bateri, mikrofon, mikser (ses cihazı), box ve org. Fikir var ama paramız yoktu. İsviçre'deki Kemal abimi aradım. "Abi biz bir grup kurmak istiyoruz. Bir org gönderebilir misin?" dedim. "Tabi" dedi. 6 ay geçmeden iki tane org gönderdi. Biri küçük, biri büyük. O dönem için iyi bir zamanlama... Çünkü bugünkü gibi sık sık gidip gelenler yoktu. Ayrıca org bir lükstü. Bazı köylerde saz yokken, bizde org vardı. Hüseyin abim de İsviçre'de yaşıyordu. İzne gelince orgu kendisiyle getirdi. Bir sene içinde orgla şarkı çalmaya başladım. O zaman grupta kim ne yapacak konusu şekillendi. Ben orga geçeceğim, Hüseyin saz, Ali de bateri çalacak. Ama baterimiz yok. Ayrıca Ali bateri çalmasını bilmiyor. Ne yapacağız? Alacağız ve çala çala öğreneceğiz.

Artık işi ileri aşamaya götürmek istedik. "Pazarcık'ta müzik grubu kuracağız. Orkestra ile düğünlere gideceğiz." Bu düşünce oluştu. Ben Hüseyin abime telefon açtım. "Abi böyle bir orkestra grubu kurmak istiyoruz. Bana 300-400 Frank yardım edebilir misin?" dedim. İki ay sürmeden o parayı bana gönderdi. Biz o parayla Antep'e gittik. Mikser ve box aldık. İki-üç ay sonra Ali ve Hüseyin'in paraları da geldi. Onunla da bateri aldık. Yine Kemal abimle Hüseyin abim de birer mikrofon gönderdi. Amacımıza ulaştık. Tesisat tamamdı.

Ali bateriyi kurdu ve kendi kendine sıfırdan öğrendi. Ali bateriye, Hüseyin saza, ben de orga geçtim. Şarkıları da ben ve Hüseyin söylüyorduk. Provalarımızı bizim pamuk ambarında yapıyorduk. Babam sesten rahatsız olduğu için bize küfrediyordu. :) Diğer köylülerimiz nasıl yaklaştı? Kimisi şikayetçi oldu, kimi merak edip gelip izledi, kimisi de tebrik ediyordu. 5-6 ay böyle milletin kafasını sesle şişirdikten sonra artık hazırdık. Kendimize bir isim de bulduk; "Diyar Müzik Grubu."

O dönem Pazarcık'ta sadece "Orkestra Hal Hal" vardı. Onlar da biz başladığımız dönem bırakmıştı. Sanırım Avrupa'ya gelmişlerdi.

Aşê Îwe'yi Orkestra İle Çaldık

Biz ilk olarak bizim köyde Miçoyî Aşko'nun oğlunun sünnetinde çaldık. İnsanlar çok şaşırarak bizi izledi. İlk kez davul-zurna dışında orkestra ile insanlar halay çekiyordu. İlk şarkıyı insanların karşısında orada söyledim. Detone oldum, heyecanlandım. Ama ona rağmen insanlar şaşkınlıkla bizi tebrik ettiler. Çocuklar bize çok özeniyordu. Sanatçı gözüyle bize bakıyorlardı. Sonra her hafta düğünlere gitmeye başladık. Nişanlara, düğünlere, sünnetlere gittik. Önce "Bu işi yapabilirler mi?" diyerek çağırıyorlardı ama sonra hevesle çağırdılar. Dî Mûse'den Kurtdere'ye, Narlı'dan Köprüğzı'na kadar yöredeki köylerde düğünlere gittik. Yörenin müzik grubu olduk. Haftada iki-üç düğüne gidiyorduk.

Yaptığımız bir ilk de org ve sazla Aşê Îwe'yi çalmak oldu. "Davul-zurnayla çalınıyor. Biz neden çalmayalım." dedik. Provalarda denedik. Düğünde çalınca insanların çok hoşuna gitti. İlk defa davul-zurna dışında dinliyorlardı. Hüseyin Avrupa'ya gelince bizim grup dağıldı.

Diyar Müzik Grubu... Sazda Hüseyin Mendeş, orgta İlhan Manaz ve bateride Ali Manay görülüyor.

Antep'te Müzik Eğitimi

Hüseyin Avrupa'ya gidince ben Antep'e gittim. Orada bir taraftan müzik eğitimi alırken, bir taraftan da halamın oğlu Erkan Müftüoğlu ile bir müzik grubu kurduk ve düğünlere gitmeye başladık. Ben saz çalıyor ve şarkı söylüyordum, Erkan org çalıyordu. Erkan ile yaklaşık 1.5 sene düğünlere gittik. Antep'te bazen haftada 4 düğüne gittiğimizi biliyorum. İsim de yaptık.

O 1.5 sene boyunca aynı zamanda şan, saz, piyano ve org eğitimi de aldım. Özel bir hocam vardı. Gözleri görmüyordu. Konservatuvar hocasıydı ve bütün enstrümanları çalıyordu. Ondan çok önemli bilgiler, tecrübeler öğrendim. Çok kıymetli bir insandı. Bir de konservatuvar son sınıf öğrencisi olan bir kişi de bana ders veriyordu. O eğitimlerde notayı da öğrendim. Ama notist olmadım. Notayı sürdürmedim. İnsan nota ile çalışmayınca, yazmayınca unutuyor. Her zaman her şeyi kulağımızla yapınca o bilgi insanda köreliyor. Ben de nota yazmayı unuttum.

Avrupa'ya Geliş

1998 sonunda Almanya'ya geldim. 40 gün sonra bir müzik grubu kurduk. O da şöyle oldu: Hüseyin (Mendeş) Avrupa'ya geldiğinde birlikte çalıştığı bir grup varmış. Onlar şarkı söyleyen, org çalan, saz çalan birisini arıyorlarmış. Hakan isimli birisi beni aradı. Erzincanlıydı. "Duyduk sen Türkiye'den gelmişsin. Sesin güzelmiş, yetenekliymişsin." dedi. "Ben daha başvurmamışım." dedim. "Sorun değil." dedi. İki gün sonra provalara başladık. Stuttgart'ın bir kasabasında buluşmuştuk. Hemen beğendiler. Benimle çalışmak istediler. Ben de "tamam" dedim. Hemen orada bir grup kurduk. O grupta 1.5-2 sene çaldım ve şarkı söyledim.

Aynı dönem Stuttgart'ta yaşayan sanatçı Simar ile birlikte bir grup kurduk. Ali Manay'da Almanya'ya gelmişti. Ali bateri, ben org çalıyordum. Bir arkadaş gitar, bir arkadaş ud çalıyordu. Sîmar da şarkı söylüyordu. O grupla şarkı yarışmalarına, konserlere katıldık. Yani bir grupla düğünlere giderken, diğer grupla sanatsal yeteneklerimizi arttırmaya, bir müzikalite yakalamaya çalıştık.

Sonraki dönemlerde bizim köyden Bülent Kenan, Ali Haydar Fehimli ile birlikte de bir grup çalışması yaptık. O grupla da düğünlere gitmek istemedik. Müzikal anlamda birbirimizi besledik. O grupla CD çıkarmadık ama teorik olarak kendimizi geliştirdik. Herkes birikimini ortaya döküyor ve birbirimizi besliyorduk.

Yaklaşık beş sene önce de kendi grubumu kurdum. "Grup Renk" olarak düğünlere gidiyoruz. Üç kişiyiz. Org çalan arkadaşım Bilinç Adanalı, saz çalan arkadaşım Erdal'da Dêrsimli. Ben de solistlik yapıyorum. Ayrıca Erdal ile 10 yıldır birlikte çalışıyoruz. Tüm bu yıllar boyunca Şivan Perwer, Ozan Diyar, Xelîl Xemgîn, Haluk Levent, Kıvırcık Ali gibi büyük sanatçılarla da çalıştım. Onların konserlerinde ses düzenlemesini yaptım. Köyümüzden bugün Bülent Kenan'ın düğün grubu var. Ali Manay ayrı bir grupta çalıyor. Hüseyin de bazen düğünlere gidiyor. Mamado da kendi grubuyla bazen düğünlere gidiyor.

Kırmızı Saza Ne Oldu?

Çocukken aldığım sazın ön göğsü kırmızıydı. Düğünlerde çalacağımız için o kırmızı saz biraz abes kaçacaktı. Onun göğsünü siyaha boyadık ve onu elektro-saz haline getirdik. Miksere takıp düğünlerde çalabilmek için ona manyetik taktık. Diyar Müzik Grubu olarak o sazla düğünlere gittik. Almanya'ya gelirken onu köyde bıraktım. Başka bir sazla buraya geldim. O kırmızı saz benden sonra kayboldu. Çok sormama rağmen kimde olduğunu bulamadık.

Müzik Dışında Ne Yaptım?

Almanya'ya ilk geldiğimde önce 6 ay Almanca dil kursuna gittim. Sonra 1.5 sene Porsche firmasında çalıştım. Sonra bir sigara firmasında iş buldum. Firma içi eğitim alarak sigara ve kahve makinalarının tamiratını öğrendim. 12 yıldır teknisyen olarak çalışıyorum. 2007'de evlendim. 6.5 yaşında bir oğlum var. Eşim de Gundî Mamiş'lı.

10 Yıl Köye Gidemedim

Almanya'ya geldikten sonra 10 sene köye gidemedim. Gittiğimde görmek istediğim bazı insanlar ölmüştü. En acısı da iki amcamı aynı günde kaybetmiş olmamızdı. Küçükken cura çalışına özendiğim İbrahim amcam ve Mustafa amcam.. İkisinin de birbirinden haberi olmadan biri Adana'da, biri köyde Hakk'a yürüdü. Gidemediğim için çok kötü etkilenmiştim.

Köye gittiğimde onların mezarına gittim. 5 yaşındayken annemi kaybetmiştim. Annemin mezarını ziyaret ettim. O zaman yeni bir şey öğrendim. Eskiden mezarları ziyaret etmek bize saçma gelirdi. Ama o ziyarette anladım. Demek ki insan kaybettiği insanları mezarlıkta ziyaret ettiğinde kendini o insanlara yakın hissediyor. Bir nevi özlem gideriyorsun. Dile getiremediğim farklı duygular yaşadım.

Köye gittimde ilk bizim eve gittim. Arabadan indiğimde çok duygulandım ama ağlamadım. Sevinç ve hüzün içiçe geçti. Küçük bıraktığım kardeşlerim koskocaman olmuşlardı. Genç bıraktığım üvey annem yaşlanmıştı. Üvey annemin hepimize emeği çoktur.

Kırmızı sazıyla İlhan Manaz...
Manaz, bu sazı 8 yaşında pamuk toplayarak satın aldı.

Bilgisayarla Müzik Yapan Sanatçı: Bülent Kenan

Daha çok okul Kürtçesiyle şarkı yazan ve söyleyen sanatçı Bülent Kenan, Maxson köyünde 1977'de dünyaya geliyor. Kendi köyünde Bulendî Mılayî Qoje olarak tanınıyor. 6 kardeşli bir ailenin dördüncü çocuğu olan Bülent, 1988 Aralık ayında İsviçre'ye geliyor. Yani henüz 9 yaşındayken köyünden ayrılıyor ve daha önce Avrupa'ya giden anne ve babasının yanına geliyor.

Ailece 11 Nisan 1989'da Almanya'ya taşınıyorlar. Değişik şehirlerde yaşadıktan sonra yaklaşık 20 yıl önce Tübingen'e yerleşiyorlar. Halen bu şehirde yaşayan Bülent ve ailesini kendi evlerinde ziyaret ettik.

Ailece çalışkanlar... Ağabeyi Gusto, döner büfesi, babası bir kasabı, annesi bir sebze-meyve marketini işletiyor. Kızkardeşi memur olarak çalışırken, Bülent de işyerlerinin ihtiyaçlarını temin ediyor ve ailenin bürokratik işlerini organize ediyor. Almanya'da 7. sınıfta okula başlayan Bülent, bir taraftan Almanca öğreniyor, bir taraftan da ortaokulu tamamlıyor. 1993'te de tornacı okuluna gidip 1996'da mezun oluyor.

Okulun son dönemlerinde Bülent başından şiddetli ağrılar geçiriyor. "Resmen dünyam dönüyordu. Üç yıl sürdü. 95-98 arasıydı. Hayatımın kara yıllarıydı. Hastaneye çok girip çıktım. Başım döndüğünde yürürken bile her taraf sallanıyordu." diyor.

Doktorlar o dönem Morgus Meniera hastalığı teşhisi koyuyorlar. Bu isim bir Fransızın adından geliyor. Doktorlar bir türlü Bülent'e çare olamıyorlar. "Artık kendi doktorum oldum. Dikkat ediyordum, temiz havada dolaşıyordum. Üç sene sonra iyileştim." diyen Bülent, halen etkisini hissettiğini, o üç yılın kendisini çok yıprattığını söylüyor.

Müzik Gruplarıyla 5 Yıl

Bülent Kenan, 1998 Ocak ayında kendi köylüsü olan Mamadî Îke ve Hüseyin Mendeş ile birlikte Grup Nergiz'i kuruyor. İki yıl birlikte çalışıyor ve sayısız düğüne gidiyorlar. Bülent gitar, Hüseyin org, Mamado bağlama çalıyor. Grup Nergiz, o dönem Stuttgart ve çevresinde Pazarcıklılar tarafından çok tutuluyor. Bülent, aynı dönem

Grup Nergiz'in yanısıra, sanatçı Sîmar'a da gitarıyla eşlik ediyor. 2000 yılında ise Bülent Grup Nergiz'den ayrılıyor, bunun nedenini şöyle açıklıyor: "Beş müzisyen bir araya geldik. Yeni bir müzik grubu oluşturalım. Profesyonel çalışıp albüm çıkaralım, dedik. Grubu oluşturduk ve benim önerimle gruba "Nêrîna Nûjen" adını verdik. O zaman Grup Nergiz'den ayrıldım. Nêrîna Nûjen de bizim köyden Ali Manay da yer alıyordu ve bateri çalıyordu. Ben gitar çalıyor ve solistlik yapıyordum." Bu grupla Bülent'in yolculuğu 1 yıl sürüyor. Ancak, söylenildiği gibi bir albüm çalışması veya hedefli çalışmalar gerçekleşmiyor. Düğünlere bile grup üyeleri hazır olmadıklarını söyleyip gitmiyorlar. Bülent, "Hem albüm yapalım" hem de "Düğünlere hazır değiliz" demenin çelişki olduğunu söyleyip gruptan ayrılıyor. Ama bu grupla yolculuğun ona ritim aletlerinin önemini teorik olarak öğrettiğini aktarıyor.

Bülent, daha sonra yine kendi köylüsü İlhan Manaz ve Erol isimli arkadaşıyla birlikte Grup Harmoni'yi kuruyor. 2 sene süren bu grup ile çok sayıda düğüne gidiyorlar.

Bu arada da, müzik eğitimine hiç ara vermiyor. Bir taraftan sahne alırken, diğer taraftan da kendini teorik olarak donatıyor. Bağlama çalmayı önce amcasından öğrenen sanatçı, 1995'te bağlama kursuna giderken, 2000-2002 arasında gitar ve nota dersi alıyor. 1998'de kurdukları Grup Nergiz döneminde gitarda kendini geliştiriyor. Yine ritim aletleri konusunda aldığı teorik dersler onun müziğe bakışını etkiliyor.

Bülent Kenan'ın en önemli özelliklerinden biri 20 yılı aşkın bir süredir bilgisayarla müzik yapmasıdır. Bilgisayarla müzik yaparken aldığı eğitimlerin kendisine büyük fayda sağladığını vurguluyor. Bülent'in bilgisayarla müzik yolculuğuna gelirsek... Şöyle anlatıyor;

"1983'te müzik notalarının yazılımı yapıldı. Orglarda da aynı sistem var. Şimdi bilgisayar üzerinden her aleti çalabiliyor, her türlü müziği yapabiliyorsun. Ben 1995'te bilgisayar programlarını öğrenmeye başladım. Öğrenir öğrenmez hemen bir bilgisayar aldım ve kendi kendimi geliştirdim. Bilgisayarla bir albümün bütün alt yapısını hazırlayabiliyorsun. 1995'te Alman asıllı bir Rus arkadaşım bilgisayarla müzik yapılabileceğini söyledi. Çok heyecanlandım. Ama o zamanın programları zayıftı. Konu hakkındaki bütün dergileri alıp okuyordum. Sürekli güncellenen programları da takip ettim. Bugünkü programlar çok zenginleşti. Artık önce de söylediğim gibi her türlü aleti bilgisayar programından çalabiliyorsun."

Bülent böyle anlatıyor ama bilgisayarla müzik yapmak kolay değil. Evet, her müzik aletinin ayrı bir yazım dili var. Örnek olarak kemanı alalım. Kemanın yazım dili olan programı satın alabiliriz, onu bilgisayara yükleyebiliriz ama onu çalamayız. Kemanı gerçek hayatta çalan bir kişi bile yazım dilini bilmiyorsa bilgisayarda çalamıyor. Bir terzi gibi... Terzi eliyle ölçümlerini alıp kumaşı kesebilir, ama bilgisayarı tanımıyorsa dijital olarak bir elbisenin kalıbını çıkaramaz.

Yöremizde dijital çağa ilk ayak uyduran sanatçı Bülent Kenan'dır. Henüz çoğumuzun bilgisayarı bile tanımadığı 1995 yılında O, bilgisayarla müzik yapmayı öğrendi. Zamanla bu konuda profesyonelleşti. Yıllardır kendi şarkılarının aranjesini kendisi yapıyor. Yine birçok eserinin müzik alt yapısını bilgisayarla yapıyor.

Özetle, müzik aletlerinin yazım dilini bilmeden bilgisayarla müzik yapılamıyor. Bülent saz ve gitar çalıyor, bas gitarı mantık olarak biliyor ve ritim aletleri üzerine de teorik bilgiye sahip. "Müzik aletlerini çalmak veya tanımak bilgisayarla müzik yapan kişiye çok yardımı oluyor." diyor. Çünkü, bir şarkı hazırlandığında en az 60 ayrı ses kanalı açılıyor. Müzisyen kişi sesleri tanıyor ve nasıl bir yol alması gerektiğini daha iyi biliyor. Bilgisayarda bütün notaların olduğunu söyleyen sanatçı "ama" diyerek ekliyor; "Bir albüm çalışmasında solo aletleri, yani bağlama ve üflemeli çalgıları canlı çalmak her zaman daha iyi sonuçlar verir. Teknik ile doğal olanı birleştirmek önemli. Sadece akustik de olmaz. Biraz teknik de girmeli."

Aşê Ve Kılome Markaze

Bülent Kenan, Narlı'da olan Grup Ozanlar ile birlikte "Kılome Markaze/Pazarcık Türküleri" adıyla 2010 yılında bir albüm çıkarıyor. Salman Üyüklü ve Şıho Bezgingöl ile birlikte 10 Kürdçe eser okuyor. Bülent, albüme prodüktör, kayıt-mix, bas gitar, E-gitar, klasik gitar, perküsyon ve ritimci olarak imza atıyor.

Hasan Yırtlaz eşi Mercan ve oğluyla birlikte...

Bülent'in bir de solo albümü var. Adı "Aşê." İçinde onbeş eser var. Üç eser Maxsonlu sanatçılardan Alî Îke'ye ait: "Rındo Mın", "La Bın Dore" ve "Ja Sawdo Ta" isimli şarkılar Alî Îke'nin...

Alî Îke bir dönem Almanya'ya geliyor. O zaman Bülent onu stüdyosuna davet ediyor ve sesini profesyonel olarak kaydediyor. Bugün Alî Îke'nin Youtube'da olan sesi temiz şarkıları o zaman kaydediliyor. Bülent, bu konuda şöyle diyor; "Bizim sanatçılarımızın sesleri 40 yıl önce profesyonel bir ortamda kaydolsaydı bugün elimizde muazzam bir miras olurdu. Üzüldüğüm bir konu odur. Aşê albümünde Elbistanlı sanatçımız Şah Sultan'ın 1975'te yazıp bestelediği 'Yar Fadîma' ve daha sonra yazdığı 'Dildarê' isimli iki eseri de okudum. Albümdeki yedi eser de bana ait."

HASANÎ QOJIKE

Hasanî Qojıke (Hasan Yırtlaz) 1967'de Maxson köyünde doğdu. 1989 yılında İsviçre'ye, 1993'te de Almanya'ya taşındı. Bugün Almanya'nın Friedrichshafen kentinde yaşıyor. Evli ve bir çocuk babasıdır. Hasanî Qojike amatör olarak şarkı sözü yazıyor ve söylüyor. Kendisine ait 30'a yakın beste bulunuyor. Bu eserlerden iki tanesini burada yayınlıyoruz:

Dıno Dınê

Söz-Müzik: Hasanî Qojıke

Poş xa mezmaka magîra
Tu hestiron maworîna
Zotı azî wa burınım
Tu molê mı maşawtîna
Wara wara dıno dınê

Wara wara dıno dınê
Tu bê "Mamo" ka'z bêm "Zînê"
Mı bona Xızıre Kol kır
Î la hındo ta û mınê

Wa won çovon la mı mezkır
Dıle razîl hamo mast kır
Az bêma çı, ku do harım
Dıle razıl ja ta hazkır

Yoyle Wa Sor Bê Bo Nowın

Söz-Müzik: Hasanî Qojıke

Hovîn tınawın zıvıston nowın
Dard tınawın darmon nowın
Kı du dılon ja hav hazkır
Ja hav dûr bûn dıl têr nowın

Çole wa saz bê ov nowin
Mazîle dûr bê gov nowin
Ku du dıle sodıx e la ku na
Ja hav dûr bûn dıl têr nowın

Yoyle wa sor bê ba nowın
Kodîne gundon bê ko nowın
Ku du dıl katına rekake
Ja hav dûr bûn dıl têr nowın

Göçebe Kız[37]

Hüseyin Manaz

Kara gözlerim buğulu
Ömrüm
Alnım ve kollarıma yazılı
Öğütleri vardı büyüklerimin
Kalabalık ailenin utangaç sofrasında
Yağmurlu kıl çadırlarda üşürdüm
Telaşımız erken başlar
Sürüydük
Baharlı göçlere kefen taşırdım sırtımda
Ağlayamam

---

37 İsviçre'de düzenlenen bir şiir yarışmasında Hüseyin Manaz'ın bu şiiri "En İyi İkinci Şiir" *seçildi.*

Utanırım
Sıkılırım güneşten
Ve gündüzlerden

Tam on dördündeydim
Ellerimi vücuduma koymaya çekinirken
Daha annemin ninnileriyle
Baba ocağında rahat uyumadan
Beni uygun gördüler
Beş koyun
İki metre basma karşılığında
Sevmenin
Ve hatta sevişmenin
Ne anlama geldiğini bilmeden
Ağlamaya utanırım
Sıkılırım güneşten
Ve gündüzlerden

At ve eşek sırtında
Göçebeydim
Dinlenmeye fırsat bulmadan
Altı çocuk doğurmuştum
Kaya diplerinde
Zemheride
Hem büyütüp
Hem büyüyecektim
Anneydim
Genç kızlığımı görmeden
İnsan kılığında
Tütün kokan bir adamdı
Ağlayamaya utanırım
Sıkılırım güneşten
Ve gündüzlerden

İntizar ederdim
Yıldızsız gecelerin
Kör kuyularına
Her günüm yıl
Bulutsuz dünyanın amaçsız telaşına
Ölümlerden ölüm geldi
Davetsiz bir günde
Yirmi sekizindeydim
Altı ciğerimi öksüz koyarken
Artık
Ağlamaya utanmıyorum
Sonsuz uykumun
Derin yerinde

AİLELER

AİLELER

Köydeki Sülaleler	Soyadları
Mando'dan meydana gelen aileler	
Molê Îwkî Hasan	Manaz
Molê Olî Hasan	Filimci
Molê Qulke	Manaz
Molê Olakare	Manaz ve İkizer
Molê Oltope	Manaz
Molê Îske	Manaz
Molê Xallo	Menek

Mandık'ın meydana getirdiği aileler

Molê Kıke	Mede
Molê Walî Zere	Mede
Molê Hokaşko	Mede

Bayra Qır'ın meydana getirdiği aileler

Molê Döşke	Günüç
Molê Hemkî Zaynıke	Manay
Molê Olkî Zaynıke	Manay

Maço'nun Meydana Getirdiği Aileler

Molê Tule	Matur
Molê Orıc	Matur
Molê Kawe	Kapıkolu
Molê Made	Fehimli
Molê Hırço	Fehimli
Molê Olkî Momke	Fehimli
Molê Haydkî Momke	Fehimli
Molê Haskî Xelîl	Malgir
Molê Kıleş	Keleşer

Kokır'dan meydana gelen aileler

Molê Cımke	Yırtlaz
Molê Olî Cıme	Yırtlaz
Molê Nusag	Köküballı
Molê Qoje	Kenan
Molê Kurdık	Gördük

Dada Aileleri

Molê Kome	Mendeş
Molê Obbês	Mendeş
Molê Çalle	Enhas
Molê Saydo	Dada

Farklı Kabilelere Mensup Diğer Aileler

Molê Karre	İkizer
Molê Înoce	Dillice
Molê Kurdık	Gördük
Molê Mırşîne	Şirince
Molê Kışe	Faydalı
Molê Yusıv	Cangür
Molê Xurda	Kökseçen
Molê Tose	Maldur
Molê Olkî Îwe	İkizer

Aile olup sülale gibi ayrı isimle bilinenler

Molê Ûtke	Kenan
Molê Çıme	Değirmenci
Molê Olî Karr	Değirmenci
Molê Qoptır	Azman
Molê Mıstî Olagole	

1960 yılı, Maxson köyü

Ayaktakiler Soldan Sağa: Mini elbiseli kız Aşko Bolle, bebek Şukrano Bolle, bebeği kucağına alan kadın köyün öğretmeni Orhan Gümüş'ün eşi Şükran, Tûmko Molê Momke (Köyün komedyenlerinden Bollo'nun eşi), Gûlko Hırço, Dönıko Molê Olkî Zaynıke, önünde ayakta duran kız Alko Qırşe.

Oturanlar Soldan Sağa: İlk kızı çıkaramadık. Oturan yaşlı kadın Bıcê (Bollo'nun annesi), önünde oturan kız Alko Gûlkê Hırço, Bıcê Teyze'nin hemen arkasında duran kız Zalxo Bolle ve en sağda dizlerini kırarak oturan çocuk Bayrıkî Gûlkê Hırço.

Fotoğraf Şukrano Bolle'nin aile arşivinden alınmıştır.

Kitapta Tûmko Molê Momke'nin bir öyküsüne de yer verdik. Bu öyküde analarımızın yeri geldiğinde nasıl fedekârlıklar yaptıklarına şahit olacaksınız.

GOLLO VE MAÇO'DAN GELEN AİLELER

Maxsonluların çoğu Gollo ve Maço isimli iki kardeşin çocuklarıdır. Tahminen 1780 yılı civarında doğuyorlar.

Bugün köyde hem Gollo'dan, hem de Maço'dan gelen çok sayıda aileler var. Önce Gollo'dan gelen aileleri yazalım:

Gollo'dan Îso ve Qıro doğuyor.
Îso'nun iki oğlu oluyor: Mando ve Mandık. Qıro da Bayraqır kabilesinin atasıdır.

Mando'nun çocukları şunlardır:
Hasan: Molê Îwkî Hasan ve Molê Olî Hasan'ın atasıdır.
Mısto: Molê Qulke, Molê Îske ve Molê Olakare'nin atasıdır.
Oltop: Molê Oltope'nin atasıdır.[38]

Mando'nun oğlu Hasan'ın üç oğlu ve üç kızı oluyor. Bunlar Olî, Îwo, Mamo, Basê, Aşê ve Nosê'dir.

Mamo nişanlıyken ölüyor. Aşê Îwkî Oltope ile, Nosê de Hamûton köyünden dayısının oğlu Ûskî Hamûte ile evleniyor. Nosê çocukları olmadan genç yaşta Hakk'a gidiyor. Basê korku almasıyla bilinen Basko Hasan'dır ve Baskê Döşke'nin kaynanasıdır. Olî, Molê Olî Hasan'ı;
Îwo da Molê Îwkî Hasan'ı meydana getiriyor. Şimdi Olî Hasan'ın ailesini anlatarak başlayalım.

---

38 Bu sayfadaki formülasyon Mustafa Filimci, Tahir Filimci, Hasan Filimci ve Basa Sur'un aktardıklarıyla yazıldı. Ancak en önemli pay Mustafa Filimci'ye aittir. O, yıllar boyunca her köye gittiğinde yaşlılarla görüşüyor. Sora sora geçmiş kuşakları buluyor ve 1780 yılına kadar ulaşıyor.

MOLÊ OLÎ HASAN[39]

Olî Hasan soyadı kanunu ardından Filimci soyadını aldı. İki kez evlendi. İlk eşi Zînko Înoce'dir. Zînko Înoce'den olan çocukları şunlardır:

Hasane Olî Hasan
Kule Olî Hasan
Îke Olî Hasan
Mamke Olî Hasan
Çuke Olî Hasan
Noso Olî Hasan

Çuke Olî Hasan iki, kızkardeşi Nosê bir yaşındayken anneleri Zînko Înoce Hakk'a gidiyor. Bir süre sonra Olî Hasan Basko Kawe ile evleniyor. Basko Kawe'den olan çocukları da şunlardır:

Zîno Olî Hasan
Aşo Olî Hasan
Foto Olî Hasan
Basko Olî Hasan
Sıltano Olî Hasan

Basko Kawe önceden evli ve komşu köy Kosîklon'da oturuyormuş. Onun eşi de Hakk'a gidiyor. Olî Hasan ile evlenip Maxson'a gelince iki kızını kendisiyle birlikte getiriyor. İsimleri Zewê ve Xacê'dir. Onlar da Olî Hasan'ın diğer çocuklarıyla beraber büyüyor. Sosyal olarak diğer kardeşleriyle ilişkileri öz kardeş ilişkisi gibi oluyor.

Olî Hasan'ın ailesinde ikiz doğumlar dikkat çekiyor. İlk eşi Zînko Înoce ikiz doğuyor. İkizi Alko Înoce'dir. Olî Hasan ve ikinci eşi Basko

39 Molê Olî Hasan hakkındaki bilgileri torunları Sultan Manay ve Yıldız Filimci'den aldım.

Kawe'nin çocuklarından Basê ve Sıltan'da ikizdir. Çukî Olî Hasan'ın oğlu 1964 doğumlu Ali Filimci'nin bir kızı ve oğlu da ikiz doğdu. İsimleri Basê ve

Diyar'dır. Yine Olî Hasan'ın torunu Sıltanê Mamke'nin de ikiz çocukları doğuyor. Fakat doğumdan kısa bir süre sonra Hakk'a gidiyorlar.

MOLÊ ÎWKÎ HASAN[40]

Maxson köyünde, Mando'nun çocukları genel olarak "Manaz" soyadlıdır. Molê Îwkî Hasan, Molê Oltope, Molê Qulke, Molê Olakare ve Molê Îske buna örnek gösterilebilir. Molê Olakare'nin bazı çocukları "İkizer" soyadlıdır. Bunun nedenini aile ile ilgili bölümde bulabilirsiniz. Mando'nun çocuklarından sadece Olî Hasan Filimci soyadlıdır.

Îwkî Hasan Baskê Made ile evlendi. Çocukları şunlardır:

Îwke Îwkî Hasan
Aşko Îwkî Hasan
Olî Îwkî Hasan
Hısêne Îwkî Hasan
Xaco Îwkî Hasan
Baso Îwkî Hasan
Mıstke Îwkî Hasan
Nûrî Îwkî Hasan
Alîfo Îwkî Hasan

Hısêne Îwkî Hasan "Tato Hüseyin" olarak tanınır ve köyün komedyenlerindendir. Nûrî Îwkî Hasan da köyde liseyi bitiren ilk kişidir.

---

40 Molê Îwkî Hasan hakkındaki bilgileri torunları Sultan Manay ve Yıldız Filimci'den aldım.

MOLÊ OLAKARE, MOLÊ QULKE VE MOLÊ ÎSKE'NİN ÖYKÜSÜ

Mando'nun oğlu Mısto'nun üç çocuğu oluyor. Haske Mıste, Olakar ve Qulke Mıste.[41]

Haske Mıste'nin Ailesi

Haske Mıste Xacko Haspulût ile evlendi. Çocukları şunlardır: Sawê: Halasının oğlu Hokaşko ile evlendi. Gûlık: Hasan Dada'nan annesi, Mamkî Gûlo'nun nenesidir. Qullo: Adı Bayram'dır. Lakabı Qullo. Sultanê Kışe ile evlendi.Basê: Evleniyor. Gençken ölüyor. Çocukları yoktur.

Aile Maxsiyan köyünde Qulo ile sürüyor. Molê Qulke deniyor ama esas ismi Qulke Haske Mıste'dir. İki kez evleniyor. İlk eşinden Haskî Qulke doğuyor. İkinci eşinden olan çocukları da şunlardır: Bayrıke Qulke, Qutoye Qulke (Ali Qute'nin ismidir), Gûlko Qulke, Sawko Qulke, Qışkê Qulke, Mıstke Qulke, Hasane Qulke ve Şakıre Qulke.[42]

Olakar ve Ailesi

Aile köyde Molê Olakare olarak tanınıyor. Olakar'ın üç çocuğu oluyor: Hacî, Murtıza ve Sultan.

Hacî Olakare, Xacko Olkî Îwe ile evleniyor ve üç çocuğu varken genç yaşta ölüyor. Çocukları Alî Salmên, Mamadî Olakare ve Fotkê Salmên'dir.

Xacko Olkî Îwe'yi kayını Murtıza ile evlendiriyorlar. Xacko Olkî Îwe'nin Murtıza'dan da çocukları oluyor. İsimleri şöyle: Elifo Salmên, Quto Salmên, Xaço Salmên, Aşko Salmên ve Mıstke Sur.[43]

---

41 Mısto'nun çocuklarını kaynanam Basa Sur anlattı.

42 Molê Qulke'nin çocuklarını Hasan Yırtlaz sıraladı.

43 Molê Olakare hakkındaki bilgileri Almanya'nın Vilingen-Schweningen kentinte yaşayan Elif Cangür'den aldım. Cangür, Mamadî Olakare'nin kızıdır.

Hacî Olakare'nin çocukları "İkizer" Murtızayî Olakare'nin çocukları "Manaz" soyadını alıyor. Çünkü Haci öldüğü zaman nikahı yoktur. O nedenle çocuklara kimlik çıkarılırken baba hanesine "Ölü Hacı" yazılıyor ve soyadı olarak da çocukların annesinin kızlık soyadı veriliyor.

Murtıza'nın çocukları Elif, Qutê, Xaça, Aşê ve Mısto'da ailenin soyadını; yani "Manaz" soyadını alıyor. Olakar'ın kızı Sultanê Olakare'ye gelince... O da Maxsiyan köyünden Kulî Olî Hasan ile evleniyor.

Qulke Mıste ve Ailesi

Qulke Mıste Maxson köyünden Fotko Bayre ile evleniyor. İki kızı oluyor: Gûdıl ve Gûlık. Gûdil Hokaşko'nun, Gûlık da Mamadolî Hırço'nun annesidir.

Fotko Bayre gençken ölüyor. Qulke Mıste onun üzerine amcasının kızı Basko Hasan ile evleniyor. Basko Hasan'ın Qulık'tan iki çocuğu oluyor:

Mısta Puc ve Zînık. Mısta Puc yöremizin sanatçılarından Hasanî Îske'nin babasıdır. Zînık de Pulyone Juri köyünde Mole Îgîdon'dan Açoʼnun annesidir.

Qulke Mıste ölünce Basko Hasan yine Maxsiyan köyünden ve Molê Karre'nin üyesi olan Îske Haspulute ile evleniyor. Îske Haspulute Basko Hasan'ın evine yerleşiyor ve aile onun adıyla tanınıyor, Molê Îske deniyor.

Basko Hasan ve Îske Haspulute'nin önce bir oğlu oluyor ve ölüyor. Sonra dört kızları doğuyor. Kızlarının isimleri ve kısa bilgileri şöyledir:

Nosik: Lordînon'da Bozdağ ailesinin yaşlılarından Poşoyî Sılke ile evleniyor. Yanında altı ay kalıyor ve Kolık ölüyor. Ama Kolık'ın ölümünden birkaç ay sonra bir bebeği oluyor.

Aşê: Andoyî Îwkî Oltope ile evlendi.

Xacê: Xacê Murtızayî Olakare ile evliydi. Hısêne Sêdix onu kaçırdı. Mıstke Kome ve Hısêne Şekır'de kaçırmaya yardım ediyor. Murtıza'nın bir silahı varmış. Vurmak için sıkıyor, kurşun değmiyor. Bunun üzerine,"Sen işe yaramadın" deyip, silahı taşa vurup kırıyor.

Sultan: Dî Şakoke'de evlendi.[44]

---

44 Qulke Mıste ve ailesi hakkındaki bilgileri kaynanam Basa Sur anlattı. Yazıda adı

MOLÊ OLTOPE[45]

Oltop Mando'nun oğludur ve tahminen 1865'te doğuyor. Gollo'ya kadar olan secerisini önce vermiştik. İki kızı ve bir oğlu oluyor. Çocukları Xacê, Nosê ve Îwo'dur. Nosê Olîbagon'da, Xacê Sofîlon'da evleniyor.

Îwo Îwkî Oltope olarak tanınıyor. İki kez evleniyor. İlk eşi Aşko Hasan'dır. Ondan Fotko Oltope, Andoye Oltope ve Xıme Oltope doğuyor.

İkinci eşi Gûlko Şekır'dır (Mıstke Şekır'ın kızkardeşi). Bu evlilikten de Dakolo Oltope ve Çuke Oltope dünyaya geliyor.

Fotê Pulyane Juri köyünde, Dakol da Dî Bêxça'da evleniyor.

Çuke Oltope'nin Çocukları

Gûlê Çuke, Hisênî Çuke, Mistî Çuke, Noskê Çuke, Mamî Çuke, Sawkê Çuke, Haskoyî Çuke ve Xackê Çuke.

Andoye Oltope'nin Çocukları

Andoyî Oltope iki kez evlendi. İlk eşi Aşkê Molê Îskî Haspulute'dir. Ondan Îwkî Ando, Xackê Ando ve Çukî Ando doğdu.

Aşê Hakk'a gidince Ando Dî Biye köyünden Sanam ile evleniyor. Sanam'dan doğan çocukları da şunlardır: Aşkê Saname, Fotkê Saname, Baskê Saname ve Elifê Saname.

Xıme Oltope'nin Çocukları

Ximo iki kez evlendi. İlk eşi Noskê Molê Olî Hasan, ikinci eşi Aşê Qoptir'dir. Nosê'den olan çocukları Aşkê Xime, Fotkê Xime ve Baskê Xime'dir.

Aşê Qoptir'dan olan çocukları ise Alê Xime, Songûlê Xime, Aytonê Xime, Alî Xime, Îwkî Xime, Hasanî Xime ve Dakolo Xime'dir.

---

geçen Baskê Hasan, kaynanamın halasıdır.

45 Molê Oltope hakkındaki bilgileri kaynanam Baso Sur'dan ve Almanya'nın Friedrichshafen kentinde yaşayan Gûlko Hısênî Çuke'den aldım.

MOLÊ XALLO

Aile Calot'un torunlarıdır. Soyadı kanunu ardından "Menek" soyadı alan aileye köyde Molê Xallo deniyor. 1955 doğumlu olan Olî Xalo (Tulu-Ali Menek) Calot'u şöyle tanıtıyor;

"Büyük nenem Calot ile Oltop nişanlanıyor. Ama Oltop'a değil, başka bir kişiye aşık oluyor. Onun adı da Ollım. Ollım güçlü bir adam olduğu için, parayla dereden insan geçiriyor. Köprünün olmadığı zamanlar... Ollım ve Calot kaçıyorlar. Ceyhan'ın Kızıldere köyüne gidip oraya yerleşiyorlar. Calot ve Ollım'ın iki oğlu oluyor. İsimleri Sılo ve Xallo. Ollım bir kez daha evlenmek istiyor. Calot 'Evlenirsen seni terk ederim' diyor. Ollım onu dinlemiyor ve evleniyor. Onun üzerine Calot, iki oğlunu alıp bizim köylülerin yanına geliyor. Ollım'ın ikinci eşinden olan çocuklarına Kızıldere köyünde 'Molê Kezıke' diyorlar ama tanımıyoruz. Calot'un oğlu Sılo, Aşko Sıle ile evleniyor. Hiç çocuğu olmuyor ve ölüyor. Aşko Sıle Sılo'dan sonra Ayle Mamıke ile evleniyor ama ondan da çocuğu olmuyor. Calot'un diğer oğlu Xallo da babamın babasıdır. Babamın adı da Xallo'dur. Calot Maxsî'dir ve Mandon kabilesindendir."

Xaloyî Xalî Calote'nin Çocukları
Mıstke Turîst, Alko Xallo, Fotko Xallo, Olî Xallo, Zalxo Xallo, Gûlkê Xallo, Hasane Xallo, Sultano Xallo ve Xalke Xallo.

MANDIK'IN MEYDANA GETİRDİĞİ AİLELER[46]

Gollo'dan Îso ve Qıro doğuyor. Îso'dan Mando ve Mandık doğuyor. Mando'nun çocuklarını yazdık. Şimdi Mandık'ın çocuklarını yazalım: Dört oğlu, üç kızı doğuyor. İsimleri Olî, Hokaş, Walî Zere, Kıko, Elıf, Fotê ve Zînê.

---

46 Mandık'ın çocukları hakkındaki bilgileri Tahir Filimci'den; Molê Kıke, Molê Walî Zere ve Molê Hokaşko hakkındaki bilgileri de Hasan Yırtlaz'dan aldım.

Olî, Gûdîlê Mıstî Mande ile evleniyor.
Hokaş, iki evlilik yapıyor. Eşlerinin adı Donê ve Basê.
Walî Zere, Gûlê Olî Bayre ile evleniyor.
Kıko, Gûlê Calote ile evleniyor. Kıko'nun adı Mamo'dur.

Elıf, Samkî Înoce ile,
Fotê, Xidkon'da,
Zînê ise Toso ile evleniyor.

Günümüzde Molê Kıke, Molê Walî Zere, Molê Hokaş ve Molê Hokaşko (Olî Mandıke'nin oğlu) olarak çağırdığımız aileler Mandık'ın sülalesidir.Soyadı kanunu ile birlikte aile "Mede" soyadı almıştır.

Molê Kıke'nin Çocukları
Basko Kıke, Alî Kıke, Alko Kıke, Hokaşe Kıke, Zînko Kıke, Hasane Kıke, Zalxo Kıke, Fîdono Kıke ve Walî Kıke.

Molê Walî Zere'nin Çocukları
Alko Walî Zere, Zînko Walî Zere, Olke Walî Zere, Mıste Walî Zere, Basko Walî Zere, Canko Walî Zere, Hisêne Walî Zere, Fotko Walî Zere.
Ailenin büyüğü Alko Walî Zere'dir ve şu anda 80 yaşının üzerindedir.

Molê Hokaşko
Alî Mandıke ve Gûdîlo Qulkî Mıstî Mande'nin evliliğinden üç çocukları oluyor. Alko, Hokaşko ve Walî.

Alko, Cımke Molê Îwî Kokır ile evleniyor.
Walî, Döndüyo Molê Samkî Înoce ile evleniyor. Alık ve Hasan isimli iki çocukları oluyor. Walî genç yaşta Çıgîl köyünün yanında trafik kazasında yaşamını yitiriyor.

Hokaşko'da evleniyor ve çocukları oluyor. Ailenin büyüğü olarak Hokaşko kaldığı için aile Molê Alî Mandıke değil, zamanla Molê

Hokaşko olarak tanınıyor. Hokaşko'nun çocukları şunlardır: Hısên, Walî, Mamo, Basê, Aşê, Alî, Alê ve Sultan. Walî de maalesef amcası gibi bir trafik kazasında hayatını kaybediyor. O, kazayla ölen amcasının adıydı. 90'lı yıllarda yaşamını yitiriyor.

Mandık'ın oğlu Hokaş'da Dî Ûrım'a yerleşiyor. Çocukları orada yaşamaktadır. Alî Mandıke'nin eşi Gûdîlê Mıstî Mande'nin gerçek adı Basê'ydi. Gûdîl lakabıdır. O da doğum sırasında yaşamını yitiriyor.

Îwke Îwkî Hasan ve Ailesi

Îwke Îwkî Hasan'ın oğlu Ali Manaz fotoğrafın bilgilerini şöyle paylaştı: "Siyah önlüklü olan kardeşim Cahit, ayakta duran genç benim. Yanımızda ayakta duran çocuk kızkardeşim Cemile. Sandalyede oturan babam (Îwke Îwkî Hasan), yanındaki kızkardeşim Xacê.

Benim arkamdaki kızkardeşim Fîrdos, yanındaki annem (Fotko Înoce), kucağındaki kızkardeşim Alîf.

Fötr şapkalı adam Nuri amcam, kucağındaki çocuk ölen kardeşim Nuri'dir.

En arkada görünenler ise: Soldaki Basê halamın (Basa Sur) oğlu Olo ve Kome Molê Zewe."

MOLE BAYRA QIRON[47]

Maxson köyünde "Manay" ve "Günüç" soyadlı aileler Bayra Qiran kabilesine mensuptur. Bu aileler şu isimlerle tanınır: Molê Hemkî Zaynike (Manay), Molê Olkî Zaynike (Manay) ve Molê Döşke (Günüç).

Ailenin silsilesi Gollo ile başlar, Qiro ile devam eder. Qiro'nun üç oğlu olur: Bayro, Olık ve Mamo.

Bayro Sarız'lı Zaynık ile evlenir. Bir kızı, iki oğlu olur. İsimleri Alê, Hemkî Zaynıke ve Olkî Zaynıke'dir. Manay soyadlı aileler ninesi Zaynê'nn adıyla anılırlar.

MOLÊ DÖŞKE

Hasan Günüç Almanya'nın Nürnberg kentinde yaşıyor. O Bayrikî Döşke'nin oğludur. Aile silsilesini kendisinden başlatarak geriye doğru şöyle götürüyor; "Ben Hasan. Bayro babam, Döşo dedem. Dedemin babası Olik ve dedemin dedesi Qiro."

Hasanî Kulle'nin (Hasan Filimci) aktardığına göre Döşo'nun babası Olî Bayre 1. Dünya Savaşı'nda kayboluyor. Gidiyor ve gelmiyor.

Maxsiyan köyünde Günüç soyadlı aileler Döşo'nun çocuklarıdır. Döşo'nun çocukları şunlardır:
Bayrıke Döşke : Zaynıko Olkî Zaynıke ile evlendi.
Olke Döşke: Gûlko Hırço ile evlendi.
Dönko Döşke: Deliz köyünde Mıstkî Sımıl ile evleniyor.
Basko Döşke: İki kez evleniyor. Mıste Puc ve Haske Qulke ile.
Fotko Döşke: Mıstke Obbês ile evleniyor

---

47 Bu sayfadaki bilgileri Olkî Hemkî Zaynıke, Tahir Filimci ve Hasan Günüç'ten aldım.

MOLÊ HEMKE ZAYNIKE VE OLKE ZAYNIKE

Anlatan: Seyit Manay (Saydkî Bûço)

Bizim aile köken olarak iki kardeştir. Hemke Zaynıke ve Olke Zaynike. Hemke Zaynıke Aşko Tawle ile, Olke Zaynike de Sawko Haydar ile evleniyor. Ben Hemke Zaynike'nin torunuyum.

Hemke Zaynıke'nin Çocukları

Olkî Molê Hemkî Zaynıke (Babam)
Saydî Molê Hemkî Zaynıke
Alkê Molê Hemkî Zaynıke
Xacê Molê Hemkî Zaynıke
Gûlê Molê Hemkî Zaynıke
Hacî Molê Hemkî Zaynıke
Baskê Molê Hemkî Zaynıke
Hemadî Molê Hemkî Zaynıke

Olke Zaynıke'nin Çocukları

Alî Molê Olkî Zaynıke
Hemkî Molê Olkî Zaynıke (Kosa veya Hema Qır olarak tanınır.)
Alkê Molê Olkî Zaynıke
Mamadî Molê Olkî Zaynıke
Dönko Molê Olkî Zaynıke
Derwîşî Molê Olkî Zaynıke
Hısenî Sawkê Haydar (Annesinin adıyla anılır.)
Zaynıkê Molê Olkî Zaynıke.

Olke Molê Hemkî Zaynike'nin oğluyum. Babam Bûço olarak tanınır. Normalde uzun boyludur. Ancak bebekken çok küçükmüş. O nedenle babama küçük anlamında "Bûço" diyorlar. O isim lakap olarak kaldı ve bu zamana kadar babama Bûço diye hitap ediliyor.

Geriye doğru silsilemi şöyle sıralayabilirim: Ben Seyit. Babam Olık, dedem Hemo. Sonra sırayla Bayro, Qıro ve son olarak Gollo geliyor. Ondan ötesini bilmiyoruz. Gollo'ya kadar olan kısmını biz de bilmiyorduk. Mustafa Filimci'nin yaptığı araştırma ile öğrendik.

MAÇO'DAN MEYDANA GELEN AİLELER

Maxson köyünde çoğu ailenin tahminen 1780'de doğan Gollo ve Maço'nun çocukları olduğunu yazmıştık. Gollo'nun torunu olan aileleri sıraladık. Şimdi Maço'dan meydana gelen aileleri tanıyalım.

Maço tahminen 1780'de doğuyor. Bir oğlu var. Adı Îso.

Îso'nun üç oğlu oluyor: Mommo, Kolo ve Qullo.

Maxson'da Molê Kıleş, Molê Kawe, Molê Tule, Molê Orıc, Molê Mıstkî Kışe, Molê Xalaqıre, Molê Made ve Molê Haskî Xelîl Maço'nun torunlarıdır.[48]

Şimdi bu ailelerimizi tanıyalım ve geriye doğru silsilelerini açıklayalım.

MOLÊ ORIC VE MOLÊ TULE49

Maxson köyünde "Matur" soyadlı iki aile vardır: Molê Orıc ve Molê Tule. Sülaleye Molê Qulî Kole deniyor. Qulî Kole'nin iki oğlu, iki kızı oluyor. İsimleri şöyle:

Orıce Molê Qulî Kole: Molê Orıc'ın atası.
Tule Molê Qulî Kole: Molê Tule'nin atası.
Gûlo Molê Qulî Kole
Afo Molê Qulî Kole

---

48 Bu bilgileri Mersin'de yaşayan Mustafa Filimci'den aldım. Araştırma böyle bir olgudur... Aylarca onlarca kişiyle söyleşi yaparsın. Sadece beş cümle için... Mustafa Filimci, 2002-2007 arasında köyün yaşlılarıyla sohbet ederek köyün aile ağacını büyük oranda tamamlıyor. Kimi eksik kalan yanlarını da yeğeni Tahir Filimci tamamlıyor.

49 Molê Orıc ve Molê Tule hakkındaki bilgileri İsviçre'nin Basel kentinde Ali Matur'dan aldım. Qolî Kole'nin Maço'ya kadar silsilesini ise köyün aile ağacını hazırlayan Mustafa Filimci anlattı.

Orıce Molê Qulî Kole'nin çocukları
Hacî Orıc: Şair Bejan Matur'un babasıdır.
Gûlo Orıc
Afo (Morê) Orıc
Olke Orıc ve
Xaço Orıc.

Tule Molê Qulî Kole'nin çocukları
Momke Tule: Ali Matur'un babası.
Mıstke Tule (Posto): 10 yıl hapis yatan Mustafa Matur onun ismidir.
Orıce Tule
Haciye Tule
Sawo Tule
Qışko Tule
Hısêne Tule
Zîno Tule
Durane Tule ve
Hasane Tule.

Bejan Matur'u örnek verirsek ailenin silsilesi geriye doğru, 1780 yılına kadar şöyle gidiyor: Bejan, Haci, Orıc, Qulo, Kolo, Îso ve Maço.

MOLÊ KAWE[50]

Matur ailesi ile Molê Kawe amca çocuklarıdır. İki aile Kolo'nun torunlarıdır. Kolo'nun iki oğlu var. Birisi Matur'ların dedesi Qule Kole, diğeri de Kawo.

Kawo'dan "Kapıkolu" soyadlı Molê Hısenî Kawe meydana geliyor. Kawo tahminen 1840'larda doğuyor. Köyün ilk muhtarıdır. İki kez evleniyor. İlk eşi Gûlo Husî Kurdık, ikinci eşi de Sultano Kome'dir.

---

50 Bu bölümün bilgilerini İsviçre'de görüştüğüm Tahir Filimci aktardı. Xacko Kawe, Tahir Filimci'nin anneannesidir.

Birinci eşinden üç çocuğu oluyor:

Aşê: Hemke Xurda'nın eşi.

Afê: Salmanîpok'tan Ballo'nun eşi.

Kullo: Kullo, birinci dünya savaşına gönderiliyor ve dönmüyor. Afrin'e gidiyor. Orada kalıyor ve evleniyor. 2002'de torunlarının orada yaşadığı öğreniliyor. Orada da aileye Molê Kawe deniyor.

Kawo'nun ikinci eşinden doğan çocukları da şunlardır:

Basê: Olî Hasan ile evleniyor.

Mamo: Zîno Karre ile evleniyor. Zîno Karre hamile iken Mamo ölüyor.

Zînê kayını Hısêne Kawe ile evlendiriliyor. O arada çocuk da doğuyor.

Adı Xackê Kawe'dir. Hısêne Kawe çocuğu kabulleniyor ve babası gibi yetiştiriyor.

Hısên: Zînê Karre ile evlendiğini yazdık.

Xacê: Mıste Olagole ile evleniyor.

Alê: Mistke Kışe ile evleniyor.

Zînê: Dî Fîlle köyünde Îrbome Qame ile evleniyor.

Kawo'nun soyu erkeklerden gidersen Hısêne Kawe ile sürüyor. Hısêne Kawe'nin çocukları da şunlardır:

Hısênî Kaweyî Bıçuk: Alko Mıstkî Kome ile evli.

Zînê: Hısêne Walî Zerke ile evli.

Basê: Balıkalan'da evli.

Sultan: Seyfi ile evli.

Alê: Hamoyî Komke ile evli.

Xacê: Mam Totık ile evlendi. Xacê yukarıda da yazdık. Esasında Mamo'nun kızıdır. Hısênî Kawe büyüttüğü için onun adıyla anılmaktadır.

MOMMO'NUN TORUNLARI[51]

Maço tahminen 1780'de doğuyor. Bir oğlu var. Adı Îso. Îso'nun üç oğlu oluyor: Kolo, Qullo ve Mommo. Kolo ve Qullo'nun torunlarını yazdık. Şimdi de Mommo'dan meydana gelen aileleri yazalım.

Mommo'nun bir oğlu oluyor. İsmi Olî. Olî'nin de üç çocuğu oluyor:

Mado: Molê Made dediğimiz ailenin atasıdır.
Xallo: Haske Xalîl'in babasıdır.
Mommo: Dedesinin adıdır. Mommî Olî Momme olarak biliniyor. Maxsiyan köyünde Molê Haydkî
Momme, Molê Olkî Momme ve Molê Hırço olarak bilinen üç ailenin babasıdır.

MOLÊ MADE

Mado'nun ailesine Molê Made deniyor. Soyadları "Fehimli"dir. Mado'nun iki kızı, bir oğlu oluyor. Çocukları şunlardır:

Basko Made: Îwke Hasan ile evlendi.
Tıfo Made: Haydke Xalle ile evlendi.
Xalle Made

Xalle Made'nin de iki kızı ve üç oğlu dünyaya geliyor. Çocukları şunlardır:
Basê: Nusag'ın ilk eşi.
Fidan: Olî Tanaka'nın ilk eşi. Genç yaşta Hakka yürüdü. Bugün Almanya'nın Bonn kentinde yaşayan Îko'nun annesidir.
Mısto: Eşi Deliz'lidir.
Olî: Gûlo Koke ile evlendi.
Hasan: Sawko Tule ile evlendi.

---

51 Bu bölümün bilgilerini kaynanam Basa Sur, Mustafa Filimci ve Ayşe Fehimli'den aldım.

MOLÊ HASKE XELÎL[52]

Önce Haske Xelîl'in dört kızkardeşini tanıyalım:

Basê (Sosê): Ali Çawuş'un annesidir.
Afê: Dî Urim'da evleniyor.
Zînê: İslahiye'de evleniyor.
Madık: Karahasan'da evleniyor.
Haske Xelîl ise Qaraşk ile evleniyor. Çocukları şunlardır:

Olî: Turist Ali olarak tanınıyor. Gûlko Haydıkî Momke ile evlendi. Gûlko Momke İsviçre'ye gelen ilk Maxsonlu gelindir. Kitapta Matê Gûl ile yaptığımız söyleşide yer almaktadır. Turist Ali aynı zamanda Köy Vakfı kurucularından olan Hüseyin Malgir'in babasıdır.
Zînê: Ali Çavuş'un ilk eşidir.
Hısên: Sawko Çuke ile evlendi.
Mısto: Lakabı Kalam. Sultano Gûlışe ile evlendi. Genç yaşta Hakk'a yürüdü. Kitapta Kalam'ın öyküsünü yazdık.
Mamado: Alko Hokaş ile evlendi.
Afê: Kaza kurşunuyla henüz yeni evli bir gelinken yaşamını yitirdi. Kitapta öyküsünü yazdık.

MOLÊ OLKÎ MOMME, MOLÊ HIRÇO VE MOLÊ HAYDKÎ MOMME

Mommo'nun torunu Mommo'ya yani Momî Olî Mome'ye gelirsek...
Üç çocuğu oluyor: Haydo, Olık (Mocır) ve Hırço. Günümüzde Haydo'nun ailesine Molê Haydkî Momke, Hırço'nun ailesine de Molê Hırço deniyor.

---

52 Bu bölümün bilgilerini İsviçre'de Gûlko Momke ve Hüseyin Malgir'den aldım.

Haydo, Zînko Lolle ile evleniyor. Çocukları şunlardır:
Mommo: Sultano Hısêne Hacî ile,
Mısto (Tulas): Aşko Xıme ile,
Xalaqır: Gûlış ile evlendi.
Haso: İki kere evleniyor. İlk eşi Tıfko Kıleş'tir. İkinci eşi Çatalhöyük köyündendir.
Gûlê: Turist Ali ile evlendi. Portreler bölümünde öyküsüne bkz.
Tûmê: Bollo ile evlendi.
Fotê: Deliz'de evleniyor.

Hırço ise Gûlko Mıste ile evleniyor. Çocukları şunlardır:
Mamadolî: Alko Samılî Înoce ile,
Aşê: Haske Xelîl ile,
Zînê: Huse Înoce ile,
Gûlê: Olke Döşke ile evlendi.
Basê: Dî Mûse'de ve
Afê: Delız'de evlendiler.

Olık (Mocır), Aşko Kêvır ile evleniyor. Haso isimli bir oğlu oluyor.

Haso da Karro Bage ile evleniyor. Köyde ailesine Molê Hasanî Momke deniyor. (Olık ve oğlunun öyküsünü kitabın "Önemli Olaylar" bölümünde "Devenin Öldürdüğü Adam" başlıklı yazıda okuyabilirsiniz.

MOLÊ KILÊŞ

Maxson köyünde "Keleşer" soyadlı aile Kıleş'in çocuklarıdır.
Kıleş, Haydke Xalle'nin oğludur.
Kıleş'in dört kızkardeşi oluyor. İsimleri şöyle:
Sultan (Kutê): Hasane Mıstke Kışe ile evleniyor.
Sawê: Pısê olarak biliniyor. Şirince ailesinden Mıçılî'nin annesi.
Bıcê: Haske Karre'nin eşidir.
Aşkal: Nusag, Surê, Aşko ve Gulış'ın annesidir.

MOLÊ KIŞE

Maço'dan Îso; Îso'dan Qullo oldu. Qullo'nun iki oğlu oldu. Kışo ve Xallo. Xallo, Keleşer soyadlı ailelerin dedesi. Kışo da Molê Kışe'yi oluşturuyor.

"Faydalı" soyadını alan Kışo'nun altı çocuğu oluyor: Mıstke Kışe, Mamke Kışe, Olke Kışe, Aşko Kışe, Gûlko Kışe ve Sıltıko Kışe. Çocuklarını kısaca tanıtacak olursak...

Faydalı Ailesinden bir görüntü... (Foto: Sait İkizer Arşivi)

Mıstke Kişe: 1946 doğumlu olan Mustafa Menek (Mıstî Turist) ile İsviçre/Basel'de görüştüm. Onun anlattığına göre, Mıstke Kışe'yi bekarken seferberliğe götürüyorlar. Yedi sene esir kalıyor. Köye döndüğünde Alko Kawe ile evleniyor. Tek bir oğlu oluyor: Hasane Mıstke Kışe diyorlar. Alê gençken Hakk'a gidiyor. Mıstke Kışe yeniden evlenmiyor. Mıstî Turist Hasane Mıstke Kışe'yi şöyle tanıtıyor; "Babamın dayısının oğluydu. Hasan'ın çocukları da şunlardır: Aşê, Hasan Hüseyin, Alê, Sawê, Mısto, Tıfê, Ozık ve Keleş."

Mamke Kışe: 1940'ların başında, bekarken ölüyor.

Olke Kışe: Afko Qulî Kole ile evleniyor. Sultan isminde bir kız çocuğu oluyor. Kız bebekken Olke Kışe ölüyor. Eşi Afê Dî Şakoke'den birisiyle evlenince Sultan, amcası Mıstke Kışe'nin yanında büyüyor. Mıstî Turist Sultan'ın yaşı hakkında şu bilgiyi veriyor; "Sultan annemin yaşındaydı. Bizim köyde Qulo amca ile evlendi."

Aşko Kışe: Mıste Adane ile evleniyor ve Kızıldere köyüne yerleşiyor.

Gûlko Kışe: Xalî Calote'nin eşi.

Sıltıko Kışe: Olîbagon'da evleniyor.

Mıste Turist'in anlattığına göre, Kışo'nun üç oğlu Mıstık, Olık ve Mamık Maxsiyan köyünün komedyenlerindendi. "Her şeyde bir komedi yaratabiliyorlardı" diyen Mıste Turist, onların hazır cevap olduklarını, küfür ederken bile insanları güldürebildiklerini anlatıyor. Devamla, sadece Mıstke Kışe'yi gördüğünü, onun da 1964 yılında Hakk'a yürüdüğünü söylüyor ve ekliyor; "Olke Kışe ve Mamke Kışe'ye yetişemedim. Ama büyüklerimiz onların şakalarını hep anlatırdı."

MAXSON KÖYÜNDEKİ DİĞER SÜLALELER

Maxson köyünde Gollo ve Maço isimli iki kardeşin meydana getirdiği aileleri yazdık. Onun dışında yer alan bazı ana kabileler ise şunlardır: Molê Kokır, Molê Karre ve Molê Înoce. Molê Înoce'yi tanıtarak başlayalım.

MOLÊ ÎNOCE

Molê Înoce'nin atası Sıngkort'tur. "Sıng" göğüs kafesi, "kort" çukur demektir. Tahir Filimci, Sıngkort'un göğüs kafesinin doğuştan çukur olduğunu anlatıyor. 53 Söylediğine göre dedesi Kulî Olî Hasan'ın göğüs kafesi de çukurmuş. Bir gen aktarımından söz eden Tahir, bağlantıyı şöyle kuruyor: "Dedem Olî Hasan Zînê Înoce ile evlendi. Zînê Înoce de Sıngkort'un torunu ve Kulî Olî Hasan'ın annesidir."

Sıngkort Maxsî değil. İki çocuğu oluyor: Înoc ve Walca. Walca Soflon'a yerleşiyor. Walcan'ın Hısên ve Walî isimli iki çocuğu oluyor. Walî bekarken ölüyor. Hısên de Soflon'da yaşıyor.

O dönem Maxsî aileleri kış aylarında Dî Bêxça'da konaklıyor. Înoc, yani günümüzde Molê Înoce olarak bilinen ailelerin atası, Maxsî ailelerin konakladıkları yere gidiyor. Oraya yerleşmek ve onlarla beraber hareket etmek istediğini söylüyor. Maxsiler kabul ediyor ve beraber yaşamaya başlıyorlar.

Tahir'in babası Hasan Filimci, Înoc'un Sinamil aşiretinin Owonon kabilesinden olduğunu, bu kabilenin günümüzde Çıgîl, Olîbagon ve Xıdkon köylerinde yaşadığını anlatıyor.[54] Owonon kabilesinin aşiretin Aziz'den gelen çocukları olduğunu aktaran Hasan Filimci, devamla şu enteresan öyküyü bizimle paylaşıyor; "Sıngkort'un oğullarından Înoc çocuklarıyla beraber Maxsiyanlıların konakladıkları Dî Bexça'ya geliyor ve onlara katılıyor. Tarih 1800'lerin sonlarını gösteriyor. Olî Hasan'ın abisi Mamo nişanlıyken ölüyor. Nişanlısını Olî Hasan ile evlendirmek istiyorlar. Nişanlısı dada kızıdır. Olî Hasan, 'Ben yengemle evlenmem' diyor. Zînê Înoce'yi seviyor ve onu kaçırıyor. Dadanın ailesi de Olî Hasan'ı o dönemin ağası Tapo'ya şikayet

---

53 Tahir Filimci ile 18 Ocak 2019 günü İsviçre'nin Küssnacht Am Rigi kentinde görüştüm.

54 Hasan Filimci Tahir'in babasıdır ve köyde yaşamaktadır. Hasan Amca ile telefon üzeri görüştük. Köylüler onu "Köyün kara kutusu" olarak adlandırıyor. Çünkü, köyün tarihini iyi biliyor.

ediyor. Tapo'nun adamları da Olî Hasan'a diş geçiremeyince, Înoc'un kıl çadırını yıkıyor ve keçilerine el koyuyorlar. Keçileri de altı taneymiş. Sonra bizim köylüler onlara sahip çıkıyor. 'Her birimiz sana birer keçi-koyun veririz. Bizim yanımızda kalmaya devam edersiniz' diyorlar. Bizim köylü kadınlar o zaman ağanın evinde çalışıyor ve yün eğiriyorlarmış. Ağa onlara 'dastbır' yani bahşiş vermek istemiş. Kadınlar, 'Bize bahşiş vermeyin. Senin adamların fakir-fukaraların keçilerine el koydu. Onları geri verin' diyorlar. Tapo Ağa o zaman keçileri geri yolluyor."

Tahir Filimci, Înoc'un yalnız geldiğini ama köyün köklü ailelerinden biri haline geldiğini anlatıyor. "Molê Înoce köyün hemen hepsiyle akrabadır" diyen Tahir, bunu şöyle açıklıyor;

"Înoc'un Samo, Alê, Zînê ve Aşê isimli dört çocuğu oluyor. Alê ve Zînê ikizdir. Samo, Samî Înoce'dir. Alê Kirni'de İsmoîle Qıre ile, Zînê dedem Olî Hasan ve Aşê de Kirni'de evleniyor. Samî Înoce'nin çocukları da bizim köyün değişik sülaleleriyle evlenince bütün köyle akraba oldular." Tahir, Samî Înoce'nin çocuklarını ve kimlerle evlendiklerini de şöyle açıklıyor; Çocukları Huso, Qamo, Aşê, Zînê, Alê, Donê ve Fotık'tır. Zînê dışındaki bütün çocukları bizim köylülerle evlendi. Köye kök saldılar. Huso: Zînko Hırço ile, Qamo: Aşko Komke ile, Aşê: Tulo ile, Alê: Mamadolî Hırçe ile, Döndü: Walî Alî Mandıke ile,

Fotık: Îwke Îwkî Hasan ile evlendi. Zînê de Kirni'de evleniyor. Böylece köyün çoğuyla akraba oluyorlar."

MOLÊ KOKIR

Maxson köyündeki ana kabilelerden birini Kokır oluşturuyor. Bugün Molê Cımke (Yırtlaz), Molê Olî Cıme (Yırtlaz), Molê Nusag (Köküballı), Molê Qoje (Kenan) olarak bilinen ailelerin atası Kokır'dır. Yine torunu Aşo Cıme üzerinden de Molê Kurdık (Gördük) da bu kabile içinde yeralmaktadır. Şimdi ailenin hikayesini geçelim...

Kabileyi Kokır başlatıyor. Maxsî'dir ve tahminen 1840'ta doğuyor.

Kokır'ın iki oğlu oluyor: Îwke Kokır ve Cımke Kokır. Onların doğum tarihleri de tahminen 1860-1870 arasıdır.

Îwke Kokır'ın Cımık ve Pınıx isimli iki oğlu oluyor.

Cımık, Alî Mandıke'nin kızı Alko ile evleniyor ve beş çocuğu oluyor. Çocukları şunlardır:

Basko Cımke: Mıste Qoptır ile,
Gûlê: Qojıke Olî Cıme ile,
Momık: Aşko Mıstkî Tose ile,
Olî: Sawko Qulke ile ve
Aşê: Olî Qoje ile evleniyor.

Îwo: Divaneydi. Askerlik çağı geliyor. "Pusulan geldi. Seni askere götürecekler" diyorlar ve korkudan ölüyor. Hasane Qojıke (Yırtlaz), "O dayımı ben de gördüm. Ben 9-10 yaşındaydım" diyor.

Pınıx'a gelirsek... Pınıx, Haydke Xalle'nin kızı Aşgal ile evleniyor. Çocukları şunlardır:

Mommo: Lakabı Nusag'tır. Onun oluşturduğu aile günümüzde Molê Nusag olarak biliniyor.

Basê: Lakabı Surê. Kirni'den Samî Êzîz ile,
Aşko: Mıstke Kome ile ve
Gûlış: Xalla Qıro ile evleniyor.

Tekrar en başa gidelim. Kokır'ın diğer oğlu Cımke Kokır'ın çocuklarını tanıyalım. Üç çocuğu oluyor:

Olî: Tahminen 1905'te doğuyor. Olî Cıme olarak tanınıyor. Baso Olî Bayre ile evlendi.

Aşê: Aşo Cıme olarak tanınıyor. Mame Husî Kurdık ile evlendi. Ailesine Molê Kurdık deniyor.

Qojo: Qoje Cımke olarak tanınıyor. Canê Ûte ile evlendi. Ailesine bugün Molê Qoje deniyor.

1905 doğumlu Olî Cıme'nin çocukları ise şunlardır:
Aşê: 8 yaşındayken ölüyor.
Gûlo Olî Cıme: Kosîklon'da Hasan Terlikli ile evlendi.
Mamade Olî Cıme: Zînkê Walî Zere ile evlendi.
Qojıke Olî Cıme: Adı Mustafa'dır. Gûlko Cımke ile evlendi.
Çuke Olî Cıme: Cano Tose ile evlendi.
Sultano Olî Cıme: Oloye Haske Karre ile evlendi.
Aşko Olî Cıme: Olke Walî Zere ile evlendi.

Molê Kurdık'ı meydana getiren Aşo Cıme ile Mamî Husî Kurdık'ın çocukları ise şunlardır:
İlk oğlu Olazar (Olî) 17 yaşında dalağı şişiyor ve ölüyor.
Sonra Koko isimli bir oğulları oluyor. O, Alko Olkî Îwe ile evlendi.
Ardından Mam Tujık isimli çocukları doğuyor. Babasıyla aynı ismi taşıyan Mam Tujik, Qumrê ile evlendi.

Üç çocuktan sonra Aşo Cıme ölüyor. Mamî Husî Kurdık, Foto Kurdık ile evleniyor. Foto Kurdık Elbistan'ın Çutlıg köyündendir. Onların da dört çocuğu oluyor.
Aşê: Koynê Hêcîr'de Xalî Bayrıke'nin oğlu Xallo ile evleniyor.
Xacê: Maxsiyan'da Orıce Tule ile evlendi.
Zalxê: Xıdkon köyünde Haci Solma ile evlendi.
Hasan: Zalxo Mıstke Kome ile evlendi. Maxsiyan Vakfı kurucularından ve vakfa yıllarca emek veren insanlardan biridir. Hasane Kurdık olarak tanınıyor. Resmi adı Hasan Gördük'tür. Fridrichshafen'da yaşamaktadır.

Qojî Cıme'nin çocukları ise şunlardır:
Mılaye Molê Qoje: Soyadı Kenan. Dayısı Ûtke Ûtke Kenan soyadlıdır. 60'lı yıllarda Elbistan/Anbar'dan Maxsiyan köyüne yerleşti. Mılaye Qoje dayısının soyadını aldı. Sanatçı Bülent Kenan'ın babasıdır.
Hasane Molê Qoje: Soyadını Yırtlaz yaptı.

Olî Molê Qoje: Soyadı Yırtlaz.

Mıstke Molê Qoje: Soyadını Can yaptı.

Alko Molê Qoje: Mamke Mıstkî Qoptır ile evli.

Ûtke Ûtke, 1986 yılında bir trafik kazasında Hakka yürüyor. Mılaye Molê Qoje dayısının Hakka gidiş olayını şöyle anlatıyor; "Dayım Narlı'da bir kahve çalıştırıyordu. Mame Falle de Elbistanlı ve Narlı'da oturuyordu. Akrabalardı. Dayıma, 'Kahveyi kapat. Elbistan'a gidelim. Bir gelin getireceğiz' diyor. Dönerken Ali Kayası'nın yanında otobüs devriliyor ve beş kişi ölüyor. O zaman Mame Falle, dayım, iki kadın ve bir kişi daha ölmüştü. Ûto dayımın mezarı bizim köydedir."

8 Yaşında Ölen Kız

Olî Cıme Maxson köyünün dengbêjiydi. Soyadı Yırtlaz'dır. 1988'de Hakk'a giden Olî Cıme Mame Alan, Siyabend û Xecê, Derweşê Evdî, Kulık ve Aşê Îwe gibi uzun destanları söylerdi. Koyun besiciliği yapan Olî Cıme, Fridrichshafen kentinde yaşayan Hasan Yırtlaz'ın dedesidir. Yırtlaz, Olî Cıme'nin bir kızının 8 yaşındayken korkudan öldüğünü anlatıyor;

"Olî Cıme'nin ilk kızı Aşê 8 yaşındayken ölüyor. Nasıl oluyor? Babası askerden dönüyor. Üzerinde askeri elbiseler varmış. O zaman Aşê Pozî Qırêc'in yanında kuzuları yayıyor. Babasını askeri elbiselerle görünce çok korkuyor. Bakıyor ki babası... 'Wiy Bovoyî mına' diyor ama bir-iki hafta geçmeden ölüyor. Benim Aşê halam onun ismidir. Dedem hep o halamı anlatırdı. Olî Cıme orta boyluydu. Bizim köylü Baso Olî Bayre ile evliydi."

MOLÊ KARRE[55]

Vakti zamanında Maxsi olan bir ailede ikiz çocuklar dünyaya gelir. Onların oluşturduğu ailelere bugün Mole Cewiyon deniyor. Maxson köyünde yaşayan bu aileler Molê Karre, Molê Tose-Molê Çıme

---

55 Bu bölümün bilgilerini Mustafa Filimci ve Dor-Tahir Filimci'den aldım.

(Toso ile Çımo kardeştir), Molê Olkî Îwe ve Molê Îske'dir. Önce Molê Karre'yi tanıyalım.

Molê Karre'de Karro isimli insanlar çoktur. Karışmaması için baştan itibaren anlatalım... Tahminen 1850'lerde doğmuş olan Karro isimli bir Maxsî var. Bunun geçmişini bilmiyoruz. Karro'nun iki oğlu oluyor: Samo ve Haso.

Haso, Olîbagon köyünden Afê ile evleniyor. Bu evlilikten bir oğlan ve üç kız doğuyor. Çocukları şunlardır: Karro: Dedesinin adını alıyor. Soflon köyünden Fotatop ile evleniyor. (Detaylı öyküsü için kitapta "Fototop'un Yürek Burkan Öyküsü" bölümüne bkz.)

Zînê: Hısêne Kawe ile evlendi.

Çırtê: Gerçek adı Xacê idi. Xalîlî Made ile evlendi.

Basê: Çıgîl köyünde evlendi. Çocukları olmadı.

Samo ise Bıcê ile evleniyor. Bu evlilikten Bollo doğuyor. Köyün ünlü komedyenlerinden olan Bollo,

bölgenin yetiştirdiği önemli ozanlardan Karre Bolle'nin ve müzisyen Ali İkizer'in babasıdır.

Bollo'nun babası Samo genç yaşta yaşamını yitiriyor. Bollo'nun annesi Bıcê, kayını Haso'nun ikinci eşi oluyor. Haso ile Bıcê'nin dört erkek çocuğu doğuyor. Olo, Habo, Abbas ve Bebo.

Olo, Sultano Olî Cıme ile
Habo, Xaco Qırê ile
Abbas, Sultano Mıstke Obbês ile
Bebo ise, Fotko Mıstke Obbês ile evleniyor.

Amcasının oğlu Karro askerde ölünce Bollo onun eşiyle evlenmek zorunda kalıyor. (Fotatop bölümüne bkz.) Fotatop ölünce Bollo Tumkê Haydkî Momke ile evleniyor. Bu evlilikten Aşê, Zalxê, Şükran, Hısên, Ali, Hasan ve Fotê isimli çocukları oluyor.

MOLÊ HEMKÎ XURDA[56]

Maxson köyünde Kökseçen soyadlı aile Hemkî Xurda'nın torunlarıdır. Hemkî Xurda 19. yüzyılın sonlarına doğru Aşê Kurdık ile evleniyor. Bu evlilikten dört çocuk doğuyor: Komo, Kıleş, Mısto ve Aşê.

Aşê, doğumdan kısa bir süre sonra ölüyor.

Kıleş, Adana'da evleniyor ve oraya yerleşiyor. Çocukları ve torunları halen Adana'da yaşıyor.

Mısto, Kosîklon köyünde evleniyor ve oraya yerleşiyor. Ailesi halen orada yaşamaktadır. Almanya'da ünlü bir rap sanatçısı olan KC Rebell Mısto'nun torunudur.

Komo da uzun bir süre Hatay'da yaşıyor. Orada Gûlko Komke ile evleniyor. Dört çocuğu oluyor. Büyük oğlu Hemo 20 yaşındayken tekrar Maxson köyüne yerleşiyorlar. Köyde yaşayan Komo'nun çocukları şunlardır:

Hemo: Zîno Olî Hasan ile evlendi.
Aşê: Qamke Înoce ile evlendi.
Hamo: Alo Kawe ile evlendi.
Fatma: Alî Salmên ile evlendi.

MAXSON'A YERLEŞEN BAZI AİLELER

Molê Ûtke dışında 20. yüzyılın ikinci yarısında dört aile daha Maxson köyüne yerleşiyor.

56 Aile hakkındaki bilgileri Hemkî Komke'nin kızı Alê Kökseçen'den aldım. Alê Kökseçen ile 4 Mart 2020 günü Köln kentinde görüştüm.

Atlı Ailesi[57]

1950'li yıllarda Hasan Hüseyin ve Ali isimli iki kardeş Sivas Gürün'den gelip Maxson köyüne yerleşti. Soyadları Atlı'ydı. 20 yılı geçkin bir zaman köyde kaldıktan sonra Tarsus'a yerleştiler. Hasan Hüseyin Atlı'nın eşi Hacî Oric'ın teyzesidir. Mehmet Gördük'ün eşi Kumru Ali Atlı'nın kızıdır. Yani aile köy ile akraba olmuştur.

Mıste Qoptır[58]

60'lı yıllarda Esmepûr köyünden olan Mıste Qoptır, Maxson'dan Basko Cımke ile evlenir ve Maxson'a yerleşir. Mıste Qoptır'ın annesi Zenavo Olî Bayre de Maxson köyündendir. Aile halen Maxson'da yaşamaktadır ve Molê Qoptır olarak tanınır.

Hısêne Gıncor[59]

Yine 60'lı yıllarda Mıllon köyünden Hısêne Gıncor, Maxson köyüne yerleşti. Orada ev yeri verildi, kendisine ev yaptı. Köye tamamen yerleşti. Çocukları ilkokulu Maxson'da bitirdi. Yaklaşık 15 yıl köyde kaldıktan sonra Antep'e yerleşti.

Olî Karr ve Kardeşi Kullo

Olî Karr ve kardeşi Kullo Topolon köyündendir. İkisi de Maxson köyünde evlenir ve oraya yerleşir. Olî Karr, Sultano Olî Hasan ile Kullo da, Alko Walî ile evlenir. İki aile halen Maxson köyünde oturmaktadır.

---

57 Atlı, Mıste Qoptır ve Hesêne Gıncor Ailelerini Ali Matur; Olî Karr ve Kardeşi Kullo'nun bölümünü de eşim Yıldız Filimci anlattı.

58 Atlı, Mıste Qoptır ve Hesêne Gıncor Ailelerini Ali Matur; Olî Karr ve Kardeşi Kullo'nun bölümünü de eşim Yıldız Filimci anlattı.

59 Atlı, Mıste Qoptır ve Hesêne Gıncor Ailelerini Ali Matur; Olî Karr ve Kardeşi Kullo'nun bölümünü de eşim Yıldız Filimci anlattı.

MOLÊ KOME[60]

Molê Kome'nin atası Mıstî Gır'dır. 200 yılı aşkın bir zaman önce yaşıyor. O, Olî Dada'nın babasıdır. Olî Dada'nın Mamado isimli bir oğlu oluyor. Mamado'nun da Alê isimli bir kızı.

Alê'nin iki oğlu dünyaya geliyor: Komo ve Mamado.

Komo'nun üç kızı oluyor:
Zîno Kome: Çallo Dada ve Çuro Dada'nun annesi.
Alko Kome: Dî Fîlle'de evlendi.
Sultano Kome: Maxsiyan köyünden Kawo ile evlendi.

Mamado'nun Hısên ve Aşê isimli iki çocuğu oluyor.

Mamado ölünce onları amcası Komo büyütüyor. Maxson köyünün mezarlığındaki ziyarete adını veren Hısêne Kome aslında Mamado'nun oğludur ama amcası onu büyüttüğü için amcasının adıyla anılıyor.

(Detaylı bilgi için Hısêne Kome'nin Hayatı bölümüne bkz.)

Hısêne Kome'nin iki kızı ve iki oğlu oluyor. Bunlar Mıstke Kome, Murşıd, Yonê ve Tumê. Köyde Molê Mıstkî Kome ve Molê Murşıd olarak tanınırlar ve soyadları Mendeş'tir.

Mıstke Kome'nin Çocukları
Mıço, Hasan, Fidan, Alê, Zalxê ve Mawuş.
Murşıd'ın Çocukları
Aşpon, Zînê, Mıstık, Fotê, Hısen ve Alê.

---

60 Bu bölümün bilgilerini Almanya'nın Stuttgart kentinde görüştüğüm 1947 doğumlu Hasanî Molê Mıstkî Kome ve İsviçre Basel'de yaşayan 1954 doğumlu Hısene Murşıd'ten aldım.

MOLÊ OBBÊS[61]

Molê Obbês,"Menteş" soyadlıdır. Obbas'ın üç oğlu ve dört kızı oluyor.

Hasane Obbês, Mamke Obbês, Mıstke Obbês, Gûlko Obbês, Zînko Obbês, Fotko Obbês ve Alko Obbês olarak tanınıyorlar.

Bunlardan Hasane Obbês Çıgîl köyüne yerleşiyor. Çocukları halen orada yaşıyor.

Alko Obbês Kizîron köyünde evleniyor. Onun hikayesini kitapta "Kızîron'da Ziyareti Şimşek Vuruyor" başlıklı yazıda bulabilirsiniz.

Zînko Obbês Mıçon köyünden Mamke Walî ile,

Gûlko Obbês de Maxsiyan köyünden Qulke Mıste ile evleniyor.

Fotko Obbês ise bir Kılıçlı aşiretine mensup Ördekdede köyünde evleniyor.

Mıstke Obbês ve Mamke Obbês Maxsiyan köyünde yaşadılar.

Mıstke Obbês'in çocukları şunlardır:

Gûlko Mıstke Obbês, Sultano Mıstke Obbês, Mamke Mıstke Obbês, Alko Mıstke Obbês, Fotko Mıstke Obbês, Fîdono Mıstke Obbês ve Ayle Mıstke Obbês.

Mamke Obbês'in çocukları ise şunlardır:

Hasane Mamke Obbês (Hasan Dada), Sultano Mamke Obbês, Zînko Mamke Obbês, Fotko Waqqês, Alko Waqqês ve Olî Waqqês.

Neden son üç çocuk "Waqqas" ismiyle anılıyor?

Çünkü Mamke Obbês Hakk'a gidince eşi Gûlê, Waqqase Qamke ile evleniyor. Bu evlilikten Fotê, Alê ve Olî doğuyor. Bu nedenle onlar babalarının adıyla tanınıyor. Ama soyadları Mendeş'tir. Waqqas'ın soyadı Yelocak'tı. Waqqas Maxsiyan'lı değildi. Onun ailesi de Ocaxe Bê yani yel ocağıydı.

61 Molê Obbês hakkındaki bilgileri bacanağım Seyit Manay'ın annesi Gûlko Mıstke Obbes anlattı. Günümüzde ailede Matê Gûl asum yapmaktadır.

Sînamîl Ocağı üyesi olan Molê Obbês asum yapar ve kurdun ağzını bağlar. 20. yüzyılda bu görevi

Maxsiyan köyündeki aile üyelerinden Mıstke Obbes yerine getirdi. 90'lı yıllarda Hakk'a giden Mıstke Obbes'in mezarı Maxsiyan köy mezarlığındadır. Günümüzde de insanlar onun mezarından toprak getirip asum yapar. Çıgîl köyünde de Hasane Obbês asum yaptı.

MOLÊ ÇALLE

Çallo ve Çuro ikiz kardeştir. Ailenin geniş tanıtımı için kitabın inanç bölümünde Çuro'nun kızı Emine teyze ile yaptığımız konuşmayı takip edebilirsiniz.

Çallo ve Çuro Zîno Kome'nin çocukları. Çallo Maxson köyünde yaşarken, Çuro Teron köyünde yerleşti.

Çallo'nun çocukları şunlardır:

Abbase Çalle: Alko Molê Mıstkî Olagole ile evlendi. Mıstke Olagole'nin adı Mustafa Şahan'dır. Aslen İslahiyelidir. Hısêne Kawe'nin kızkardeşi Xackê Kawe ile evleniyor ve Maxson köyüne yerleşiyor. Mustafa Şahan'ın ailesi halen Maxson köyünde yaşamaktadır.

Olî Çalle: Hakk'a yürüdü. Evlenmedi. Mezarına kubbe yapıldı.

Sultano Çalle: Köyün mürşidi Malatyalı Ali Seyid'in oğlu Saydo Dede ile evlendi. Saydo Dede Maxson köyüne yerleşti ve Hakk'a yürüyene kadar da köyde yaşadı.

Tumo Çalle: Amcasının oğlu Mıstke Çure ile evlendi.

Gûlo Çalle: Olî Çoge ile evlendi. Eşi Nargelelidir. Zamanında Maxson'a geliyor ve Gûlo Çalle ile evleniyor. Köye yerleşiyor ve sonra Almanya'ya geliyor.

Çuro evlendikten sonra Teron köyüne yerleşti. Çocukları şunlardır:

Mıste Çure: Tûmê Çalle ile evlendi.

Alî Çure: Olîbagon'da Mayrê ile evlendi.

Mamadolî Çure: Kosîklon'dan evlendi.

Hısêne Çure: İsviçreli biriyle evlendi. İsviçre'de yaşıyor.

Êmînê Çure: Dî Ûrim'da evlendi. (Geniş bilgi için kitapta Êmînê Çure bölümüne bkz.)

Çallo Sawko Döşe ile, Çuro ise Êlîfo Zöre ile evleniyor.

ŞİRİNCE AİLESİ[62]

Maxson köyünde Şirince soyadlı iki aile vardır. Molê Olke Mıstkî Şîrîne (Olke Mirşîne olarak bilinir) ve Molê Gomırta (Adı Mıstke Mıstkî Şîrîne).

Olke Mıstkî Şîrîne'nin Çocukları

Mıstaraşo: Gûlo Orıc ile evlendi.
Afê: Kıleş ile evlendi.
Hısên: Zînko Huse ile evlendi.
Fotê: Obbasî Olkî Îwe ile evlendi.
Olke Mıstkî Şîrîne iki kez evleniyor. Mıstaraşo ve Afê birinci eşinden, Hısên ve Fotê ise ikinci eşi Gorçînê Pise'den olan çocuklarıdır. O nedenle Hısên annesinin adıyla tanınır. Yani Hısêne Gorçîne olarak bilinir. Gorçîno Pise Topolon köyündendir.

Gomirta (Adı Mistkî Mistkî Şîrîne)'nın Çocukları

Qalender (Kolo): Nosko Îke ile evlendi.
Mıçılî: Zîno Molê Murşıd ile evlendi.

MOLÊ TOSE

Maxson köyünde "Maldur" soyadlı iki aile vardır. Molê Tose ve Molê Çıme. Toso ve Çımo ikiz kardeşti.

---

62 Şirince Ailesi hakkındaki bilgileri İsviçre'nin Basel kentinde yaşayan Duran Şirince'den aldım.

Molê Tose'nin Çocukları
Mıstke Tose
Xaço Tose
Döşî Tose
Hısêne Tose
Cano Tose
Kole Tose.

Molê Çıme'nin Çocukları
Cano Çıme: Îkî Olî Hasan ile evlendi. Köyün ozanlarından Alî Îke'nin annesidir. Cano Çıme evin tek çocuğudur.

Maldur ailesi Toso'nun çocuklarından devam ettiği için Molê Tose olarak biliniyor

MOLÊ YÛSIV: CANGÜR AİLESİ

Maxson köyünde "Cangür" soyadlı sadece bir aile var: Molê Yûsiv. Yûsiv'ın çocukları şunlardır:
Hasanî Yûsiv: 2003 yılında Hakk'a yürüdü.
Olkî Yûsiv, Alloşê Yûsiv, Afkê Yûsiv, Hisênî Yûsiv ve Memadî Yûsiv.

Yûsiv'ın kardeşlerini ve ailesinin öyküsünü öğrenmek için Almanya'nın Vilingen-Schweningen kentine gidiyorum. Burada köydeki adıyla Olkî Yûsıv, resmi adıyla Ali Cangür yaşıyor. Cangür, babasının üç erkek, bir kız dört kardeş olduklarını anlatıyor;

"Bir amcam Köskanlı'da kalıyor, soyadı Korucuk. Amcam Memadî Xallo bizim köyde kalıyor. Soyadı Yelken. Bizim köyde iki Yelken soyadlı aile var. Bunlar aynı kök değil, soyadları benziyor.

Bir de halam Fotê var. Amcam Memadî Xallo (Mehmet Yelken)'nin çocukları şunlardır: Fotkê Memad, Medînê Memad, Sewalê Memad, Mamkî Memad, Hasanî Memad ve Elifê Memad.

Memad amcam iki kez evlendi. İlk eşi Fotkê Şekir'dı. O Köskanlı. Babasının adı Şakir. Fotê, Medîne ve Sewal Fotkê Şekir'dan olan çocuklarıdır. Memadî Xalle ile Fotkê Şekir ayrılıyor ve amcam bizim köylü Baskê Xime ile evleniyor. Basê yengemden de Mamo, Hasan ve Elif isimli çocukları doğdu."

Ali Cangür'ün babasının babası Karaçay, baba annesi Maxsonlu. Adı Afko Calote. "Dedem ölünce babam 8-9 yaşındaymış. Bir de halam Fotê varmış" diyor. Afko Calote eşi ölünce Köskanlı köyünde bir evlilik daha yapıyor. O evlilikten iki çocuğu daha oluyor. Afko Calote de Hakk'a gidince çocuklardan biri Köskanlı'da kalıyor, ikisi de Maxson'a yerleşiyor.

"Abimi 39 Yaşında Kaybettik"

Ali Cangür'e ailede genç yaşta yaşamını yitirenler olup olmadıını soruyorum. Ağabeyi Hasanî Yûsiv'ı anlatıyor. Söylediğine göre, 2003 yılında 39 yaşındayken Hakk'a yürüyor. "Evli ve iki çocuğu vardı" diyen Cangür, devamla şu bilgileri veriyor; "Vücuduna septis isimli bir bakteri giriyor. Karaciğer ile savaşırken karaciğeri yenik düşüyor. Bu kan zehirlenmesine yol açıyor ve ölüyor. Kanı yeşillenmişti.

'Grip' diye Antep'e doktora götürüyorlar. Doktorlar teşhis yapınca Adana'ya gönderiyorlar. Adana'da hastanede Hakk'a yürüdü. Doktorlar; 'Milyonda bir olan bir hastalık' dediler. Mezarı bizim köydedir."

Yeğenlerinin büyüdüğünü anlatan Cangür; "Bir oğlu 32 yaşında. Onu evlatlık yaptım ve buraya getirdim. Şimdi evli ve burada yaşıyor. Kızı da Narlı'da öğretmenlik yapıyor. O da evlendi." bilgisini paylaşıyor.

MOLÊ OLKE ÎWE

Aile "İkizer" soyadlıdır.

Olke Îwe'nin annesinin adı Afo Layle. Olke Îwe iki defa evleniyor. İlk eşinin ismi de annesinin ismi gibi Afê. Olke Îwe ve Afê'nin evliliğinden bir çocuk doğar. Bu çocuk köyde Xacko Molê Olkî Îwe olarak tanınıyor.

Afê genç yaşta Hakk'a gidince Olke Îwe Sosık ile evlenir. Sosık'tan olan çocukları ise şunlardır:

Hısêne Molê Olkî Îwe
Afko Molê Olkî Îwe
Zalxo Molê Olkî Îwe
Alî Çawûşe Olkî Îwe
Alko Molê Olkî Îwe
Abbase Molê Olkî Îwe

Maxson köyünün fotoğraflarını derleyen Avukat Sait İkizer bu ailemizdendir. Abbase Olkî Îwe'nin oğludur.

Soldan Sağa: Aşko Bolle ve Sultano Xalaqıre.

Sultano Xalaqıre 1975'te suda boğularak Hakka yürüyen Mıstke Qaraşke'nin eşiydi. Kaynanası Qaraşk, kayınıyla evlenmesini istedi.

Ancak kayını da, Sultano Xalaqıre de bu teklifi reddetti. Böylece Hakka yürüyen kişinin eşinin kayınıyla evlendirilmesi geleneği Maxson köyünde sona erdi. Bu öyküyü kitabın "Önemli Olaylar" başlıklı bölümünde okuyabilirsiniz.

(Fotoğraf: Şukrano Bolle'den alınmıştır.)

FOTOĞRAFLARLA MAXSON

1960, Maxson köyü ilkoku öğrencileri toplu halde. Köyün ilk öğretmeni ise Kaymakam Selahattin.

KAYMAKAM SELAHATTİN

Mersin'in Tarsus ilçesine bağlı Manaz köyünden olan Kaymakam Selahattin iki kişiyi öldürme olayına karışıyor ve kaçak durumuna düşüyor. Yola çıkıyor ve izini kaybettiriyor. Derken, Köprüağzı köyüne ulaşıyor.

Orada yönünü Maxson köyüne doğru veriyor. Köye ulaşınca ilk olarak Îwkî Hasan tarafından görülüyor. Yorgun ve bitap bir haldedir. Açtır ve yemek istiyor. Îwkî Hasan onu evine davet ediyor ve beraber yemek yiyiyorlar.

Selahattin, burada kalmak için kendisine bir hikaye uyduruyor. Adının Hüseyin olduğunu, anne ve babasının erken öldüğünü, yetim büyüdüğünü, böyle dolaşarak iş bulduğu yerlerde kaldığını anlatıyor. Ve köylülere bir öneri yapıyor: "Ben çocuklarınızı okutayım. Yani onlara okuma-yazma öğreteyim. Siz de kalacak yer ve yiyecek verin."

Köylüler bu öneriyi kabul ediyor. Şimdiki Cemevi'nin yakınlarında bir yer yapılıyor. 1935-1936 ve 1937 yıllarında köyde çok az kişi dışında herkes okuma-yazma öğreniyor.

Selahattin, çocuklara düzenli ve her gün eğitim veriyor. Yaşları 5-12 arasında olan çocukları okur-yazar haline getiriyor. Hergün bir ailenin evinde yatıyor. Çantasını yani okulunu her zaman sırtında taşıyor. Kandil'e veya Engizek yaylasına gidildiği zaman O da köylülerle beraber gidiyor. İki yerde de eğitim yeri için köylüler barınak ayarlıyor.

1934 yılında Soyadı Kanunu çıkarılıyor ve 01.01.1935 tarihinde yürürlüğe giriyor. Maksutuşağı köyüne devlet memurları geliyor ve herkesin bir soyadı alması gerektiğini söylüyor. O zaman tek okur-yazar Selahattin'dir. O da köylü olarak tanıtılıyor. Kaymakam Selahattin o zaman köyün hemen hemen yarısına Manaz soyadını veriyor. Yani kendi köyünün ismini... Diğer soyadların belirlenmesinde de o öneri yapıyor.

1938'de Karahasan'dan bir heyet Maksutuşağı köyüne geliyor. Köyün büyükleriyle görüşüyorlar. "Öğretmen bir-iki yıl da bizim köyde kalsın. Çocuklara okuma-yazma öğretsin" diyorlar. Onun üzerine Kaymakam Selahattin Karahasan köyüne gidiyor. İki yıl da orada eğitim veriyor.

Daha sonra bir Türk köyü olan Akçakolu'na gidiyor. Orada Elif isimli bir kadınla evleniyor. 1940'larda, İkinci Dünya Savaşı koşullarında çıkan afla beraber tekrardan kendi memleketine, Tarsus'un Manaz köyüne geri dönüyor.

* Kaymakam Selahattin'in öyküsünü Mustafa Matur (Posto) anlattı.

Şükran Gümüş, 1960/Maxson.

Şükran Gümüş, köyün ilkokul öğretmeni Orhan Gümüş'ün eşi. Yöresel giysiler ve Kürt kadınlarına mahsus olan kofi ile... Merkezi Berlin'de olan Mitos Film'in sahibi Mehmet Aktaş geçtiğimiz yıllarda Kazakistan Kürtleri arasında dolaşmış, "Kofi" isimli bir belgesel çekmişti.

KOMEDYENLİK KÜLTÜRÜ ÜZERİNE

Maxson köyü komedyenleriyle tanınır. Pazarcık'ta hangi köye gidilirse gidilsin Maxson'luların yaptıkları şakalar, söyledikleri sözler derlenebilir.

Lakap vurma, hazır cevaplık, nüktedanlık konularında yüzlerce, belki de binlerce örneğe rastlamak mümkün.

Fotoğrafta sandalyede oturan kişi yörenin tanınan komedyenlerinden Bollo'dur. Birgün komşusu Bollo'ya laf atar. "Nedir, hep şaka yapıyorsun. Hayatı gırgıra alıyorsun" der. Bollo şöyle yanıt verir: "Sen öldüğünde çabuk unutulursun. Ama benim sözlerim en az 30 sene yaşar." Gerçekten de geçtiğimiz yıllarda Hakka giden Bollo'nun sözleri, yaptığı şakalar halen dillerdedir.

Maxsonlu komedyenlerin dezavantajı dileriydi. Çünkü anadilleri yasaktı. Kürtçe konuştukları için yeteneklerini filmlerde veya sahne sanatlarında (tiyatro, opera, dans gibi) gösteremediler. Kürtçe televizyonlar açıldığında ise onlar artık yaşlanmıştı. 1995 yılında şarkıları dilden dile dolaşan büyük dengbêj Şakıro'ya şöyle söylerler: "Avrupa'da Kürtçe bir televizyon açıldı." Şakıro hasta yatağında şöyle der: "Ben öldükten sonra açıldı." Hakka giden komedyenlerimize yapılacak en büyük vefa borcu onları ve öykülerini anlatacak bir belgesel veya kitap hazırlamak olacaktır.

Ayten Manay ve kızı Ranya

AYTEN MANAY

Ayten Manay, siyasi nedenlerden dolayı toplam 15 yıl hapis yattı. Bölgemizde en uzun süre hapis yatan kadın tutsaklardan birisidir. Ağabeyi Seyid Manay bacanağımdır. Seyid ile bir gün tutsak ailesi olmanın sorumlulukları üzerine konuşurken, kendisine aile olarak yaşadıklarını ve kızkardeşi Ayten'in öyküsünü sordum. Şunları anlattı:

"Ayten 1992 yılı Mart ayında tutuklandı. Çatışmaların olduğu bir zamanda grubundan ayrılıyor ve yalnız kalıyor. Bir köye gidiyor ve bir eve yerleşiyor. Asker ihbar alıyor ve köyü sarıyor.

- "Etrafın sarıldı. Dışarı çık" diye anons yapıyorlar.

Ayten aileye zarar gelmemesi için "Bu evin içinden çıkmam lazım" diyor.

Hatta aile karşı çıkıyor, "Çıkma" diyor. O, "Yok. Ben evin içinde kalmam. Herhangi bir şey olursa size zarar gelmesin" diyor ve dışarı çıkıyor.

Askerler her tarafı sarmış. Bir dereye gizleniyor. Etrafını sarıyorlar ve orada teslim alıyorlar. O anda özel timden bir tanesi yakalandığı halde durduğu yerde ateş ediyor. İçlerinde bir komutan mı, başçavuş mu bilmiyorum; "Niye vuruyorsun? Zaten yakalamışız" diyor ve engel oluyor.

Kurşun karın boşluğuna geliyor. Başçavuş diğer köylüleri çağırıyor, "Yarasının üstüne bez bağlayın. Kan kaybından gider" diyor.

Sonra hastaneye götürüyorlar. Hastaneden sonra Malatya'da yargılandı. Mahkemesi bitince Sivas cezaevine götürüldü. Uzun yıllar Sivas cezaevindeydi. 2004 yılı sonlarında Türkiye'de bazı kanunlar çıkarıldı. Kalan cezası affedildi ve hapisten çıktı. Köye geldi. Yaklaşık bir yıl köyde kaldı. Sonra aniden gelip tekrar götürdüler ve "Sen o kalan cezanı da yatmalısın" dediler.

2005 yılının sonunda ikinci kez yakalandı ve 2008 yılı Nisan ayına kadar tekrar hapiste kaldı. O 2.5 yıl boyunca hep Maraş Cezaevi'ndeydi.

İKİNCİ TUTUKLULUĞU BİZİM İÇİN ZOR OLDU

İkinci tutukluluğu bizim için şok oldu. Herhangi bir insanın psikolojisinin ona dayanacağını düşünmüyorduk. Onun için çok üzülüyorduk. Çünkü uzun bir dönem cezaevinde yatmıştı. Çıkıp köye gelmişti. Bir yıl annenin, babanın yanında kaldı. Tekrar yakalanınca biz, "Durumu ne olur" diye çok merak ediyorduk. Demek ki güçlü bir psikolojisi vardı ki onu da atlattı.

O zaman kendimizi de suçladık. "O bir yıllık süre içinde nasıl getiremedik" diye. O dönem şöyle düşünüyorduk: "Her ne kadar kardeşsek, her ne kadar özlediysek de bir annenin, babanın duygusu daha zor. Bir müddet daha annemin, babamın yanında kalsın. Hasret gidersinler. Biz bir şekilde yurt dışına getiririz." Kimin aklına gelir tekrar gelip götürecekleri...

Ben 1970'liyim, Ayten 1975'li. Aramızda iki kardeşimiz daha var. 1989'da Almanya'ya geldim ve 2010 yılına kadar Ayten'i hiç görmedim. Sadece mektuplaşıyorduk. O yıl İsviçre'ye geldi. Uçaktan iner inmez yanına gittik. O duygu zaten anlatılmaz. Zürich'te görüştük.

İlk karşılaşmamızı anlatmak istesem... Kelimeleri seçemiyorsun. Normal bir insanı bile belli bir müddet görmediğin zaman özlüyorsun. Bir de kardeşindir, cezaevi olduğu zaman daha da farklıdır. Bizim için ne kadar zorsa, onun açısından kat be kat zordu. O kadar çile... Uzun bir süre cezaevinde kalmak kolay bir şey değil.

Annem ve babamı anlatacak olursam... O 14-15 yıl içinde anne-babanın bir gün güler yüzünü görmedik. Burada aradığımızda hep teselli, hep teselli... Örnek veriyorduk. Diğer arkadaşları vardı. "Bazıları yaşamını yitirdi. Buna şükredin. En azından yaşıyor. Cezaevindedir, gidiyorsunuz görüyorsunuz" diyorduk. Ama bir anne-babayı ne kadar teselli edebilirsin, nereye kadar teselli edebilirsin, orası zor...

Biz gençler bir şey çekiyorsak, anne babalar on katını çekti. Biz insanlar ne kadar soğukkanlı olmaya çalışsak da bazı şeyleri anlayamıyorsun. Ta ki, evleniyorsun bir aile sahibi oluyorsun. Çoluk-çocuğun oluyor. Kendi çocuğun üzerinden bazı şeyleri anlamaya çalışıyorsun. Gerçekten bir anne-babanın yükü çok çok fazla.

Mesela bizim Ayten Sivas cezaevinde yatıyordu. Sivas uzaktı. Ona rağmen bir görüşünü kaçırmıyorlardı. Dört gözle bekliyorlardı ki görüşe gitsinler. O karda, o kışta... „Yol şartları kötü. Kendinizi yormayın" diyemiyorduk. Çünkü onların duyguları bütün zorlukları bastırıyordu.

90'lı yıllarda sürekli cezaevi kapılarında olan Maxson köyünden bir anne ve baba: Orıce Tule ve eşi Xaco Kurdık.

Onlar da uzun yıllar oğul hasreti çektiler. Oğulları Posto (Mustafa Matur) siyasi gerekçelerle 10 yıl zindanda kaldı. Posto, bugün Almanya'nın Friedrichshafen kentinde yaşıyor.

Maxson köyünden Ali Manaz (Çuko) da 1993 yılında siyasi nedenlerden dolayı tutuklandı ve müebbet hapis cezası aldı. Manaz, halen cezaevindedir. Dile kolay... Bugün itibariyle 28 yıl oldu.

1973 yılında çekilen ve Îwkî Hasan'ın çocukları, gelinleri ve torunlarının olduğu bir fotoğraf...

Bazı isimleri yazarsak: Sol taraftaki siyah-beyaz elbiseli kız Xacko Îwke, yanındaki ayakta olan genç kadın Fîrdoso Îwke, ayaktaki genç adam Nurî Îwkî Hasan, önündeki siyah önlüklü kişi Oloye Basa Sure, yanındaki beyaz elbiseli kız Baso Hacî Orıc, arkasındaki kısa saçla genç kadın Elıfo Hacî Orıc, önündeki beyaz yakalı kız Kındo Hacî Orıc, onun önünde ayakta duran kız çocuğu Fîdono Hısênî Îwkî Hasan, en arkada kucağında bebek olan kadın Basa Sur, kucağındaki bebek kızı Songül, yanındaki kadın Fotko Înoce, elini omzuna koyan oğlu Ali Manaz. En sağdaki kadın Nosko Çuke, onun yanındaki kadın ise Foto Olî Hasan.

Fotko Olke Mırşîne

(Bu fotoğraf Sait İkizer'in aile arşivinden alınmıştır.)

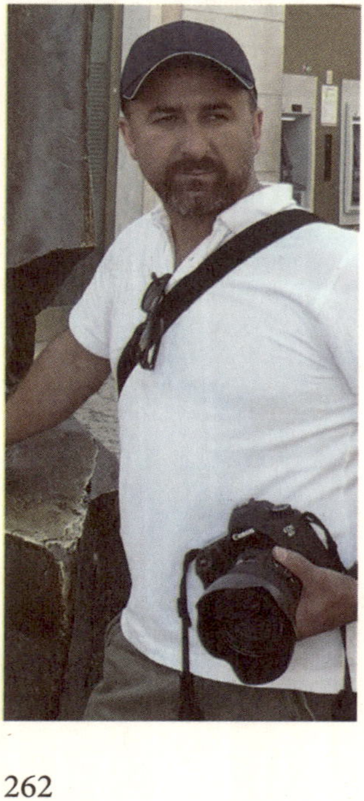

BODENSEE'DE YAŞANAN İKİ ACI

Duran Mendeş (Yukarıdaki fotoğraf)ve Ali Gördük ayrı ayrı zamanlarda genç yaşta Hakka gittiler. İkisi de Almanya'nın Friedrichshafen kentinde yaşıyordu.

Duran Mendeş Almanya'da bir motorsiklet kazasında, Ali Gördük de köyde kalp krizi geçirerek aramızdan ayrıldılar.

Ali, Hakka giden nenesi Foto Kurdık'ı sırlamak için köye gitmişti.

Bebıkî Molê Karre ile Fotko Qırşe'nin kına gecesi, tahminen 1977

Soldan sağa: Ağzında sigara olan Kumık (Halil Keleşer, Hakka yürüdü), Türkan Özsönmez, arkasında başı görünen Ayşe Özsönmez ve Fatma Özsönmez (Her üçü Pazarcık'ta Cemal Özsönmez'in kızları).

Sağdan Sola: Şukrano Bolle ve yanındaki de kınası yapılan Fotko Qırşe.

(Foto Kaynak: Şukrano Bolle)

Pazarcık yöresinin tanınan ozanlarından Hasane Îske Maxson köyündendi. Ozan, geçtiğimiz yıllarda Hakka yürüdü.

Samke Înoce...

Molê Înoce Maxsî değildir ama Maxson köyünde en çok akrabası olan ailedir. Înoc, Sinamil aşiretinin Owonon kabilesindendir. Yayladan döndükleri zaman Dî Bêxça'ya gidiyor ve o dönem kış mevsimini burada geçiren Maxsîlere, "Artık onlarla hareket etmek istediğini" söylüyor. Önerisi kabul ediliyor. O gündür bugündür birlikte yaşıyorlar. Ailenin öyküsü için kitabın Aileler bölümünde Molê Înoce kısmına bkz.

Hüseyin Malgir, Avrupa'ya gelen ilk Maxsîlerden biri...

Turist Ali ve Gûlko Momke'nin oğludur. Maksutuşağı Sosyal ve Kültür Dayanışma Vakfı kurucularındandır. Malgir, aynı zamanda 2004 yılından bugüne vakfın yönetiminde ve tüm çalışmalarında da yer almıştır.

Tahminen 1972 yılı. Köyün ilkokulu...

Basel'de yaşayan Ali Matur şöyle fotoğraftaki kişileri şöyle sıraladı:

Soldan sağa: Sawko Momkî Tule, Kındo Hacî Orıc, Aşko Zewe, ayaktaki Fîrdos.

Sol masada önde oturan erkekler: Nesimi Kökseçen, Mıstke Îske (Mustafa Manaz), Kamço (Hasane Mamtotke).

Orta sırada oturanlar (soldan sağa: Zeynep Dillice (Zinko Qame), Asiye Manay, Hatice Manaz (Xaco Îwke). Aynı masanın önünde oturanlar Mahmut Matur, Hasan Mede (Hasani Kıke) ve Alko Nusag.

Ayaktaki öğretmen Ali Ungan.

Öğretmenin sağ tarafındaki Olke Ali Çavuş, Mustafa Şahan (Mıstke Olagole), Îkoye Fîdone (İbrahim Manaz).

Fotoğrafın en sağındaki dörtlü: En öndeki Hasan Menek (Hasoye Xallo), Duran Matur (Durane Tule), Hatice Filimci (Xacolî) ve Mustafa Günüç (Mıstke Olkî Döşke).

Foto: Sait İkizer

Soldan sağa: Adana Kızıldere köyünden Fidono Kıke'nin eşi. Gulıko Xallo, Zalxıko Xallo, Aşıko Kute, Zinıko Kıke.

En sağda Olî Xallo (Tulu).

Maxson köyünün kurucularından Olî Hasan
(Foto: Ali Manaz)

Soldan sağa: Basa Sur, kucağındaki bebek oğlu Kemal. Arkadaki genç Hısêne Hasanî Olî Hasan, şapkalı olan Olî Hasan. Beyaz gömlekli Tollo.

En sağdaki adam Çuke Olî Hasan. Kucağındaki oğlu Ollo.

Öndeki iki kız sağdan sola: Xacolî ve Aşko Hısênî Îwkî Hasan.

Olkî Îwe
(Foto: Sait İkizer)

Canê Ûte...

Geçmişte her köyde olduğu gibi Maxson'da da şifacılar (doğal toplum doktorları) vardı. Ebelik yapan, otlarla ilaç ve merhem hazırlayan, kırık-çıkıkçıları bağlayanlar gibi...

Canê Ûte de kuyrum sokumu kaydığı zaman yerine yerleştirirdi. Kürdçe, "Doçık hıltonî" deniyor.

Kendisi Elbistan/Anbar köyündendir. Maxson'da Büyük Qojo'nun eşiydi. Kardeşi Ûtke Ûtke de Maxson'a yerleşti. Onun ailesi Molê Ûtke olarak tanınıyor.

Momke Tule ve Aşko Huse
(Foto: Ali Matur)

Hasane Kurdık, Zalxo Aşko ve Fota Kurdık

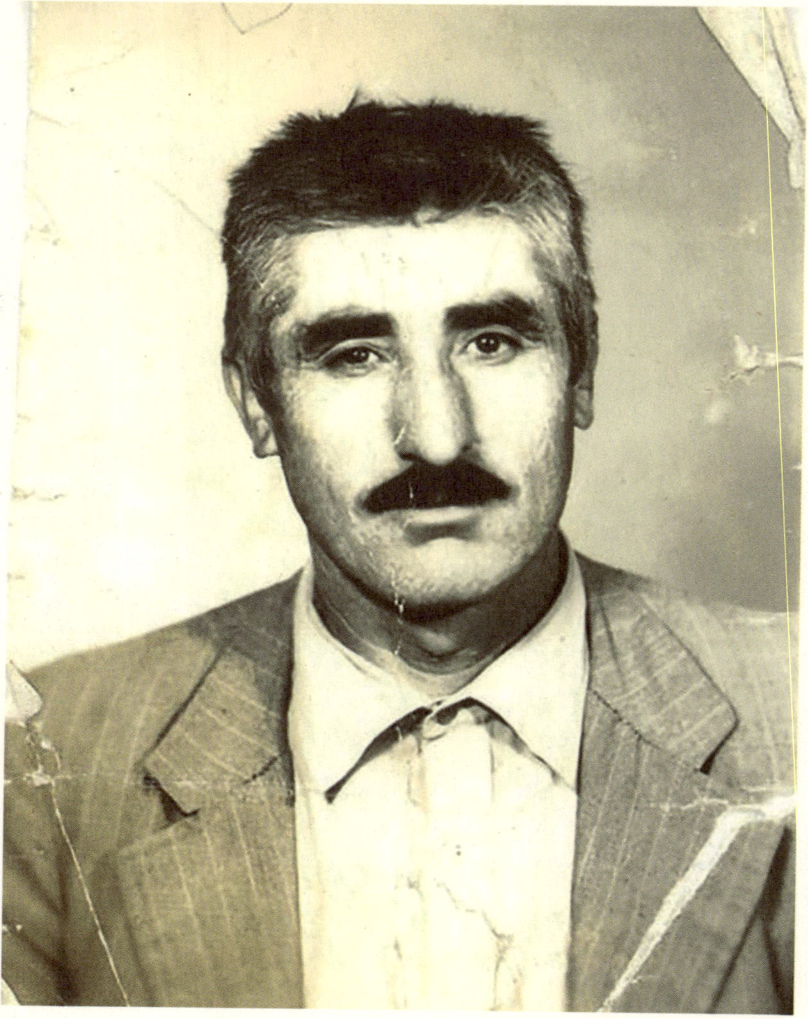

2019 yılı yerel seçimlerinde Pazarcık Belediye Başkanlığı için aday olan Avukat Haydar İkizer'in babası Aliye Olakare.

BULGARİSTAN'DA TRAFİK KAZASI

Mıste Tule ya da köyde tanınan adıyla Posto genç yaşta Hakka giden Maxson'lu bir baba. Almanya'nın Vilingen-Schweningen kentinde çalışan Posto, 1978 senesinde arabasıyla köye doğru yola çıkar. Yanında eşi ve iki çocuğu vardır.

Bulgaristan'ın başkenti Sofya'da trafik kazası geçirirler. Kazada Posto yaşamını yitirir. Henüz 37 yaşındadır.

Eşi soğukkanlı davranarak çocuklarına kol-kanat gerer, hastanenin yardımıyla cenazeyi köye kadar getirir.

Posto Matur

O dönem köyde telefon olmadığı için yoldayken Almanya'ya telefon açar. Almanya'daki yakınları Narlı'daki tanıdıklara kara haberi ulaştırır. Köye "Posto kaza yaptı, öldü. Cenazesi geliyor" haberi getirilir.

Cenaze köye gelince feryad ve figan olur. Gurbet elden gelen genç bir insanın acısı tüm köy için zor olur.

Anlatılır ki Posto 1964 yılında da Narlı'da bir kaza geçirir. Bir kamyon ona çarpar. O zaman da yaralanır ve uzun bir tedavi ardından bir yıl sonra iyileşir.

Posto'nun oğlu Hüseyin'i de genç yaşta yitirdik. Baba ve oğulu sevgiyle anıyoruz.

* Bu bölüm Ali Matur'dan alınan bilgilerle yazıldı.

Sonsuzluğa uğurladığımız iki melek: Berfin ve Serhat.